U0042623

六祖壇經新繹

人生三書 3

圓融淡定的生命智慧

吳宏一

「人生三書」總序

吳宏一

年紀逐漸老大，回首向來蕭瑟處，覺得人生雖然風雨載塗，但畢竟時有陽光普照。有些人，值得紀念；有些事，值得回憶；有些書，值得推薦。

人生的道路有很多很多條，所謂「世路多歧」。有人生來渾渾噩噩，白白走了一遭；有人不知方向，猶如暗夜到了十字路口，徬徨而無依；有人則始終認定一個方向，勇往而直前。哪一條路適合你呢？完全在乎你自己的選擇。

書有很多很多種，但就一般人而言，「書到用時方恨少」。少的不是書，是你所需要的知識。知識，包括智慧和見識。對於人生的道路，很多書都曾談到，但值得推薦的，不會多；可以真正給你智慧和見識的，當然更少。

我年紀逐漸老大以後，覺得有三本書真的值得推薦：《論語》、《老子》和《六祖壇經》，恰好是儒、道、釋三教的必讀經典。這三本書代表人生三條道路的大方向，可以給大家智慧和見識。它們都言簡而意賅，句子簡短，容易記誦，可是仔細體會，卻意義深遠。

《論語》、《老子》、《六祖壇經》代表儒、道、釋三家不同的思想，也分別代表追求人生、完成理想的三個指標，為我們揭示安身立命之方、為人處世之道，是現代人不能不讀的三本「聖經」。《論語》教讀書人如何進德修業，以期成為國家有用的人才；《老子》教統治者如何清靜無為，以期做為治國安民的指標；《六祖壇經》則教萬方俗眾如何明心見性，以期達到開悟解脫的境地。因此為「人生三書」作白話注譯、闡釋評述的工作，讓讀者藉此親近經典智慧，省思生命的意義與價值，是我長久以來的心願。

如今「人生三書」終於完成，令我有如釋重負的感覺。人生的路該怎麼走？如何安頓身心，活出積極、清靜、圓融的人生？答案就在書裡面。

目錄

《六祖壇經》解題

一、前言

《六祖壇經》是一部禪宗創始人惠能演講佛法的紀錄，也是中國人所寫的佛教著作中，唯一被尊稱為「經」的典籍。它對唐宋以後的中國歷史文化，產生了既深且廣的影響。

惠能，一作「慧能」。相傳原本姓盧，祖籍范陽（今河北涿縣一帶）。他的父親因犯罪被貶到嶺南的新州（今廣東新興縣）。惠能就在此地出生，所以又自稱嶺南人、新州百姓。他生於唐太宗貞觀十二年（西元六三八年）二月八日，卒於唐玄宗先天二年（七一三）八月三日，年七十六歲。他是中國佛教發展史上一位重要的關鍵人物，也是中國佛教史上影響最大的宗派禪宗的創始人。

底下就先從禪宗的創始傳說說起。

二、禪宗的創始傳說

中國禪宗的創始，一般人都推溯到菩提達摩祖師。「達摩」一作「曇摩」或「達磨」。「菩提」即「覺」，「達摩」即「法」，表示能夠覺悟佛法。大家習慣簡稱他為「達摩」。相傳他是印度第二十八代祖師，據說受到佛祖的指示，在南朝初期，亦即北魏年間，坐船東渡來到中國，弘揚佛法。在他未來之前，佛教已傳入中國，但信奉者多視佛法為研究學問，譯經、講經者，多止於佛教經典的翻譯和講解，一般奉行者也多止於誦經，並沒有拜懺或修行。

根據道宣《續高僧傳》、杜朏《傳法寶紀》、淨覺《楞伽師資記》以及《歷代法寶記》、神會《南宗定是非論》等等資料可知，達摩初到中國時，因為語言不通，長相與中國人不同，所以被視為異類，頗受排斥。相傳他先到南方，在南京曾被梁武帝遣送出境，後來才到北方。當時北魏的菩提流支和光統律師，雖然一樣來自印度，卻常常排斥陷害他。然而他卻都能履險如夷，安然無事。

據說他初到南京時，有一次去聽神光法師講佛經。神光口才很好，講得天花亂墜；可是達摩聽了，卻批評他講得不好，認為不能教人「了生死」，就是不能教人了解生死大道。神光一聽大為生氣，就甩念珠打斷了達摩的兩顆牙齒。當時達摩沒有反擊，默然掉頭而去。不知為什麼，神光突然像著了魔一樣，在後面緊跟著，要拜他為師。他們一前一後不說話，一路走到洛陽的熊耳山。達摩就在山中面壁打坐，而神光也就跟隨在那兒求法。這樣子過了九年面壁的修行。有一天，下大雪，神光又跪在雪中求法，腰身以下都被雪埋了。達摩對他說：如果天空下了紅雪，他才肯傳授「了生死」之法。想不到神光為了求法，竟然用戒刀砍下自己的一隻手臂，讓流下的血把雪都染紅，使白雪變成了紅血。達摩大受感動，於是傳法給神光，教他如何「直指人心，見性成佛」。又傳說達摩當時曾問神光胳臂斷了痛不痛。胳臂斷了焉有不痛之理，但求法心切的神光卻說：「我現在心很痛，請替我安心。」達摩的回答充滿禪機，要他先拿出心來，才能替他安。神光一楞，說他找不到心。心當然拿不出來。不料達摩這時候忽對他說：「我現在已經替你安好心了！」而神光這時候竟然也就突然悟道了。這就叫開悟或禪悟。於是達摩就傳衣缽袈裟給神光，並為他改名叫慧可。

這些傳說非常神奇有趣，但未必盡皆可信。比較可靠的說法應是：達摩原是西域南天竺人，他經海道由東南亞先到中國南方，後來才到嵩山洛陽一帶傳道。他以《楞伽經》四卷本授法，主張自性清淨，以心印心。所謂面壁，即「安心」之方。他以「二入四行」來開導後學，「二入」指「理入」和「行入」。「理入」是悟理，必須「藉教悟宗」，多讀佛經以悟如來藏性之說；「行入」重修行，要從現實生活中，去體會隨緣、稱法、無怨訴、無所求所謂「四行」之理。他得意的門人有道育、慧可等人，但他最後只傳授衣法給慧可。慧可就是「智慧可以」的意思，他也就是禪宗二祖。從此禪宗的傳承，一代以選定一人為原則。

慧可，俗家姓姬，虎牢（今河南成皐西北）人。生當北齊時代。他聰明穎悟，博學多識，但脾氣很大。四十歲時遇見達摩祖師，得法後，為了逃避菩提流支和光統律師黨徒的追殺，又隱遁了四十年，才出來在舒州皖公山（今安徽潛山）等地弘法。他以達摩傳授的《楞伽經》為法門，專附玄理，不重文字話語，直示大義，活用教法以誘導學者。因為受到大眾的歡迎，更引起菩提流支弟子的妒忌，於是到官府告發慧可妖言惑眾，說慧可本人就是妖怪。官吏緝捕審問時，慧可竟然不辯解，還自己承認是妖怪。奇怪的是，後來慧可被判砍頭時，頭斷了，卻不流血，反而冒出白漿來。信佛的人都知道，這叫純陽之體，是肉身菩薩，印度第二十四祖、師子比丘死時就是這樣。所以北齊皇帝知道此事之後，大為懺悔，馬上命令文武百官都要皈依二祖慧可名下。

二祖慧可在還沒有被捕殺之前，已經把衣鉢傳給了三祖僧璨。僧璨的出身一切不詳，根據《景德傳燈錄》的記載，只知道他四十歲約當北齊年間，來見二祖時，滿身斑斑點點的疥瘡。二祖問他來自何方，所來何事，他的回答很簡單，說是來皈依和尚，學習佛法。二祖嫌他太骯髒，他竟然這樣反問：「我是有病的人，但病人的心和和尚的心，有什麼不同？」並且自行表示要懺罪。二祖要他「將罪來」，他說：「覓罪不可得」，二祖旋即道：「與汝懺罪畢。」這和上述達摩開悟二祖的傳說如出一轍，都充滿神奇的色彩，但強調禪宗之重視頓悟，則前後一致。以「楞伽」為心要、以「自覺」為心法的二祖，當時知道此人充滿信心，頗具悟性，就很快把佛法傳授給他，但要他藏匿在外，逃避菩提流支黨徒的仇殺。因此僧璨大師遵照師命，苦行漸修，假裝瘋顛，在外化緣。恰巧那時候北周武帝反對佛法，於是他就逃到山中住了十多年，在隋朝興起後才公開弘法，並在信徒之中，把衣鉢傳給了四祖道信大師。據說三祖僧璨死時，請來一千位和尚吃齋，然後在他們面前的大樹上掛枝而死。三祖的一生，真可謂充滿了神秘的色彩。

四祖道信（五八〇～六五一）也很特別。他俗姓司馬，名字就叫做信。原籍河內（今河南沁陽），後遷湖北蘄州。據說他可以幾十年長坐不臥，而且眼睛常閉不開。那時候已由隋入唐，唐初對佛、老都很重視，四祖因為弘法有名，所以唐太宗在貞觀十七年（六四三）曾派人請他到宮中，要供應他。可是四祖不肯，怎麼威脅也沒有用。他出身貴族，誠心向道，特別強調「菩薩戒法」、「入道安心要方便」；特別重視般若心法《金剛經》，和《大乘起信論》的「一行三昧」。學佛弘法六十年，主張禪與戒合一，楞伽與般若合一，念佛與成佛合一，很受時人的敬仰。有關他的傳說也不少，也都很神奇。例如說他曾在吉州（今江西吉安）教群眾念「摩訶般若波羅蜜」而退賊寇；說他自己以佛眼選擇住在湖北黃梅縣的破頭山（一名破額山），山有雙峰，紫雲圍繞，所以改名為「雙峰山」；例如說他死前不久，告訴徒弟圓一要替他造一座塔，以為死後藏身之所，然後在唐高宗永徽二年閏九月二十四日這一天，果然就奄然物化，圓寂而去。更神奇的是，一年後徒弟們再打開塔門時，四祖竟然還端坐著，宛如生前。所以他的入室弟子，就是五祖弘忍，就在他的身體上包上漆布，貼上金，以保護真身。

禪宗從達摩到三祖，基本上行蹤不定，有如雲水，隨緣而住，無固定住處。從四祖道信到了雙峰山，才「擇地開居，營宇立象」，後來五祖又在東馮茂山立寺弘法，前後在黃梅五十多年，深山潛修，「念佛名，令淨心」，才為禪宗創立了所謂「東山法門」，為禪宗的發展寫下更光輝的一頁。

五祖弘忍大師（六〇二～六七五），原籍潯陽（今江西九江），俗家姓周，就出生於湖北黃梅的雙峰山下。七歲時（一說十二歲），被家人送到四祖道信那兒，出家學佛。四祖為了栽培、磨練他，叫他天天做清潔打掃、煮飯燒水的工作。弘忍任勞任怨，認真修行，二話不說，真能忍讓。事實上從達摩開始，禪宗一向主張，不但要有頓悟的根性，也需要漸修的工夫。到了三十七歲時，弘忍學習佛法已經二、三十年，四祖道信以為他已得真傳，才把衣缽傳給了他。但也有人說，一直到四祖垂死之前，門徒「爭希法嗣」，問他傳位給誰，他才「喟然久之，曰：弘忍差可耳」，可見禪宗的傳法繼位，也很不容易。

五祖弘忍住在雙峰山東邊不遠的馮茂山（一名馮墓山），由於戒行精嚴，信徒甚眾，座下聽講求法的，常在數百千人以上。他也像四祖拒絕唐太宗的邀請入宮一樣，多次婉拒了唐高宗的邀請。這種不慕榮利的高風亮節，得到舉國上下的崇敬。

他得意的徒弟有十人，六祖惠能就是其中之一。惠能不識文字，卻留下一部演講的紀錄《六祖壇經》，對後來禪宗的影響極大，因此有人說，他才是真正的禪宗創始人。

禪宗的創始人，有人以為應是初祖達摩，也有人以為應是四祖道信或五祖弘忍。因為道信、弘忍他們在湖北黃梅的雙峰山和馮茂山傳法，弟子至少有數百千人，所謂「東山法門」，遠近聞名，因此奉為禪宗創始人，也自有其道理。但是，五祖弘忍死後，禪宗分裂為南北二宗：北宗以神秀（六〇六？～七〇六）為代表，主張坐禪修心、漸修息妄，活動範圍以長安、洛陽為中心；南宗以惠能為代表，主張明心見性，頓悟成佛。南宗因惠能弟子神會（六八四～七五八）的弘揚，受到唐朝君臣的有力支持，因而逐漸風行南北，成為禪宗主流。另外，惠能還有青原行思（？～七四〇）和南嶽懷讓（六七七～七四四）兩位弟子，分別在今江西、湖南傳法，弟子眾多。行思門下又有希遷（七〇〇～七九〇），後來衍生形成了曹洞宗、雲門宗、法眼宗；懷讓之後，又有馬祖道一（七〇九～七八八），後來衍生形成了臨濟宗、溈仰宗。以上五宗，就是所謂「禪門五家」。禪宗雖然後來形成了這麼多的門派，各門派又各有其宗法和傳法的方式，但他們的立論依據，卻無不以惠能生前留下的演講紀錄《六祖壇經》為依歸。加上唐憲宗曾賜號惠能為「大鑑禪師」。當時著名文人柳宗元，在〈賜謚大鑑禪師碑〉中，說六祖惠能獲得法傳南歸之後，「乃居曹溪，為人師，會學者來，嘗數千人」，並且說惠能「其說具在，今布天下，凡言禪皆本曹溪」，可見惠能生前信徒之眾、《壇經》流傳之廣。後來元代德異禪師在《六祖法寶壇經・序》

中，更說惠能「啟廸英靈衲子，奮志衝關。一門深入，五派同源」、「原其五家綱要，盡出《壇經》」，可見惠能以後的禪宗，都祖述《六祖壇經》。所謂禪宗者，實際上都是指惠能的南宗。因此學界一直有人以為惠能才是禪宗真正的創始人。

三、六祖壇經的傳本

惠能，俗家姓盧。他的籍貫和生卒年月，前面已經交代過了，至於他的生平行跡以及學佛求法、宣講《壇經》的經過，後文亦將有所說明，所以，茲不贅述。這裡要先說明的是，《六祖壇經》這本書的傳本及其名義。

《六祖壇經》，又名《六祖師壇經》、《六祖法寶壇經》、《六祖師法寶壇經》等等，有的還加上「曹溪副本」或「韶州曹溪山」的副題。曹溪，一作漕溪，是韶州城南的一個地名，是六祖惠能最初學佛的地方。加上這個地名，應有得其正宗的用意。截至目前為止，《六祖壇經》流傳於世的版本，約近三十種，歸納起來，比較有代表性的，有下列幾種：

(一)敦煌寫本：這是目前所流傳發現的版本中，最早的手抄本。全稱是《南宗頓教最上大乘摩訶般若波羅蜜經、六祖惠能大師於韶州大梵寺施法壇經一卷、兼受無相戒、弘法弟子法海集記》。近代以來發現的敦煌寫本有四、五種。茲簡述如下：

1. 英國倫敦不列顛圖書館（一稱大英博物館）、編號為「斯五四七五」的藏本，簡稱為「敦煌本」。它是清光緒二十六年（一九〇〇）敦煌莫高窟所出土的唐代抄本文物，一九〇七年被英國學者斯坦因（Aurel Stein）搜購而去的。一九二三年，日本學者矢吹慶輝（一八七九～一九三九）發現此即古本《壇經》，於是拍成照片，刊印在其《鳴沙遺韻》一書之中。後來日本《大正新修大藏經》不分章節，收入第四十八卷。一九三四年，日本學者鈴木貞太郎（鈴木大拙）、公田連太郎參校他本，分為五十七節，並加標點，題名《敦煌出土・六祖壇經》，由東京森江書店出版。後來又收入民國《普慧大藏經》中，流通於世。

2. 敦煌市博物館所藏的任子宜本，編號為「敦博〇七七」。此本與上述「敦煌本」內容大抵相同，但抄寫字跡比較清晰，誤漏也比較少。相傳是敦煌名士任子宜在一九三五年千佛山所發現。以前在一九四三年有向達手抄本（收入潘重規《敦煌壇經新書及附冊》一書）；現有鄧文寬、楊曾文的校寫本。此書簡稱「敦博本」或「敦煌新本」。

3. 北京國家圖書館藏寫本，舊編岡字四八號（膠卷八〇二四號），新編八〇二四號背面，首尾不全。另外有方廣錩所鑑定的（有）字七九號殘片一種。只有四行半，約一百五十多字。

4. 旅順關東廳博物館藏大谷光瑞本。今下落不明。日本龍谷大學所藏者，僅存照片二頁。

惠能弟子法海所記錄的原本《六祖壇經》，據推論，當成書於唐先天二年（七一三）至開元二十年（七三二）之間，敦煌寫本的成書年代則當在盛唐至中唐之間。據《景德傳燈錄》卷二十八記載，惠能弟子慧忠生前已經慨嘆《壇經》被「添糅鄙譚，削除聖意，惑亂後徒，豈成言教」。慧忠死於唐代宗大曆十年（七七五），距離惠能之去世，不過六十二年，可見惠能去世後不久，《壇經》一書已被增刪更改了。上述的這些抄寫本所用的文字，可能由於書寫習慣的不同，也可能由於抄寫時的訛誤脫漏，有些地方頗予人鄙俚繁雜之感。但是也有人以為這些本子，時代較早，比較接近原貌，值得做為研究之參考。核對以下惠昕本、宗寶本等資料，筆者完全同意這樣的看法。

（二）惠昕本：指經過惠昕和尚整理修訂過的本子。惠昕是唐末宋初之際一位著名的和尚，經他編訂過的《壇經》，大約有一萬四千字，比敦煌寫本的一萬二千字略有增加，但據其序，他對「古本文繁」的部分，也應作了刪節。題作《韶州曹溪山六祖師壇經》，後來流傳到日本。現存日本京都等地的興聖寺本、天寧寺本、真福寺本、大乘寺本，都是它的重刊本。它將全書分為兩卷十一門。據鈴木大拙、胡適的考定，惠昕本編定的時間，是宋太祖乾德五年（九六七）五月。

（三）契嵩本：是北宋和尚契嵩在宋仁宗至和三年（一〇五六）整理修訂過的本子。契嵩是北宋初年著名的佛學家，宋仁宗曾賜號「明教大師」，可見其佛學造詣之高。據說他曾據曹溪古本來參校，釐此書為三卷。題作《六祖大師法寶壇經曹溪原本》。元代德異禪師所傳的本子，有人以為即據契嵩本而來。

（四）宗寶本：是元代和尚宗寶整理過的本子。題作《六祖大師法寶壇經》。宗寶曾任廣州光孝寺住持，他在元世祖至元二十八年（一二九一）為《壇經》所寫的跋語中，說該書「皆大乘圓頓之旨」，而且自稱他參校了三種不同的本子，「訛者正之，略者詳之，復增入弟子請益機緣，庶幾學者得盡曹溪之旨」，可見他在內容文句上頗有增益。明代以後，此書流通最廣，幾乎後來所有讀《壇經》的人，都採用這個版本。

明代以後通行的宗寶本，分為十品，依序是：行由、般若、疑問、定慧、坐禪、懺悔、機緣、頓漸、宣詔、付囑。全文約兩萬一千多字。比起其他的版本，它的文字洗鍊，詞語古雅，最宜誦讀，但因它內容文字皆已有所增益，恐違原意。又因敦煌本（全文約一萬二千字）至遲成於晚唐五代之際，甚至有人以為它應即出於法海原本，像潘重規在《敦煌壇經新書及附冊》中即肯定的說：「今幸地不愛寶，得覩石窟遺書，英倫藏卷，乃真曹溪原本」，文辭質樸，最近口語，有如未經潤飾的講經初稿。所以筆者此書經再三考慮，最後捨宗寶本而取敦博本為底本，並以敦煌本互校，再參考其他各種版本，按其內容文氣分為若干章，以便閱讀解說。希望讀者從中看見《壇經》的原始風貌。

四、六祖壇經的名義

現在正式來為《六祖壇經》解題。

根據「敦博本」的標題：「南宗頓教最上大乘摩訶波若波羅蜜經、六祖惠能大師於韶州大梵寺施法壇經一卷、兼受無相戒、弘法弟子法海集記」，較之上引的「敦煌本」，只有「波若」和「般若」的不同。「波若」和「般若」都是梵文的音譯，音近義同，也都是指中文的「妙智慧」而言。所以二者並無不同。

這個題名，長達四十七字，光是經名亦長達三十幾字，所以後來歷代所傳各本的書名，應即此一題名的簡稱。現在分段逐句解釋如下：

（一）南宗頓教最上大乘摩訶般若波羅蜜經

這一小段說明《摩訶般若波羅蜜經》的性質及其重要性。在現存的佛教經典中，同此經名的著作有兩種，都是後秦時代鳩摩羅什所譯，一為二十七卷本，又稱《大品般若經》；一為十卷本，又稱《小品般若經》。從《六祖壇經》的內文看，當時六祖惠能壇上所講，應是擷取經中要義加以演說，而不是逐句講解，所以不必確指惠能所據何本。當然也有可能當時惠能就經文逐句講解，只是法海整理時刪去而已。

「摩訶般若波羅蜜」是梵語的音譯，若譯其義，則「摩訶」的意思是「大」，「般若」的意思是「妙智慧」，「波羅蜜」的意思是「到達彼岸」。整句的意思是：此一經典能普度眾生，教人用大智慧，脫離苦海，到達涅槃彼岸，也就是佛教理想中的極樂世界。

就因為說它能普度眾生，脫離生死的苦海，所以冠上「最上大乘」的名稱。「大乘」，梵語叫做「摩訶衍那」，是指船車等大型的交通運輸工具。「大乘」與「小乘」相對，「小乘」以阿羅漢（聲聞）與辟支佛（緣覺）來自修自度，所以稱為「小」；「大乘」則發菩薩心，普度眾生，心地廣大，所以稱之為「大」。「最上」是極加讚美之辭。讚美此經是「大乘」中的「大乘」，至高無上的意思。

「南宗頓教」，上文已略曾交代，指惠能在嶺南開創禪宗中的南宗，闡揚明心見性、證得佛果的「頓悟」心法，不假修行，不待博學多聞，所以稱之為「南宗頓教」。也有人以為所謂「南宗」，兼有承傳「南天竺一乘宗」之義，表示惠能係承沿達摩之般若經論而來。唐代以後，禪門流派盡皆出自六祖惠能的座下，所以如此標題，應有表示禪門正宗之意。

（二）六祖惠能大師於韶州大梵寺施法壇經一卷

這一小段文字的重點在「施法壇經」上。「六祖惠能大師」指登壇施法講經之人；「韶州大梵寺」指施法講經的地點；「一卷」指其講經記錄成書的數量。

根據印順《中國禪宗史》等書考辨可知，惠能二十四歲到湖北黃梅拜五祖弘忍為師，得其衣缽真傳之後，回到嶺南，先隱居五年，三十歲才在廣州法性寺受戒出家，後來又沉潛多年，年近四十，才出來宣揚佛法。他長住寶林寺（即南華寺，在韶州曹溪）三、四十年，開宗說法，門徒輩出。「韶州」即今廣東韶關市曲江區一帶，距離寶林寺數十里，城中官民聽說惠能善說佛法禪理，所以由刺史韋據來迎請惠能入城開講。地點在大梵寺，即今之大鑑寺，在韶關市興隆街。

「施法」，是為人解說佛法，助人開脫的意思。「壇經」，也就是登壇說經。壇，是梵文「曼荼羅」的意譯，指為修持佛法所築的土台或木台，供養佛或菩薩像，其建築有一定的規範。合上下文而觀之，這裡是說惠能此次在大梵寺講堂中，為大家所演說的，是《摩訶般若波羅蜜經》。他受到大家的尊敬，所以修築壇台，供他布施佛法。至於講的時間前後有多長，無從確定，但從內文所寫的聽講人數去推測，場面應該很大，講的時間恐怕也不會太短。

（三）兼受無相戒，弘法弟子法海集記

在經書題名之後，加上這十三個字，是注明此經之成書，係惠能的弘法弟子法海集記而成。據《景德傳燈錄》卷五的記載，法海是韶州曲江人，他也是隨侍在惠能左右的「上座」弟子。這一次大梵寺的講經過程，可能有很多人作筆記，刺史所以請法海彙輯整理眾人所記的原因，想必與法海是當地人有關，不僅僅法海比較親近六祖的緣故。了解當地的語言習慣和風俗民情，記錄或彙整時都比較方便，也比較能夠把握要點。敦博本和敦煌本卷末都說：「此《壇經》，法海上座集。上座無常，付同學道際；道際無常，付門人悟真；悟真在嶺南漕溪山法興寺，見今傳受此法。」這說明了《壇經》的定本是由法海集記而成。雖然講經地點在韶州城中的大梵寺，可是它後來還是被攜回曹溪山，做為傳宗的信物和弘法的依據。大家轉相祖述，自然提高了它成為禪門中經書的地位。

更值得注意的，是「兼受無相戒」這幾個字。「兼」是兼且、同時的意思，說明上面所記的弘法演說《摩訶般若波羅蜜經》是一回事，以下所記的「受無相戒」是另一回事。

「無相戒」，就是無相之戒。戒，是止惡勸善。「相」指宇宙間一切現象而言，佛家以為諸相本空，如果拘泥色相，為現象所限，則必迷惑於事物形相的有無虛實之間。「空」不等於「無」，它可以「有」，也可以「無」。它絕對不是有無相對立。所以經文第十九章中才說：「無相於相而離相」，意思就是在現象中卻不為現象所拘。無相戒，就是離開不執著的戒法。

看過「敦煌本」和「敦博本」原件影本的人都知道，「兼受無相戒弘法弟子法海集記」這一長句，「無相」和「戒」字之間，是有三幾個空格的，「戒」字反而與「弘法弟子」連接。因為不好講，所以歷來都把「戒」改為屬上讀，與「無相」連屬，而且把「受」改為「授」，意思是：惠能除了演說《摩訶般若波羅蜜經》之外，還傳授了無相之戒。

這樣講，有沒有問題呢？

「受」字的本義，是手持一物給與另外一隻手。它包括了現在的「授」與「受」兩層意義。說「受」古通「授」，當然沒問題，韓愈〈師說〉的「師者，所以傳道、受業、解惑也」，就是這種用法。但筆者這樣說，作「受」解本來也是講得通的，表示「受」無相之「戒」的，是法海及所有聽講之人。「無相」與「戒」之間的空格，幾種敦煌寫本都有，顯然不是抄寫者一時的疏忽所致。它極可能是代表一種符號或訊息，代表某種戒法中的儀式和內容。「戒」是戒法、法門的意思，它應該有一定的儀式。關於這一點，筆者在經文第二十八章以後講解中，會有進一步的說明。

底下在講解經文之前，先將本書之編校注釋的體例，簡述如下：

一、本書以敦煌市博物館編號「敦博〇七七」禪籍之四的《南宗頓教最上大乘摩訶波若波羅蜜經六祖惠能大師於韶州大梵寺施法壇經一卷》（以下簡稱「敦博本」）為底本，主要參校本為現藏於英國倫敦大英博物館編號「斯五四七五」之《六祖壇經》（以下簡稱「敦煌本」），其他參校本多依黃連忠《敦博本六祖壇經校釋》略稱，臚列如下：

（1）北圖方本　北京圖書館藏方廣錩鑑定有字七九號敦煌卷子殘頁

（2）北圖本　北京圖書館藏岡字四八號敦煌殘本卷子

（3）旅順本　旅順博物館原藏殘存首尾照片

（4）興聖寺本　日本京都興聖寺舊藏本（以下四種俱惠昕改編）

（5）真福寺本　日本名古屋真福寺本

（6）天寧寺本　日本金山天寧寺本

（7）大乘寺本　日本石川大乘寺本

（8）契嵩本　北宋仁宗至和三年（一〇五六）契嵩改編之曹溪原本

（9）高麗傳本　元延祐三年（一三一六）高麗傳本

（10）宗寶本　元世祖至元二十八年（一二九一）宗寶《六祖大師法寶壇經》

（11）鈴木校本　鈴木貞太郎、公田連太郎《敦煌出土・六祖壇經》，日本東京森江書店，一九三四年

（12）閻校本　閻波爾斯基（Philip B. Yampolsky）《敦煌寫本六祖壇經譯注》，美國哥倫比亞大學出版社，一九六七年

（13）石井校本　石井修道《惠昕本（六祖壇經）之研究——定本的試作及其與敦煌本的對照》，日本《駒澤大學佛教學部論集》第十一、十二號，一九八〇、一九八一年

（14）郭校本　郭朋《壇經校釋》，北京中華書局，一九八三年

（15）金校本　金知見《校注「敦煌六祖壇經」》，韓國民族社，一九八九年

（16）田中校本　田中良昭《敦煌本六祖壇經諸本之研究——特別介紹新出之北京本》，日本《松ヶ岡文庫研究年報》第五號，一九九一年

(17) 杜校本　凱瑟琳・杜莎莉（Catherine Toulsaly）《六祖壇經》，法國巴黎友豐出版社，一九九二年

(18) 西夏本　史金波〈西夏文《六祖壇經》殘頁譯釋〉，刊載於《世界宗教研究》第三期，一九九三年，頁九〇至一〇〇

(19) 印順校本　印順法師《精校燉煌本壇經》

(20) 楊校本　楊曾文《敦煌新本六祖壇經》、《新版・敦煌新本六祖壇經》

(21) 潘校本　潘重規《敦煌壇經新書》

(22) 周校本　周紹良《敦煌寫本六祖壇經原本》

(23) 錄校本　鄧文寬、榮新江《敦博本禪籍錄校》

(24) 合校本　李申合校、方廣錩簡注《敦煌壇經合校簡注》，山西古籍出版社，一九九九年

二、本書校釋以「敦博本」為底本，但在行文時，「底本」或稱「原本」，並以「敦煌寫本」概括所有敦煌抄本。「惠昕本」則為「興聖寺本」、「真福寺本」、「天寧寺本」與「大乘寺本」等惠昕改本之通稱。

三、本書之章節分段、校注譯解，係筆者參考各家而成，見解或有不同。各章標題，僅供讀者便於辨認，是否得當，尚請方家指教。

明 戴進《禪宗六代祖師像》局部
六祖惠能授經
長卷　絹本設色
遼寧省博物館藏

南宗頓教最上大乘摩訶波若波羅蜜經六祖惠能大師於韶州大梵寺施法壇經一卷兼受無相戒　弘法弟子法海集記

惠能大師於大梵寺講堂中昇高座說摩訶般若波羅蜜法受無相戒其時座下僧尼道俗一萬餘人韶州刺史遽豦及諸官寮三十餘人儒士餘人同請大師說摩訶般若波羅蜜法刺史遂令門人僧法海集記流行後代與學道者承此宗旨遞相傳受有所依約以為稟承說此壇經能大師言善知識淨心念摩訶般若波羅蜜法大師不語自淨

付衣法稟為六代偈有一上座名神秀忽於南廊下
書无相偈一首五祖令諸門人盡誦悟此偈者即見自
姓依此修行即得出離惠能答曰我此踏碓八箇餘月
未至堂前望上人引惠能至南廊下見此偈礼拜亦
願誦取結來生緣願生佛地童子引能至南廊下
能即礼拜此偈為不識字請一人讀惠能聞已即識
大意惠能亦作一偈又請得一解書人於西間壁上
提著呈自本心不識本心學法無益識心見姓即悟大意

惠能偈曰

菩提本無樹　明鏡亦無臺　佛姓常青淨　何處有塵埃

又偈曰

心是菩提樹　身為明鏡臺　明鏡本清淨　何處染塵埃

唐書卷七十四宰相世
表韋氏小逍遙公房有
璩皆為韶州刺史時在
高宗以後不知是否即此任
大乘經卷也
大藏卷四十八亦收此經係
興聖寺本敦煌本亦即對
此本又有不同特志識
之於
照興聖寺本作寺據任者
宗寶經本作韋璩

南宗頓教最上大乘摩訶般若波羅蜜經六祖惠能大師於韶
州大梵寺施法壇經一卷兼受無相 戒弘法弟子法海集記
惠能大師於大梵寺講堂中昇高座說摩訶般若波羅蜜法受无
相戒其時座下僧尼道俗一万餘人韶州刺史遠豪及諸官寮三十餘
人儒士餘人同請大師說摩訶般若波羅蜜法刺史遂令門人僧法海
集記流行後代与學道者承此宗旨遞相傳受有所依約以為稟承
說此壇經能大師言善知識淨心念摩訶般若波羅蜜法大師不語自淨
心神良久乃言善知識淨聽惠能慈父本官范陽左降遷流嶺南
新州百姓惠能幼少父早亡老母孤遺移來南海艱辛貧乏於
市賣柴忽有一客買柴遂領惠能至於官店客將柴去
惠能得錢却向門前忽見一客讀金剛經惠能一聞心明便悟
乃問客曰從何處來持此經典客答曰我於新州黃梅縣東馮
墓山礼拜五祖弘忍和尚見今在彼門人有千餘眾我於彼聽見

作一偈又請得一解書人扵西間壁上題著呈自本心不

識本心學法無益識心見姓即悟大意惠能偈曰

菩提本無樹　明鏡亦無臺　佛姓常清淨　何處有塵埃

又偈曰

心是菩提樹　身為明鏡臺　明鏡本清淨　何處染塵埃

院內從衆見能作此偈盡怪惠能却入碓坊五祖忽

來廊下見惠能偈即知識大意恐衆人知五祖乃謂

新編《六祖壇經》敦煌寫本校注譯解

南宗頓教最上大乘摩訶般若波羅蜜經六祖惠能大師於韶州大梵寺施法壇經一卷兼受無相戒弘法弟子法海集記

第1章

登壇說法

惠能大師❶於大梵寺❷講堂中，昇高座，說摩訶般若〔一〕波羅蜜❸法，受〔二〕無相戒❹。

其時座下僧尼道俗一萬餘人，韶州刺史韋據〔三〕❺及諸官僚〔四〕三十餘人、儒士❻三十〔五〕餘人，同請大師說摩訶般若波羅蜜法。刺史遂令門人僧法海集記❼，流行後代，與學道者承此宗旨，遞相傳受，有所依約，以為稟承，說此《壇經》。

【校記】

〔一〕「般若」一作「波若」，音近可通。題目及正文中的「惠能」宋後諸本多作「慧能」；「智慧」則或作「智惠」。惠、慧二字古可通用，唯唐人寫本多作「惠能」，而今人罕用「智惠」一詞，故本書一律作「惠能」、「智慧」。下不贅言。

〔二〕「受」字，今人多改為「授」。實則「受」字古代兼有「授」、「受」二義。

〔三〕敦博本此作「違處」，後（第五十八章）作「韋據」。敦煌本作「等據」。惠昕本以下，契嵩本、宗寶本等皆作「韋璩」。今以《神會語錄》、《歷代法寶記》、《曹溪大師別傳》等皆作「韋據」，從之。

(四)「僚」原作「寮」。寮、僚古通用。

(五)原無「三十」，據惠昕本加。

【注釋】

❶ 惠能大師——「惠能」，一作「慧能」。「惠」、「慧」二字古代通用。有人說「惠」是指能弘揚佛法來惠施眾生，「能」是指能作佛事。大師，對和尚的尊稱。

❷ 大梵寺——在韶州（今廣東省韶關市曲江區）城中，當時六祖惠能講法處。相傳唐玄宗開元二年，在此建寺，原名開元寺，一名大梵寺，今稱大鑑寺。

❸ 摩訶般若波羅蜜——是印度梵語的中文音譯，意為：以無比的大智慧，到達彼岸。古人或譯為「大智度」。「摩訶」，大、多、無比的意思。「般若」，高妙的智慧。「波羅蜜」，度、度脫到彼岸，即度脫苦海、到達涅槃彼岸。佛教經典中稱為《摩訶般若波羅蜜經》的有兩種，皆後秦鳩摩羅什所譯。此六祖所講者，不知何本。

❹ 無相戒——無相，不黏著色相、不為現象所拘的意思。戒，戒法、法門。無相戒是惠能創始的一種宗教儀式。下文會有說明。

❺ 韋據——一作「韋璩」，或有作「等據」、「違處」者，應是訛字。他是當時韶州的行政首長。

❻ 儒士——（興善寺）惠昕本作「儒宗學士」。此指當地有俸給或有身分的儒師和生員。敦煌本「儒士」下原無「三十」二字，據惠昕本補。

❼ 法海集記——法海，六祖惠能的得意弟子。集記，彙編記錄。《六祖壇經》是六祖門徒法海秉承刺史韋據之命，彙集各家記錄而成。

【直譯】

惠能大師在大梵寺的講堂中，登上高壇的講座，來解說「摩訶般若波羅蜜」的法門，並傳授「無相」的戒法。

當時講座下，和尚、尼姑、居士、俗眾一萬多人，韶州刺史韋據以及所有官僚三十多人，儒宗學士三十多人，一起恭請大師來講解「摩訶般若波羅蜜」的法門。

韋刺史於是命令大師的入門弟子法海，彙集大家聽講的筆記成書，以便流傳後代，給學道的人稟承這些內容宗旨，一個接著一個依次傳授下去，有所遵循約束，來做為奉守稟承的依據，講解這一部壇經。

【新繹】

此章說明六祖惠能開壇講經以及此書纂集的由來。

六祖惠能自從到湖北黃梅向五祖弘忍學法，得到五祖的親傳衣缽之後，先是回到嶺南隱遁潛修，一直到三十幾歲以後，才正式出家受戒，開法授徒。唐高宗儀鳳元年（六七六），他開始在廣州法性寺（今名光孝寺）宣講佛法，受到熱烈的歡迎，所以過了不久，韶州刺史韋據和他的一些官僚，慕名而來，親自到他所住的曹溪山寶林寺，請他到城裡的大梵寺來公開講說佛法。韋據，一作韋璩。印順《中國禪宗史》據《全唐文》張九齡所撰〈故韶州司馬韋府君墓誌銘〉一文，還以為是同一人，係任司馬而曾兼攝刺史者。

這裡說惠能講經開法的地方，是「講堂」「高座」，那是表示對六祖的禮敬。特別提到《摩訶般若波羅蜜經》和「無相戒」，也應該有其特別的用意。前者指講佛經，貴在了解該經典的旨要。《摩訶般若波羅蜜經》，是一部解說以大智慧超度生死苦海，到達佛界彼岸的佛教典籍，自後秦鳩摩羅什譯為中文以後，一直為佛教信徒所研讀。後者指授佛法儀式，貴在使人明心見性，立地成佛。前者指傳統佛典舊學的傳授，後者則指啟發心性自我的懺悔了悟，要從自身中去發現佛性。傳統的佛法，說人要破除煩惱，必須歸依於佛、法、僧這三寶，六祖惠能所創始的「無相戒」，則強調受戒者歸依於自身的覺悟，不假外求。「相」，泛指宇宙間一切的現象。「無相」的「無」，不是絕對「沒有」的「無」，而是與「有」相對相生的「無」，它只是暫時空著，不在其位而已。「無相者，於相而離相」，就是這個意思。據宗寶本《六祖壇經・懺悔品》的記載，「無相戒」自有其規定的儀式，例如開場時，受戒者要先右膝著地，半跪著來聆聽大師的講說佛法等等。這是六祖惠能新創的一種戒法和儀式。要人從自我懺悔了悟中，去明心見性。

至於說其時講壇下聽講佛法的群眾有哪些人，有多少人，是為了說明當時聽講人數的眾多。僧、尼、道、俗分別指下列四種人：和尚、尼姑、歸依佛門的修道之士以及尚未歸依的俗眾。「道」，古代可以兼稱佛家和道教的修道者。除此之外，有刺史韋據及其僚屬三十幾人，和儒宗學士三十幾人。大乘寺本作「刺史官僚、儒宗學士六十餘人」，字句雖異，說法則同。儒宗學士歸類在僧尼道俗之外，而與刺史官僚並列，想來必是地方上有俸給或有身分的儒師和生員。

這裡說聽講的僧尼道俗有一萬多人，和大乘寺本作「一千餘人」的記載不一樣，哪一個正確不敢說。依照古代通常的情況，聽者一千多人已經夠多的了，但這裡開講的時間、場次不知道，是不是指前前後後所統計的數字也不知道，因此我們也不能說一萬多人是誇張之辭。經文中說他們「同請」惠能大師說法，恐怕就是「無相戒」的一種儀式。

最後的一段，交代此書纂集的經過。法海，是六祖的十大弟子之一。據《景德傳燈錄》卷五的記載，他是當地廣東韶州曲江人。由最了解當地風俗民情的他，來彙集大家聽講的筆記，可以說是最適當的人選。我們今天所看到的《六祖壇經》，就是由他開始彙集整理而輾轉傳抄，才傳之於世的。

【宏一偈曰】

來從來處來，去向去處去。六祖開講壇，指示你去處。

第2章 賣柴聞經

能大師言：善知識❶，淨心念摩訶般若波羅蜜法。

大師不語，自淨心神。良久乃言：善知識，靜〔一〕聽：

惠能慈父，本官范陽〔二〕❷，左降❸遷流嶺南，作〔三〕新州百姓。惠能幼小，父亦〔四〕早亡。老母孤遺，移來南海❹，艱辛貧乏，於市賣柴。

忽有一客買柴〔五〕，遂領惠能至於官店。客將❺柴去，惠能得錢。卻向❻門前，忽見一客讀《金剛經》❼。惠能一聞，心明便悟。乃問客曰：「從何處來，持此經典？」客答曰：「我於蘄〔六〕州黃梅縣東馮墓山❽，禮拜五祖弘忍和尚，見今❾在彼門人有千餘眾。我於彼聽見大師勸道俗，但持《金剛經》一卷，即得見性，直了❿成佛。」

惠能聞說，宿業⓫有緣，便即辭親，往黃梅馮墓山禮拜五祖弘忍和尚。

【校記】

〔一〕原作「淨」字。淨、靜二字，敦煌寫本通用。

〔二〕「陽」原誤作「楊」。鈴木據惠昕本校讀此句作「本貫范陽」。蓋神會《南陽和尚問客雜徵義・六祖師傳》

謂惠能「先祖范陽人也」；《祖堂集・惠能傳》：「本貫范陽，移居新州」，皆謂范陽為惠能籍貫所在。

〔三〕原本與敦煌本皆缺「作」字，據惠昕本加。

〔四〕「亦」，敦煌本同，惠昕本作「又」。

〔五〕「買柴」，原寫作「賣柴」，據敦煌本改。

〔六〕「蘄」，原誤作「新」字，據敦煌本改。

【注釋】

❶善知識——原指能教眾生修善戒惡的禪師，說他們有高深的知識；這裡是六祖惠能對當時現場僧俗聽眾的一般稱呼。

❷本官范陽——原本在范陽為官。范陽，唐代屬幽州管轄，在今河北涿縣一帶。「官」，惠昕本等作「貫」，意即惠能的籍貫是范陽。

❸左降——貶官。多指貶到邊荒地區。

❹南海——唐郡名，治所在今廣州市附近。

❺將——帶，拿，提取。

❻卻向——回到，退到。

❼金剛經——佛經名，全名《金剛般若波羅蜜經》。後秦鳩摩羅什所譯，在中國漢譯的般若佛典中，流傳最廣。經旨是「凡所有相，皆是虛妄」和「應無所住，而生其心」，說明一切色相都如夢幻泡影，修道者應無所執著，自見佛性本心。

❽馮墓山——即馮茂山。五祖弘忍修行處。因在雙峰山之東，故又稱「東山」。

❾見今——即現今。

❿直了——頓悟。是說不必經過修行，就能直接了悟。

⓫宿業——前世所結下的因緣。是說過去所造的業因，會招來現世的果報。

【直譯】

惠能大師說：「諸位能知善識的師友施主！請清淨心神來念誦《摩訶般若波羅蜜》的戒法。」

大師默念不說話，自己清淨心神，過了很久才說：

我惠能的慈父，本來當官在范陽，因為貶官才遷徙到嶺南來，變成新州落籍的百姓。我惠能幼小的時候，慈父也早就去世了。老母和我孤寡無依，搬來南海居住。生活艱辛貧乏，在街市賣柴為生。

諸位能知善識的師友施主，請安靜聽講。

一個偶然的機會，有個外地的客人來買柴，因而帶領著惠能送柴到他所住的客店去。客人把木柴提走了，惠能收了錢，退回到客店門前的時候，忽然看到有個客人正在誦讀《金剛經》。

惠能一聽，心中明白，即能開悟。於是問這位客人說：「您從何處來？為什麼拿著這一部經典？」

客人回答說：「我在蘄州黃梅縣的東邊馮墓山，禮拜禪宗五祖弘忍和尚。目前在他那邊，門下信徒有千餘人之多。我在他那邊，聽見大師勸戒修道之人和一般俗眾說，只要修持《金剛經》一卷，就可以發現本性，不必修行也能直接悟道，立地成佛。」

惠能聽了之後，合該前世今生有這個因緣，便立即辭別母親，前往黃梅馮墓山，去禮拜五祖弘忍和尚。

【新繹】

這一章說明惠能去黃梅向五祖弘忍禮拜求法的因緣。可以分成兩段，「忽有一客買柴」之前是第一段，說明惠能的出身；之後是第二段，說明惠能一聽《金剛經》，即能了悟，蓋有夙根，合該與佛有緣。

第一段開頭，記敘六祖惠能在正式開講之前，先請座下聽法的僧俗大眾，一起清淨心神來念誦《摩訶般若波羅蜜經》的法戒。這是一種儀式，與上文所說的「受無相戒」有關。其作用大概就是為了凝聚聽眾的注意力和向心力。聽眾多，難免嘈雜，因此透過這個儀式，使群眾安靜下來。一直到今天，佛教法會在開講之前，法師通常先領導大家閉目、淨心、合十、念咒，應該就是承此而來。下文說惠能自淨心神很久才說話，而且首先說的是請聽眾「靜聽」，這些都可以說明當時壇場儀式的隆重和聽講人數的眾多。

六祖惠能講經說法，先從自身說起。一來以身證法，二來讓別人聽了覺得親切。這裡惠能只說他的父親在范陽當過官，後來被貶官才遷徙到嶺南來。說得非常簡單，我們核對其他資料，發現還有一些地方可以補充，但也有彼此不相合處。例如王維〈六祖能禪師碑銘〉說六祖「本貫范陽」、《景德傳燈錄》說惠能父親名叫盧行瑫等等。「本官范陽」是說在范陽當過官，「本貫范陽」則是說籍貫為范陽。二者孰是孰非，無從斷定。當然還有一種可能，惠能的父親籍貫既是范陽，也曾在范陽當過官。其他像「慈父」，宗寶本作「嚴父」等等皆是。其實這些都不是重點。惠能說話的重點，在於說明他的原籍不在嶺南，卻何以落籍為新州百姓，後來又遷到南海的緣故。在中古時代，盧是大姓，范陽是郡望所在。六祖這樣自述身世，有系出望族、家道中衰之意。說他幼小孤苦，與寡母相依，此與上文其父的「左降遷流」有關，也與下文的「老母孤遺」、「艱辛貧乏，於市賣柴」，互為呼應。

惠能在街市賣柴一事，在經文中是關鍵文字，至為重要，不可輕易放過。一般的讀者想到的是，它一方面反映了惠能早年的貧苦，另一方面也是他因此而聽經悟道的契機。這些說法都沒錯，但筆者以為它所蘊含的意義，不止於此。茲先簡要說明如下：

柴，這裡是指供炊爨之用的木柴。木柴沒有砍伐劈析之前，叫朴或樸。朴這種原木，具有萬物之質，可成萬物之用，所以古人常藉以說明道理。例如老子、莊子等人，就常以之喻道。《老子》第三十二章說的：「道常無名，朴。雖小，天下莫能臣也。」《莊子・養生主》說的「薪盡火傳」，都很明顯的以之喻道。我以為惠能說他的聞經求法，從木柴的買賣說起，也正是藉此來說明「道」的授受。中國在中古時期玄風大盛，老莊的思想影響到社會的各個階層，蓋無庸置疑。惠能不識文字，卻有慧根，想必沒有例外。

另外，可能有人對投宿客人何以買柴之事感到疑惑，不知道客人買柴幹什麼。這完全是古今生活環境和經濟結構發生變化而多所差異之故。古代的客店，客房多依地而建，各自獨立，門外可以拴馬餵草，房中可以生火煮食。像唐傳奇《虬髯客傳》中，寫風塵三俠在靈石旅舍相會的場景，就是李靖和紅拂妓投宿之後，在房中烹煮之際，虬髯客突然出現的。這跟後來客店提供酒食自有不同的背景。文中寫客人買柴，應即指此。

第二段寫惠能把客人買的木柴，送到客店後，要離開時，正好看到有人在讀《金剛經》，也因為這個偶然的因緣，才讓他辭別母親，去湖北黃梅馮茂山拜在五祖弘忍門下。核對其他資料，這一年應該是龍朔元年（六六一），當時惠能二十四歲。

從以上惠能的敘述裡，可以看出來：

一、惠能是有慧根的人，所以他雖不識文字，但一聽別人誦讀《金剛經》，即「心明便悟」。

二、當時五祖弘忍聲名正盛，所以「門人有千餘眾」。

三、《金剛經》是五祖弘忍教人誦讀的佛典，認為它可以令人「即得見性，直了成佛」，顯然與禪宗的關係，極為密切。

《金剛經》原名《金剛般若波羅蜜經》，出自《大般若經》六百卷的第五百七十七卷。後秦鳩摩羅什中譯，約五千多字。法旨深奧，惠能竟然一聽就懂，真是「宿業有緣」。

至於此章末尾「惠能聞說，宿業有緣，便即辭親，往黃梅馮墓山」數句，後人於此頗有疑問。有人以為惠能如此，豈非置老母於不顧，實有違孝道。或許為了彌補這個缺憾，所以從惠昕本開始，就在「宿業有緣」句下，加上「乃蒙一客取銀十兩與惠能，令充老母衣糧，教便往黃梅，禮拜五祖」，而且還說「不經三二十日，便至黃梅」。據《元和郡縣志》、《唐六典》等書記載，當時自韶州至黃梅，共兩千多里，行程約需一個多月，所以到了後來的契嵩本、宗寶本，又把「不經三二十日」，改為「不經三十餘日」，而《祖堂集》更明白說買柴客人名叫安道誠，是他勸說惠能前往黃梅的，而且他知道惠能家貧，所以贈銀一百兩，讓惠能安頓老母。似乎越說越合理，但附益作偽的成分也相對增加了。

【二版二刷校後補記】據楊曾文新著《唐五代禪宗史》云：惠能於唐高宗咸亨五年（西元六七四年），始赴黃梅馮茂山謁見弘忍，時已三十七歲。又、日本最澄（七六七～八二二）入唐求法，德宗貞元間，帶回《曹溪大師傳》一卷，其中有云：「咸亨元年……，大師遊行至曹溪，與村人劉志略結為兄弟。」惠能至曹溪與劉志略結為兄弟，當在老母逝世之後。而劉氏姑母，比丘尼也，善讀《大般涅槃經》，惠能是年三十三歲。於是日耕夜誦，並至粵北樂昌從遠禪師坐禪；聽惠紀禪師講《投陀經》。也由於他們的推薦，他才毅然前往黃梅求法。二〇一八年二月二十八日錄此備考。

【宏一偈曰】

悟緣即識朴，何必立文字。買柴賣柴間，薪火已傳寄。

弘忍和尚問惠能曰：「汝何方人？來此山禮拜吾？汝今向吾邊❶，復求何物？」

惠能答曰：「弟子是嶺南人，新州百姓。今故❷遠來禮拜和尚，不求餘物，唯求佛法作❸」。

大師遂責惠能曰：「汝是嶺南人，又是獦獠❹。若未為堪作佛法❺！」

惠能答曰：「人即有南北，佛性即無南北；獦獠身與和尚不同，佛性〔一〕有何差別？」

大師欲更共議，見左右在傍邊，大師更便不言。遂發遣惠能令隨眾作務。時有一行者❻，遂著〔二〕惠能於碓坊踏碓❼八箇餘月。

【校記】

〔一〕敦博本作「姓」，或指姓氏而言。如此則「佛、性」為二事。此據敦煌本改，蓋敦煌抄本「姓」「性」常混同，此處作「性」為宜。

〔二〕「著」字，敦煌本作「差」，亦通。

【注釋】

❶ 汝今向吾邊——你如今到我這兒。

❷ 故——這裡是特地、專程的意思。

❸ 唯求佛法作——只希望佛法興盛起來。惠昕本等作「唯求作佛」，是說只求自己能夠成佛。

❹ 獦獠——古代北方漢人對西南少數民族的賤稱。獦，短嘴狗。獠，指西南夷。有人以為「獦」應是「獵」之訛字，意思是獠人多以漁獵為生。也有人以為「獦獠」即今西南地區原住民之「仡佬族」。

❺ 若未為堪作佛法——你還不能夠弘揚佛法。若，你。堪，可。此句敦煌本作「若為堪作佛」，亦通。

❻ 行者——在寺廟中帶髮修行、供作雜役的出家人。

❼ 碓坊踏碓——在舂米工房裡用腳來舂米。用手舂米叫「杵」，用腳舂米叫「碓」。

【直譯】

弘忍和尚問惠能說：「你是哪個地方的人？來這山中禮拜我嗎？你如今到我這裡來，還想得到什麼東西？」

惠能回答說：「弟子是嶺南人，新州的百姓。如今特地從遠方來禮拜大師，不求其他什麼東西，只求佛法興盛起來。」

弘忍大師於是叱責惠能說：「你是嶺南人，又是打獵殺生的野蠻獠族。你還不可以弘法成佛！」

惠能答道：「人即使有南北之分，佛性卻沒有南北的不同。南蠻獠族的身分，雖然和大師不一樣，但佛性有什麼差別呢？」

弘忍大師還想跟他一起商榷討論，看見左右侍從都在身邊，大師就不再講話了。於是差遣惠能，叫他跟隨僧眾一起做雜務。當時有一位帶髮修行的出家人，就差遣惠能到舂米工房去踏碓舂米。前後有八個多月。

【新繹】

此章記敘惠能到黃梅初見五祖弘忍時的情形。

從五祖弘忍和惠能的對話裡，可以看出來弘忍起先並不客氣，這可能是因為來禮拜、謁見的人實在太多了，五祖無法一一從容應對，而且古代的師長對子弟講話一向嚴厲；也可能是因為禪師的問答，本來就藏有機鋒，因而會提出一些比較直截了當的話頭。問惠能來自何方，此來目的何在，雖然問得直接，卻還合乎人情之常，然而知道惠能的身分後，卻又這樣問道：「汝是嶺南人，又是獦獠，若未為堪作佛法」，語氣上由「汝」轉為「若」，「若」是古代比較不客氣的第二人稱，這就真的有些咄咄逼人了。即使「南蠻」之人，打獵殺生，違反佛法，似乎也不必如此。

惠能的回答，則簡明扼要，不亢不卑。他的答話重點有二：一是他不遠千里而來，是為了禮拜五祖，弘揚佛法；二是他以為人在籍貫和身分上雖有南北貴賤之分，但人人身上卻都一樣具有佛性，並無差別。

惠能說他此來，「不求餘物，唯求佛法作」。「唯求佛法作」句，惠昕本、宗寶本等皆作「唯求作佛」。有人以為「唯求佛法作」不好解釋，而下文五祖弘忍又有「若未為堪作佛法」之言，同樣不好解釋，所以頗有些人將「唯求佛法作」改為「唯求作佛」，將「若未為堪作佛法」改為「若為堪作佛」。其實，「唯求佛法作」並不難解，「作」本來就有興起、發揚之意。上一章說惠能聽人誦讀《金剛經》，即「心明便悟」，下文說五祖弘忍傳授衣法之後，半夜親送惠能到九江驛，要惠能「汝去，努力將法向南」，就是要惠能到南方去弘揚佛法的意思。從這些上下文句推究起來，惠能此來黃梅禮拜五祖，不過是他自覺佛性之後，來印證進修而已，所以「唯求佛法作」應有弘揚佛法的意思。

至於人的佛性沒有南北之別的問題，文中沒有其他的說明交代，也不需要說明交代。因為五祖和惠能彼此都懂，可以心照不宣。「佛」本來就是「覺」，也就是覺悟的意思。它包含了「自覺」、「覺他」和「覺性圓滿」等三層意義。「性」指性質的成因，是「因子」、「種子」的意思。佛家以為「一切眾生悉有佛性」，因此，所謂「佛性」，即指眾生都有成佛的可能性。只要人能悟空見性，回歸清淨，斷絕煩惱，即可成佛。嶺南人和五嶺以北的人一樣，都是人；以漁獵為生的獦獠人與學佛得道的和尚一樣，也都是人，都是母親所生，身上都有佛性，問題只是參不參透、開不開悟而已。如果能夠參透開悟，則南北籍貫、姓氏、身分都不是問題了。因此，惠能一說，五祖即知。

末段說五祖本來想跟惠能繼續商榷討論，但因左右有人，所以暫時作罷。先發遣惠能去做一些雜役，像舂米之類的工作。這樣說，當然有些玄機，是為後文埋下伏筆。

【宏一偈曰】

黃梅求法日，嶺南獦獠人。佛性無南北，叱喝豈無因。

第4章

師命作偈

五祖忽於一日，喚門人盡來。

門人集訖〔一〕❶。五祖曰：「吾向汝說❷，世人生死事大。汝等門人終日供養❸，只求福田❹，不求出離生死苦海。汝等自性迷，福門何可救汝？汝汝〔二〕總且歸房自看❺，有智慧〔三〕者自取本性般若之知，各作一偈❻呈吾。吾看汝偈，若悟大意者，付汝衣法❼，稟為六代。火急作！」

【校記】

〔一〕原作「集記」，敦煌本同，據石井校本改。

〔二〕原作「汝等」，據惠昕本改。

〔三〕「智慧」，敦博本原作「智事」，敦煌本作「智惠」。

【注釋】

❶ 門人集訖——門下弟子集合完畢。「訖」原作「記」。如作「集記」，則是說門人集合之後，準備記錄弘忍所說的話。

❷吾向汝說——我來和你們說。「汝」一本作「與」，則「向」作向來解。句意為：我以往跟你們說過。

❸供養——佛家稱凡是能夠供給奉獻「佛」「法」「僧」三寶的，都叫「供養」。例如莊嚴佛寺、頌讀經卷、提供物質等等。

❹福田——佛家以為供養三寶，能得福報，就像耕耘田地必有收穫一樣。

❺自看——這裡是說自我觀照，自我反省。

❻偈——梵文「偈陀」的簡稱。漢譯為「竭」，即指闡述教義，能竭盡其意的意思。多為頌詞，簡短如詩。通常一偈四句，每句字數相等，以五七言最為多見。

❼衣法——衣物心法，猶言祖位傳承。衣，指袈裟，代表傳法的信物。法，即法門、法寶，指以心傳心等等的佛法而言。

【直譯】

五祖弘忍大師忽然在某一天，召喚所有門下弟子全都來到面前。等到門下弟子全都到齊之後，五祖說：

「我來和你們說，世人生死輪迴的事情非常重要。你們諸位門下弟子，整天供養，只求福德回報，不求超脫離開生死輪迴的苦海。你們自己身上的佛性迷失不見了，福德怎麼可能解救你們呢？

「你們所有人全都暫且回房自我觀照，有智慧的人，自己提取本身佛性中般若的智慧，各自作一首偈句送給我看。我看你們的偈句，如果有能領悟明心見性的要旨的，就傳授衣法祖位，讓他繼承為第六代祖師。趕快去作。」

【新繹】

上一章寫惠能到黃梅禮拜五祖弘忍的初次會面情況，令人想起傳說中二祖慧可與三祖僧璨第一次的見面。二祖慧可看僧璨滿身疥瘡，一樣問他來自何方，所來何事，也一樣問他身體這麼骯髒，如何能夠學習佛法。當僧璨回答說身體骯髒的人一樣具有佛性時，二祖慧可賞識他的悟性，就把衣缽傳給了他。把上一章所記弘忍與惠能的對話，和下文所寫五祖弘忍把衣缽最後傳給惠能等等來看，故事頗有近似之處。這一章所記，正是五祖弘忍準備把衣缽祖位傳給惠能所作的安排。

這一章開頭說：「五祖忽於一日，喚門人盡來」，這裡的「忽」字，予人突然之感，但事實上，它呼應上一章五祖與惠能初相見時，五祖覺得惠能已經明心見性，是可造之材，本來「欲更共議」，但因「見左右在傍邊」，因此五祖「更便不言」，而先讓惠能在舂米工房中踏碓舂米八個多月。從上下文來看，五祖召集門人談作偈、傳衣法之事，應該不是臨時起意、「忽」然的決定，而是經過八個多月的觀察，才做的理性安排。

五祖對門人所作的訓示，目的是說他要傳位了，繼承人是誰，將由各人所作的偈句中，擇其最優者來擔任。「偈」是佛教的頌辭，梵語「偈陀」的簡稱。它的漢譯，是「竭」的意思，表示能將所悟得的教義要旨，用簡短的句子，竭盡其意表達出來。歷來不管是譯是作的偈句，每偈四句，每句若干字，而以每句五個字或七個字的最為常見，和唐詩中的五言絕句或七言絕句，在形式上非常接近。筆者在此書每一章後面所作的絕句，就是採用了這種形式。

這種偈句，雖然字句不多，但要在短短四句之中，就表現出自己的禪悟能力，卻殊為不易。

不但要有過人的智慧，所謂般若之智，而且要真的明心見性，已經發現自己身上所具有的佛性，這樣才能啟人智慧，參透人生的虛妄無常，超脫人生的生死苦海。就因為不容易，所以五祖才要所有的門人都暫且各自回房去沉思，自我觀照反省，看看是否能把所悟解的，寫成一偈。

從五祖召集門人所說的訓話，像「汝等門人終日供養，只求福田，不求出離生死苦海」以及「汝等自性迷，福門何可救」等等，可以看出來五祖對他原來身邊座下的門人，是不認可的。關於這一點，為了說明的方便，將併入下章討論。

【宏一偈曰】

死生非自宰，孰能脫苦海？眾僧自性迷，衣法竟誰待？

第5章

眾推神秀

門人得處分❶，卻來各至自房，遞相謂言：「我等不須呈〔一〕心用意❷作偈，將呈和尚❸。神秀上座❹是故教受師❺，秀上座得法後，自可依止❻，偈〔二〕不用作。」諸人息〔三〕心❼，盡不敢呈偈。

【校記】

〔一〕「呈」，惠昕本作「澄」。「呈」「澄」通用。

〔二〕「偈」原作「請」，參鈴木校本改。

〔三〕「息」原作「識」，據敦煌本改。

【注釋】

❶ 處分——吩咐、處置。

❷ 呈心用意——用盡心思。「呈」，惠昕本作「澄」，有排除雜念之意。

❸ 將呈和尚——拿來送呈大禪師過目。

❹ 神秀上座——神秀首席禪師。神秀（六〇六～七〇六）是五祖弘忍門下大弟子，俗姓李，汴州尉氏縣（今河南開封）人。他十三歲出家，二十歲左右在洛陽受戒。五十歲時遠來黃梅拜五祖為師，深受倚重。相傳

五祖曾「命之洗足，引之並座」，有付囑傳位之意，可是神秀卻「涕辭而去」。五祖死後，他與惠能因主張不同，一北一南，各被推為領袖。他是禪宗北宗的創始人，諡號「大通禪師」。上座，首座，一般是用來尊稱年高德尊的人。

❺ 教受師——敦煌本作「教授師」。「受」同「授」。一名「教授闍梨」，負責教授僧眾有關佛教威儀的禪僧。

❻ 依止——依託。

❼ 息心——打消念頭。敦博本原作「識心」，亦通。

【直譯】

門下弟子得到五祖的吩咐後，退下堂來，各自回到自己的房間，彼此互相告訴說：

「我們不必專心用意去作偈句，送呈給師父看。神秀上座是我們的老教授師，等待神秀上座得到師父的衣法後，我們自可依附他繼續學佛參禪，因此偈句就不用作了。」

所有的門下弟子都有共識，打消作偈的念頭，完全不敢呈送偈句。

【新繹】

此章記敘五祖弘忍的門人，雖然受命作偈，卻全都敬畏神秀，不敢與之爭勝。言下之意，是說五祖想選繼位之人，大家都公推神秀，以為非他莫屬。

神秀本來就是五祖弘忍的首席大弟子，所以平時由他來代替五祖，傳授其他僧眾有關行、住、坐、臥等等禮儀規則。在惠能來禮拜五祖之前，神秀在五祖的眾弟子心目中，地位已經無可取代，因此一旦五祖要選繼位人，命令大家作偈句來決定勝負，再也沒有人敢與他爭鋒。據唐初張說所寫的〈唐玉泉寺大通禪師碑〉等等資料，我們知道神秀從小閱讀經史，博學多聞，出家後，也勤於修行，得到五祖的器重。他的參禪，不主張頓悟，而是主張漸修。漸修當然要注意學識的充實和行為的軌範，而且必須經年累月才能獲得。五祖死後，禪宗分為南北二宗，神秀是北宗的領袖，先是住在荊州江陵（今湖北當陽）的玉泉山，而後在洛陽、長安一帶傳法。生前徒眾之多，並不在當時南宗惠能之下，而且受到中宗、睿宗、武則天的禮遇。因此被譽為「兩京法主，三帝國師」。從這些地方看，神秀一直到後來，在禪宗史上都還有其舉足輕重的地位。也從這些地方，我們可以推想而知，五祖弘忍要選繼位人之初，神秀在眾人心目中的威望，以及五祖傳衣缽給六祖惠能後，惠能必須倉促南歸的原因。

這一章記五祖門人退下回房，互相商量的一段文字，說他們「遞相謂」「不須呈心用意作偈」，可以看出五祖門人雖眾，但盡是碌碌之輩；說他們想等神秀「上座得法後，自可依止」，更是庸俗不堪，勢利之極。這哪裡是禪門清修之人該有的作為！五祖為什麼要捨棄神秀而傳衣缽給惠能，除了惠能本身明心見性、已得佛法之外，這一點恐怕也是原因之一。

【宏一偈曰】

傳燈人何在，佛門多碌碌。眾僧自回房，何曾得歸宿？

第6章

楞伽變相

大師堂前有三間房廊❶，於此廊下供養，欲畫楞伽變相[一]❷，並畫五祖大師❸傳授衣[二]法，流行後代為記。畫人盧玲[三]❹看壁了，明日下手。

【校記】

[一] 敦博本、敦煌本無「相」字，參鈴木校本加。「變」為「變相」之簡稱。

[二] 敦博本作「於」字，據敦煌本改。「衣」「於」二字，唐河西方言同音通用（此鄧文寬之說）。

[三] 敦博本作「唐玲」，敦煌本作「盧玲」。惠昕等三本皆作「盧珍」。今據潘校本作「盧玲」。

【注釋】

❶ 房廊——牆壁旁的走廊。

❷ 楞伽變相——楞伽變相圖的簡稱。「楞伽」，這裡是《楞伽經》的簡稱，全稱為《楞伽阿跋多羅寶經》。「楞伽」，梵語，南印度錫蘭（斯里蘭卡）島上的一座山名。「阿跋多羅」也是梵語，義譯為「入」。該經所記，乃佛陀進入楞伽山中所宣講的佛法，是大乘佛教思想代表作之一。此書在劉宋、北魏年間，已有求那跋陀羅、菩提留支的中譯本。「變」是「變相」的簡稱。唐代人常藉圖畫、戲曲、詩文等等不同的形式，來詮釋佛經的內容或有關的故事題材，就叫做「變」或「變相」。

❸五祖大師——這裡指初祖達摩以迄五祖弘忍五位祖師而言。

❹盧玲——畫師姓名。潘重規以為敦煌俗寫「令」、「今」不分，故謂當作玲。茲從之。敦博本作「唐玲」，敦煌本作「盧玲」，惠昕等本則作「盧珍」。「珍」或作「珍」，「珍」古通「填」。

【直譯】

當時，弘忍大師的禪堂前面，有三間禪房的牆壁靠近走廊。就在這廊壁下供養三寶，打算畫上楞伽變相圖，同時畫上五位祖師傳授衣法的故事。流傳後代，供作紀念。

畫師盧玲已經看過廊壁，有腹案了，預定第二天就要下手動工。

【新繹】

這一章和上一章一樣，都夾在五祖要選繼位人和神秀作偈題壁的兩個重要環節中間，看似閒事，淡淡幾筆，卻使當時的聽眾、後代的讀者增加無窮的趣味。可見六祖的口才很好，善於營造氣氛。

在五祖下令大家作偈之後，上一章寫眾弟子的反應，這一章則記五祖準備交棒的工作。五祖請來畫師要在他禪堂前方的大牆壁上，畫上《楞伽經》有關的故事圖畫，以及從達摩以來五代禪宗祖師傳授衣法的經過情形。為什麼畫的是《楞伽經》呢？這是因為從達摩傳衣法給二祖慧可開始，就是以《楞伽經》為心要，隨說隨行的。一直到五祖，也都一樣。楞伽法門，重在「自覺」和「宗通」，自覺聖智，去除妄念。這與五祖之選繼位人，大有關係。「三間房廊」，形容壁面之大，可供畫很多複雜的情節；靠近走廊，便於僧俗大眾參觀。而所謂「供養」，則呼應了上文第四章弘忍大師所說的「汝等門人終日供養」等語。

供養有三種，與示敬「佛」「法」「僧」三寶有關。莊嚴寺宇殿堂叫「敬供養」，頌讀佛教經典叫「行供養」，供給生活物質叫「利供養」。這裡說是圖畫變相，供人瞻仰禮敬，自是「敬供養」無疑。

五祖請來畫師，要在他堂前的大牆壁上畫上「楞伽變」和「五祖大師傳授衣法」。這幾句惠昕本作「擬請供奉盧珍畫楞伽經變相及五祖血脈圖，流傳供養」，意思比較明確清楚，是說五祖擬請人畫的是，《楞伽經》法會的變相圖，和禪宗前五祖的血脈傳承圖畫。而且畫師叫「供奉盧珍」。盧珍的「珍」和「玲」「玲」字形相近；「供奉」，和「待詔」一樣，都是唐宋時代對有特殊技藝工匠的尊稱，表示他們的技藝高超，可在宮中供役。從這些地方，可以看出五祖對此畫壁之事，和叫弟子作偈呈閱一樣，都非常的重視。

這不是淡淡閒閒的幾筆，而是極為精彩的語言文字。

【宏一偈曰】
變相演佛事，楞伽山之東。五祖傳衣法，只在畫圖中。

第7章

神秀夜題

上座神秀思惟：諸人不呈心偈❶，緣❷我為教授師。我若不呈心偈，五祖如何得見我心中見解深淺？我將心偈上五祖，呈意即善，求法覓祖❸不善，卻同凡心，奪其聖位❹。若不呈心〔一〕，終不得法。

良久思惟，甚難甚難。夜至三更，不令人見，遂向南廊下中間壁上，題作呈心偈，欲求衣法。

若五祖見偈，言此偈語，若訪覓我，我見和尚，即云是秀作。五祖見偈言不堪，自是我迷，宿業障重❺，不合得法。聖意難測，我心自息。

秀上座三更於南廊中間壁上，秉〔二〕燭❻題作偈。人盡不知。偈曰：

身是菩提樹❼，心如明鏡臺。
時時勤拂拭，莫使有塵埃。

神秀上座題此偈畢，卻歸房臥❽，並無人見。

【校記】

㈠心字下，惠昕本有「偈」字。

㈡「秉」字原誤作「事」，今據敦煌本改。

【注釋】

❶呈心偈——上文第五章「呈心用意作偈」的省文。禪家傳法，以心印心，故稱印證於心的偈句為心偈。

❷緣——因為。

❸覓祖——企求祖師的職位。

❹聖位——此指禪宗祖師的寶座。聖，是對祖師的尊稱。

❺宿業障重——前世所犯的罪過很多，以致障礙重重。障，煩惱。

❻秉燭——手持燭炬。秉，舉，持。

❼菩提樹——樹木名。原產於印度，後傳入中國、日本。相傳佛祖在菩提樹下悟道。這裡借指清淨自在的無上正覺。

❽房臥——唐人每稱臥室為房臥。

【直譯】

上座神秀心裡想：大家不呈心作偈，是因為我當教授師。我如果不呈心作偈，五祖如何能夠看見我心中見解的深淺？我把印證於心的偈子上呈給五祖看，表達意見原是好的，企求衣法、謀得祖師的職位就不好了，那反而跟一般凡俗的心一樣，只為了奪取聖師的寶座而已。但如果不呈心作偈，我又始終不能得到真傳。

很久很久，想來想去。很難啊，很難啊。……

到了深夜三更時分，不讓別人看見，神秀終於來到南邊廊下中間的牆壁上，題上他所作的、印證於心的偈子，想要求得衣法。

如果五祖看見偈子了，說這些偈句悟道，如果訪查找到我，我見到師父，就說是我神秀作的。五祖見到偈子，如果批評不行，那自然是我心性迷惑，前世的業障太多，不該得到真傳。師父的心意難以猜測，我求法的心自然就打消了。

神秀上座三更時分就在南邊廊下的中間牆壁上，手裡拿著燭炬，題上所作的偈子。其他的人都不知道。

偈子是這樣寫的：

身體就像覺悟的菩提樹，
內心猶如清淨的明鏡臺；
時時刻刻勤勞的拂拭它，
千萬不可讓它沾上塵埃。

神秀上座題完了這偈子之後，就退回臥房，並沒有人看見。

【新繹】

此章描寫神秀題偈之前心情的徬徨。有些字句看似重複，有些文氣看似不暢，卻反而因此能看出神秀當時內心的忐忑不安。

這一章的很多片段，都是描寫神秀的心理活動。開頭說他這樣想：「諸人不呈心偈，緣我為教授師」，表示他已獲悉其他同門全都不再呈心用意作偈。繼而重複描述他自己作不作偈的矛盾心情。他說自己是真心誠意求法的，卻又怕別人說他是為了謀取「聖位」。作或不作，處於兩難之間，「甚難甚難」。一直展轉反側到三更半夜，才終於下定決心，趁無人看見時，到南廊壁上題上自己所作的偈句。即使在秉燭題壁時，他都仍然在猶豫著，想師父看了偈句之後，可能有什麼反應，他自己將如何面對，等等。從這些心理活動的描寫看來，神秀的得失之心其實不少，非真正悟道者所該有。

而且，從他半夜趁無人時去題壁一事，也可以看出來，他對寺院的種種舉措都很清楚，不止所有同門都敬畏他而已。

至於他所作的偈句，實在是勤於修行者的深造有得之言。眾生雖然跟佛一樣，都有佛性，但眾生所以不能成佛的原因，即在於眾生還有種種煩惱，種種障礙。因為在眼、耳、鼻、舌、身、意等所謂「六識」之中，眾生都常有貪、嗔、癡的念頭，因而迷惑了身心，使眾生受盡種種煩惱，經歷種種障礙，不能明心見性。這就好像晶瑩明亮的鏡子，蒙上了灰塵。老子《道德經》第十章也說過這樣的話語：「滌除玄覽，能無疵乎」，同樣用明鏡來比喻清靜的心靈，不能有任何瑕疵，才能照物明白。這真是古代中國和西域哲學的交流之光。

神秀所作的偈句，講求的是一種「時時勤拂拭」的漸修工夫，這也是後來禪宗北宗所崇奉的漸修的法門。「莫使有塵埃」句，後來的傳本作「勿使惹塵埃」，意思是一樣的。

最後，容許我對「我將心偈上五祖」以下數句，提出下列的另一種讀法：

> 我將心偈上五祖呈意，即善，求法覓祖；不善，卻同凡心奪其聖位。

意思是：我將印證於心的偈子呈給五祖過目，表達我的見解，如果見解好，自然可以求得法門、當上祖師；如果見解不好，那麼就會被視同凡俗之心，是為了奪取祖師神聖的寶座。

這樣的斷句，和近代以來很多學者不一樣，雖然大旨無異，但語氣上頗有不同。是否可取，尚請讀者指教。

【宏一偈曰】

求法心徬徨，南廊夜未央。玄覽未滌盡，菩提空在牆。

第8章 罷畫看偈

五祖平旦❶，遂喚盧供奉❷來南廊下畫楞伽變。

五祖忽見此偈，請記〔一〕。乃謂供奉曰：「弘忍與供奉錢三十千❸，深勞❹遠來，不畫變相也。《金剛經》云：凡所有相，皆是虛妄。❺不如留此偈，令迷人誦。依此修行，不墮三惡〔二〕❻。依法修行，有大利益❼。」

大師遂喚門人盡來，焚香偈前。眾人見已，皆生敬心。「汝等盡誦此偈者，方得見性。依此修行，即不墮落。」門人盡誦，皆生敬心，喚言：「善哉！」

【校記】

〔一〕「請記」，敦煌本同。依上下文義，有人以為當作「誦訖」或「讀訖」。

〔二〕惠昕本「三惡」下有「道」字。

【注釋】

❶ 平旦——日出地平線上，叫做「旦」。古人稱天將亮未亮時為「昧旦」，稱天亮時為「平旦」。

❷ 盧供奉——這指盧姓畫師。供奉，以文學或技藝在皇帝左右供職的人。

❸ 三十千——三萬錢。「十千」為「萬」。當時蓋以千為計算單位。

❹ 勞——這裡是慰勞、酬謝的意思。

❺ 金剛經云三句——「凡所有相，皆是虛妄」是《金剛經》（即《金剛般若波羅蜜經》）的經文，也是它的理論基礎。該經以為宇宙萬法，皆為幻象，而眾生癡頑，卻執以為真。經末有偈云：「一切有為法，如夢幻泡影，如露亦如電，應作如是觀。」可證。

❻ 三惡——三惡道的簡稱。佛家以為眾生的存在形態，有「六道」之分，即：天、人、阿修羅、畜生、餓鬼、地獄。前三者是前世所修善業的果報，樂多而苦少，稱為「三善道」；後三者苦多而樂少，是前生所造惡業的果報，稱為「三惡道」。佛家以為眾生輪迴於六道之中，修善業即轉生三善道，造惡業即轉生三惡道，完全受因果報應的支配。

❼ 大利益——此指隨順佛法修行所得的功德而言，不是世俗所說的利祿好處。

【直譯】

五祖弘忍等到天亮時，便叫喚盧姓供奉來南面廊壁下，畫《楞伽經》變相圖。

五祖弘忍忽然看見這首偈句，請人記錄下來看清楚。於是告訴盧姓供奉說：「我弘忍給您三萬錢，太勞煩您遠道而來，現在不畫變相圖了。《金剛經》上說：『一切世間所有的相貌，都是虛幻不真實的。』不如留下這首偈句，讓迷惑的人誦讀修持。依照此偈修行，就不會墮入畜生、餓鬼、地獄三惡道。依照此法修行，就會有很大的功德和好處。」

弘忍大師於是召喚所有的門下弟子全都來到，燒香在偈句前。大家見了，都由衷產生恭敬的心情。大師說：「你們都要誦持這首偈句，才能悟得觀照自己的本性。依照這些偈語來修行佛法，就不會墮落三惡道中。」

門下弟子全都誦念，都生出恭敬的心情，大聲讚歎：「好啊！」

【新繹】

這一章記敘五祖弘忍讀了神秀偈句後的反應。可以分為兩段，有兩個重點，一是他為了保留神秀所題的偈句，不再讓盧供奉在南廊壁上畫《楞伽經》變相圖了。核對上章，「並畫五祖大師傳授衣法」的繪畫，當然也一起作罷了。二是他馬上召喚門人，齊集廊下偈前，要他們誦持神秀所作的偈句，表示他對神秀的讚賞。

第一段寫五祖和盧姓畫師來到神秀偈句前的情形。

五祖弘忍「忽見此偈，請記」，「請記」這兩個字，有人以為費解。像郭朋《壇經校釋》就以為這兩個字當作「讀訖」，上下文義才通順。其實，五祖弘忍這時候年紀已經老大了，視力已經老花了，又是天剛亮，因此神秀題在壁上的偈句他未必能夠看得清楚，也因此需要請人抄錄下來看看。敦煌本和敦博本都作「請記」，應該有其道理的。

五祖請盧供奉遠道而來畫壁的本意，是為了「傳授衣法，流行後代」，如今看了神秀的偈句，他覺得此偈也有同樣的功用，所以告訴盧供奉說可以不畫了。他引用《金剛經》所說的「凡所有相，皆是虛妄」，來說明一切形相，無論是目之所見，心之所感，都是虛幻不實的。即使畫了《楞伽經》變相圖，也未必能夠使門人覺迷見性，說不定還不如神秀偈語中的「時時勤拂拭，莫使有塵埃」，反而能使眾弟子覺得親切而奉行信守。

第二段寫五祖在神秀偈句前召集門人訓話的情形。在這段文章中，並未點明壁上偈句是神秀所題，但從下一章文字看，五祖明知是神秀所作，而神秀既是教授師，他的字跡其他的門人也沒有不知道的道理，因此，大家心照不宣，都已知道此偈實乃神秀所作。門人「盡來」、「盡誦」、「焚香」、「皆生敬心」，說明神秀在五祖以及眾門人心目中的地位。這跟上文第五章眾門人遞相謂言「神秀上座是故教受師」等等的敘述，是前後呼應的。

在盧供奉的面前，在眾門人的面前，五祖弘忍對於神秀所作的偈句，是如此的加以肯定，這樣看來，彷彿六祖的聖位，是非神秀莫屬了。真的是這樣嗎？

讀了後面的若干章節，我們才知道文章的起伏轉折之妙。

【宏一偈曰】

變相固皆妄，偈語實亦虛。門人雖成誦，大師猶躊躇。

第9章

神秀再作

五祖遂喚秀上座於堂內門〔一〕：「是汝作偈否？若是汝作，應得吾法。」

秀上座言：「罪過❶，實是神秀作。不敢求祖位〔二〕，但願和尚慈悲，看弟子有少❷智慧，識大意否？」

五祖曰：「汝作此偈，見解只到門前，尚未得入。❸凡夫依此偈修行，即不墮落。作此見解，若覓無上菩提❹，即不可得。要入得門，見自本性。汝且❺去，一兩日思惟，更作一偈來呈吾。若入得門，見〔三〕自本性，當付汝衣法。」

秀上座去數日，作偈不得。

【校記】

〔一〕「門」，惠昕本等以為當作「問」，未必是。

〔二〕原缺「祖位」二字，據惠昕本加。

〔三〕原缺「見」字，據敦煌本補。

【注釋】

❶ 罪過——佛家自謙之辭。

❷ 少——少許、些微。

❸ 只到門前二句——是說尚未登堂入室。

❹ 無上菩提——即「無上正等正覺」，佛門中一種至高無上的覺悟與智慧。梵語音譯「阿耨多羅三藐三菩提」。「菩提」漢譯為「覺」。「覺」有聲聞、緣覺、佛三種。其中「佛菩提」最高，故稱「無上菩提」。

❺ 且——暫且。

【直譯】

五祖弘忍於是召喚神秀上座到禪堂內門前：「是你作的偈句嗎？如果是你作的，應該得到我的心法才對。」

神秀上座上前回答：「罪過罪過，確實是神秀所作。我不敢妄求祖師的聖位，只希望師父以慈悲的眼光，看看弟子有沒有些許的智慧，是否已經認識禪宗的要旨了？」

五祖說：「你作的這首偈句，對禪門的認識了解只到大門前而已，還未能登堂入室。凡夫俗眾依照這首偈句修行，就可以不墮入三惡道中，但是從作此偈句的見解來看，想要求得至高無上的正等正覺，卻還是不能達到。必須要進得了門內，才能悟見自己的本心佛性。你暫且回去，一兩天內好好思考再作一首偈句來送給我看。如果進得了門，能夠體驗悟見自己的本心佛性，我自當傳授給你祖師的袈裟心法。」

神秀上座回去了幾天，想寫偈句卻作不出來。

【新繹】

這一章和上一章應該合看。上一章寫五祖在盧供奉和眾門人面前，公開稱讚神秀所作的偈句；這一章寫五祖私下找來神秀，告訴他所作的偈句，「見解只到門前，尚未得入。」神秀作偈，只是測試自己見解的高低，不欲人知，所以才三更半夜悄悄去題壁。因為如此，所以五祖公開讚美偈語，卻不公開點破作者是誰。就五祖的內心而言，他覺得神秀所作的偈句，尚隔一塵，還不能登堂入室，所以他要神秀再試試看，能否寫出一首「見自本性」的作品。這種事要是公開說，對神秀上座教授師自然有損顏面，所以五祖只能私下找神秀來說。從這裡可以看出五祖為人處事的厚道，不愧是一位得道的祖師。

首句「五祖遂喚秀上座於堂內門」，「門」字惠昕本等都以為當作「問」，如此才文從字順。事實上，敦煌本、敦博本都作「門」，應該不是誤字。我們看下文五祖說神秀「只到門前，尚未得入」、「要入得門，見自本性」、「若入得門，見自本性，當付汝衣法」，這些句子都特別強調「門」字，可見「門」這個字，在本章中自有它的象徵意義。因此，此「門」字實在不必改為「問」字。

底下的「是汝作偈否」三句，是五祖對神秀的問話。「若是汝作，應得吾法」，言下之意，神秀所作，還沒有悟得五祖的心法。蓋「身是菩提樹」等句，猶拘於相，猶執於「是」「非」「有」「無」之間，還不能空諸所有，所以五祖認為還有待觀察。

神秀的答話是謙虛的，完全是漸修學道者的本色。他說他的試作偈句，只是想了解自己修行悟道的深淺，而不是為了追求祖師的職位。他的話是誠懇的，但從中也透露出他確實沒有達到悟

「空」見性的境界。

後來的黃檗希運《傳心法要》曾有一段記載，說有人問：「六祖不會經書，何得傳衣為祖？秀上座是五百人首座，為教授師，講得三十二本經論，云何不傳衣？」師答云：「為他有心，是有為法，所修所證，將為是也。所以五祖付六祖。」這是說明神秀念佛誦經，持齋守戒，雖然嫻熟經論，卻未能明心見性，所以無從覓得「無上菩提」。五祖弘忍後面的一段話，就是因此而發的。他要神秀再去思考一兩天，另作偈句，也就暗示了神秀還沒有悟得禪宗的心法。而神秀離去後，數日內「作偈不得」，也就可想而知了。

【宏一偈曰】

智度已及門，偈語多文采。誰知堂室內，更有妙諦在。

第10章

惠能作偈

有一童子❶於碓坊邊過，唱〔一〕誦此偈。惠能一聞〔二〕，知未見性，即識大意。能問童子：「適來❷誦者，是何言偈？」

童子答能曰：「你不知，大師言生死事大，欲傳衣法，令門人等各作一偈，來呈吾看，悟〔三〕大意，即付衣法，稟為六代祖。有一上座名神秀，忽於南廊下書無相偈❸一首，五祖令諸門人盡誦。悟此偈者即見自性，依此修行，即得出離❹。」

惠能答曰：「我此踏碓八箇餘月，未至堂前。望上人❺引惠能至南廊下，見此偈禮拜。亦願誦取，結來生緣，願生佛地。」

童子引能至南廊。能即禮拜此偈。為不識字，請一人讀。惠能聞已，即識大意。惠能亦作一偈，又請得一解書人❻於西間壁上題著，呈自本心。不識本心，學法無益，識心見性，即悟〔四〕大意。❼惠能偈曰：

菩提本無樹，明鏡亦無臺。
佛性常清淨〔五〕，何處有塵埃。❽

又偈曰：

心是菩提樹，身為明鏡臺。
明鏡本清淨，何處染塵埃。❾
院內徒眾見能作此偈，盡怪。惠能卻❿入碓坊。

【校記】

〔一〕原作「此」字，據敦煌本改。
〔二〕「一聞」前原有「及」字，疑衍，據敦煌本刪。
〔三〕原作「吾」，據敦煌本改。敦煌寫本「吾」「悟」二字常通用。
〔四〕「悟」原作「吾」字。此敦煌寫本所習見，下不贅舉。
〔五〕「佛性常清淨」一句，惠昕本以下，皆改作「本來無一物」。

【注釋】

❶ 童子——佛家用來稱八歲至二十歲（弱冠）有意出家而寄養寺院的未成年人。梵語「鳩摩羅伽」，漢譯「童子」。
❷ 適來——剛才。
❸ 無相偈——不執著色相的偈語。這裡指的是神秀所作的「身是菩提樹」等句。其實神秀所作偈中有身、心、樹、鏡等等，不僅有相，而且執著於相，決非無相。事實上，在惠能之前，傳統的「無相」，往往指去惡持善的工夫而言。童子以「無相」稱之，或許正是此意。

❹出離——即證入涅槃，脫離生死輪迴的意思。
❺上人——原意是指年高德劭、智德兼修的高僧，這裡借用為對修行者的尊稱。
❻解書人——懂得讀書提筆的人。
❼不識本心四句——這四句是《六祖壇經》的主旨。意思是佛在自身，本性即佛，只要明己本心，識自本性，即得妙義，否則身外求佛，縱使刺血寫經，歷盡塵劫，也是蒸沙作飯，只是徒費工夫。這四句夾在此處，上下文氣不順，極似後人注文附益於此。
❽菩提本無樹四句——見下文「新繹」部分。
❾心是菩提樹四句——見下文「新繹」部分。
❿卻——退回。

【直譯】

有一個年輕的修行者，從舂米的磨坊旁邊經過，口中高聲唱誦這首偈語。惠能一聽，知道作者還沒有悟見自己的本性，而且馬上就了解偈語的大概內容。

惠能問年輕修行者：「剛才你所唱誦的，是誰說的偈語？」

年輕修行者回答惠能說：「你有所不知。弘忍大師說生死是人生大事，想要傳授袈裟心法，命令所有門人等等，各作一首偈句，『來呈給我看』。有悟得禪法要旨的，就傳給他袈裟心法，稟承為禪宗第六代祖師。

「有一個上座弟子名叫神秀的，忽然在南廊下題了無相偈一首。五祖命令所有的門人都要誦念，能夠領會這首偈語，就能夠悟見自己的本性，依照這首偈句修行，就可以解脫生死的輪迴。」

惠能回答說：「我在這裡踏碓八個多月，從來沒有到過禪堂前面。希望上人您帶領我惠能到南廊下，去看這首偈語禮拜它。我也願意誦念記取，結下輩子的因緣，希望往生佛國的淨土。」

年輕修行者帶領惠能到南廊下。惠能立刻禮拜這首偈句。因為不認識字，請一個人讀誦。惠能聽了，馬上了解要旨。惠能也作了一首偈句，又請了一個懂得提筆寫字的人，在西邊的廊壁間題寫上去，呈現自己見自本心的心得。

不識得自己的本心，縱使學習禪法也沒有好處；能夠識得本心，見自本性，就能夠領悟禪宗的要旨。

惠能的偈句是這樣說的：

覺悟的菩提本來沒有樹木，
清明的鏡子也不會有鏡臺。
本來的心性即常清清淨淨，
哪裡會有沾染黏著的塵埃？

又有一首偈句說：

心靈是覺悟的菩提樹，

身體是清淨的明鏡臺。
明鏡本來就清清淨淨，
哪裡會沾染黏著塵埃？

寺院內的門徒俗眾，看到惠能作了這偈句，都覺得非常奇怪。惠能退回到碓坊去。

【新繹】

這一章是寫惠能聽人唱誦神秀的偈句，即知神秀未得無上菩提，尚未悟得佛性，所以在眾人面前另作偈句。所作直指人心，引人側目。

上文說神秀作了「身是菩提樹」那首偈句之後，五祖弘忍要門人焚香敬誦，此章開頭即承此而來，說有個年輕的修行者，經過惠能踏碓的工作場所，正在高聲唱誦這首偈句。惠能一聽，即知大意，而且知道作者尚未悟見本性。所以向該年輕修行者打聽，才知道事情的原委。

從年輕修行者的答話中，我們可以知道五祖私下召見神秀要他再作一偈的事情，眾人是不知曉的。大家仍然認為神秀原作是「無相偈」，已經達到無上菩提的境界，只要依此修行，即可脫離輪迴苦海。

神秀所作的「身是菩提樹」一首，究竟是不是「無相偈」呢？歷來讀者頗有疑義，筆者下面參考近現代一些學者的說法，就此試作一解。

上一章五祖弘忍私下召見神秀於堂內門時，已經說過神秀「只到門前，尚未得入」，還達不到「無上菩提」。因此期許他「要入得門，見自本性」。「見自本性」的「見」，是特別重要的。這些話，對於五祖之傳付衣法，所以取惠能而捨神秀，關係非常緊切。有人因此把神秀和惠能對立起來看，其實那是錯誤的。禪宗雖然後來有南北之分，惠能和神秀雖然有頓悟和漸修的不同，但他們在佛性本有的認識上，基本上並無差別。他們主要的差異，只是在於解脫苦海、證成涅槃的實踐工夫上，有頓悟和漸修的不同而已。

《景德傳燈錄》卷四記載神秀另有一首「示眾」的偈句：

> 一切佛法，自心本有。
> 將心外求，捨父逃走。

「自心本有」，是說眾生人人本來都有本心佛性，不待外求，基本上這與上文五祖所說的「見自本性」，並無不同，但神秀認為凡夫俗眾所以後來與諸佛不同，乃在於遭受了貪、癡、瞋的所謂「三毒」，矇蔽了眼、耳、鼻、舌、身、意的所謂「六識」，因而產生種種幻想幻象，惑亂身心，受諸苦惱。這也就是所謂「相」。「捨父逃走」的典故，見於《法華經・信解品》，是說有個富家子弟，不知自家財寶無量，從小離家流浪，四處行乞，多年後雖被其父尋回，卻仍驚惶逃走，不信其父所言。這是比喻凡夫修道，不知自心即佛，卻將心外求，因而身心惑亂，自尋煩惱。神秀認為解脫之道，悟解必須經由漸修，必須先除三毒，清六識，然後才能脫離苦海。易言之，必須先「無相」，先去除「所有相」才可以。

但是，當我們回頭去看神秀的那首「身是菩提樹」的偈句時，卻可發現他之所寫，都是有相，而非無相。他把身比喻為菩提樹，把心比喻為明鏡臺，這都已落於「相」之執著；而且把心性比喻為明鏡，說要「時時勤拂拭，莫使有塵埃」，也同樣已落於「心」之執著。

佛說《金剛經》，有兩個重點，一是「空相」，一是「無住」。「空相」說的就是經文中常提到的「凡所有相，皆是虛妄」；「無住」說的就是經文中常提到的「應無所住，而生其心」。「無所住」，是說無所執著，「生其心」，是說顯現本心佛性。上文說過，佛家以為眾生都自具清淨的本心，那也就是所謂佛性。因為凡人常有愚癡貪瞋之想，所以會擾亂自己的身心。我們知道，古人常把心比為明鏡，《大乘起信論》也這樣說：「眾生心者，猶如於鏡，鏡若有垢，色像不現」，神秀所謂「時時勤拂拭」者，正是主張為心鏡除垢的工夫。

據唐代玄奘《大唐西域記・摩揭陀國》說：「金剛座上菩提樹者，即畢鉢羅之樹也。昔佛在世，高數百尺，屢經殘伐，猶高四五丈。佛坐其下，成正等覺，因而謂之菩提樹焉。」可見菩提樹原名畢鉢羅，因佛在樹下得道，於是把正覺之義的「菩提」，用來做為樹的代稱。神秀既然把身比做菩提樹，把心比做明鏡臺，顯然都在強調取法乎上和除垢拂塵的工夫。這是一種主張漸修的修持工夫，和五祖所說的「見」自本性、惠能所主張的頓悟，在實踐法門上是不相同的。因此，五祖才說他還達不到「無上菩提」。在五祖的心目中，神秀仍然拘守在「相」和「住」，即「有相」、「執著」的層次，還沒有真正達到《金剛經》中「空相」和「無住」境界。

也因此，上文第二章所記惠能賣柴送到客店，「忽見一客讀《金剛經》，惠能一聞，心明便悟」，和這一章說惠能聽到「有一童子於碓坊邊過，唱誦此偈」，「一聞，知未見性，即識大意」，這兩段文字是應該合看的。重點都在強調惠能有慧根，能頓悟。人的根性是有利鈍之分的。

當然，也有人根據王維〈六祖能禪師碑銘〉的「每大師登座，學眾盈庭，中有三乘之根，供聽一音之法。禪師默然受教，曾不起予。」認為惠能於碓坊工作時，也會在五祖弘法時去旁聽的。這跟惠能究竟能不能識字讀經，都是後人關心的問題。利根大智的人，如果肯多廣知識，總是好事情。

這一章還特別強調惠能的待人謙卑和不識文字。因為待人謙卑，所以年輕的修行者願意幫助他。因為不識文字，所以讀神秀的偈句，和把自己所作的偈句題在壁上，都需要別人幫忙。當時民間教育不普遍，識字的人不多，因此後來通行的宗寶本等等，便附會了這位幫忙惠能的人，是「江州別駕」，「姓張，名日用」。而且，在惠能所作的偈句前後，也都有了可能是後人傳抄時增益附注的字句了。

例如「不識本心，學法無益，識心見性，即悟大意。」這四句總結《壇經》的要旨，本身就很像是一首偈子。夾在文中，與上下文氣並不通貫。「又偈」的第二首：「心是菩提樹，身為明鏡臺。明鏡本清淨，何處染塵埃」，與第一首句意重複，而且「身」「心」是否易位，也都值得商榷。像這些地方，有可能是後人所增益附注而羼入本文之中的例子。

在這一章文字中，最重要的當然是惠能所作的第一首偈句：「菩提本無樹，明鏡亦無臺。佛性常清淨，何處有塵埃」。這首偈句成了惠能的代表作。前二句說的正是「空相」，空諸所有，離相而悟空，契合《金剛經》「凡所有相，皆是虛妄」的道理；後二句說的正是「去住」，去其執著，明心而見性，契合《金剛經》「應無所住，而生其心」的道理。這也正是五祖弘忍所標舉的「要入得門，見自本性」的「無上菩提」，至高無上的境界。難怪五祖弘忍一見隨即決定傳付衣法給惠能了。

這裡有一句偈語要特別提出來討論。惠能的這首偈句，從惠昕本以後，通常被改成：「菩提本無樹，明鏡亦非臺。本來無一物，何處惹塵埃」。其他字句的改動，無傷大雅，但第三句由「佛性常清淨」改為「本來無一物」，卻不能不稍作辯說。郭朋的《壇經校釋》於此即有詳細的考辨。郭朋以為：首竄者先把《大品般若》的「性空」誤解為「本無」，再以「本無」來竄改「佛性」。可是，《般若》講的是「性空」，並不是「本無」，因此把「佛性常清淨」，改為「本來無一物」，不僅有背於「佛性」論，而且也不符合《般若》思想。

郭朋還舉契嵩本《壇經・南北頓漸品第七》的一段文字為例：「一日師告眾曰：吾有一物，無頭無尾，無名無字，無背無面，諸人還識否？」神會出曰：「是諸佛之本源，神會之佛性！」郭朋以為：神會的回答，雖然表面上受到了惠能的指責，但其實神會還是「答如所問」的。「吾有一物」，是對於「本來無一物」的明顯否定。契嵩之所以露此馬腳，乃是由於他也是一個「佛性」論者！「佛性」論者，終究是不會像《般若》「性空」論者那樣「空」其一切的。

宋代的禪僧黃龍悟新，對「本來無一物」句有詩諷之曰：「六祖當年不丈夫，倩人書壁自涂糊。明明有偈言無物，卻受他人一鉢盂。」這是開惠能的玩笑，說如果佛性真的「本來無一物」，那麼他為什麼還要接受五祖所傳的衣物？郭朋就藉這些例證，來說明惠昕本把「佛性本清淨」改為「本來無一物」，是改錯了！後來的契嵩本和宗寶本也都承襲此誤，實在令人不無遺憾。

郭朋從唯物辯證的觀點來看這個問題，有其立論的依據，也有其獨特的見解。但筆者以為此固可備一說，但也不必因此而抹殺惠昕本以下諸禪師的體悟和解釋。為什麼呢？

因為這些論述和解釋，都不過是為了幫助他人了解佛法所作的譬喻罷了，以此喻彼，以此實物喻彼妙理，重點在於得意忘言，千萬不可執著於語言文字，禪宗所謂「不立文字」，道理亦即在此。佛家是常以譬喻來說妙理的。當我們說「野渡無人舟自橫」、「入其室則空無一物」時，都不是說真的無「人」無「物」，它們都只是一種譬喻形容而已。如果死看文字，那就是犯了執著的毛病了。「本來無一物」，亦當作如是觀。

【宏一偈曰】

壁上無相偈，碓間獦獠心。佛性自清淨，何曾塵埃侵？

五祖忽來廊下，見惠能偈，即知識大意❶。〔一〕恐眾人知，五祖乃謂眾人曰：「此亦未得了❷。」

五祖夜至三更，喚惠能堂內說《金剛經》。惠能一聞，言下便悟〔二〕。其夜受法，人盡不知，便傳頓法❸及衣，以為六代祖。將衣為信❹，稟❺代代相傳；法：以心傳心，當令自悟。

五祖言：「惠能，自古傳法〔三〕，氣如懸絲〔四〕❻，若住此間，有人害汝，即須速去！」

能得衣法，三更發去。五祖自送能往〔五〕九江驛❼，登時❽便別。

五祖處分❾：「汝去！努力將法向南。三年勿弘，此法難起❿。在後⓫弘化，善誘迷人⓬。若得心開，與悟無別。」辭違⓭已了，便發向〔六〕南。

【校記】

〔一〕以上三句，敦煌本作「五祖忽見慧能偈，即善知識大意」，是說惠能所作，乃得善知識之大意。

〔二〕「悟」敦博本原作「吾」，敦煌本原作「伍」。

〔三〕「法」原本誤寫「去」字，據敦煌本改。

〔四〕「絲」原作「茲」，據敦煌本改。

〔五〕「往」敦煌本作「於」，敦博本作「生」。形皆與「往」字近。

〔六〕「向」字原本缺，據敦煌本加。

【注釋】

❶即知識大意——意思是說五祖弘忍看了惠能所作偈句，即知其識得禪門要義。敦煌本作「即善知識大意」，則說惠能所作偈，是善於教導眾生修善戒惡的要旨。

❷未得了——尚未開悟。了，了悟。

❸頓法——頓教法的簡稱。即頓悟的法門。普照禪師《修心訣》：「頓悟者，凡夫迷時，四大為身，妄想為心，不知自性是真法身，不知自己靈知是真佛，心外覓佛，波波浪走，忽被善知識指爾入路，一念迴光，見自本性。而此性地，原無煩惱，無漏智性，本是具足，即與諸佛分毫不殊，故云頓悟也。」可見頓悟即破除妄想煩惱，頓見自己本性。

❹將衣為信——將（達摩的）袈裟做為傳法的信物。據《景德傳燈錄》卷三的記載，達摩傳法給慧可時，曾這樣說：「並授汝袈裟，以為法信物」。

❺稟——稟承、繼承。上文第四章五祖弘忍曾要求眾門人作偈，說能悟大意者，將付衣法，「稟為六代」。

❻氣如懸絲——氣息像懸掛的絲線，極言性命的危險。

❼九江驛——九江驛站的渡口。九江，古稱江州，今江西省九江縣。據《元和郡縣志》，古時由江州至韶州，水陸相兼，全程二千三百多里，約需一個多月。又據清刊本《黃梅縣志》，馮茂山周圍澗河入江，舟楫可通。由黃梅縣西南七十里，即九江城。

❽登時——當時，即時。印順《中國禪宗史》以為當作「登船時」。

❾處分——安排、吩咐。

❿此法難起——是說頓教之法不容易傳授。一說：難起，即難去。敦煌出土文獻，「起」「去」通用。意思是災難過去以後才可弘法。

⓫在後——此後，以後。變文中常有此用法。〈王昭君變文〉：「公主亡時僕亦死，誰能在後哭孤魂。」

⓬善誘迷人——好好去誘導開悟迷惑的人。

⓭辭違——辭行告別。

【直譯】

五祖弘忍忽然來到廊壁下，看到惠能所作的偈句，就知道惠能寫的都是能夠教導眾生修善戒惡的重要道理。怕門下徒眾知道，五祖於是告訴大家說：「這些偈語也還沒有能夠開脫了悟。」

五祖晚上等到三更半夜，叫惠能到禪堂裡面，解說《金剛經》。惠能一聽，聽話當下就能了悟。那個晚上，傳授衣法，大家都不知道，五祖便傳授了禪宗頓悟的教義法門以及達摩祖師的袈裟，讓他成為第六代的祖師。把袈裟做為信物，稟承代代相傳的傳統，頓教的法門是以心傳心，應當讓受法者自己了悟。

五祖說：「惠能，自古以來，代代傳承衣法，性命都非常危險。你如果繼續住在這裡，有人會陷害你。你必須即時離開。」

惠能得到五祖傳授的衣法，三更時分就出發離開了。五祖自己送惠能到往九江驛站的渡口，登船當時立刻道別。

五祖這樣安排吩咐：「你去吧！努力將頓教法門向南方傳播去。三幾年內不要聲張弘揚，這個心法是不容易傳播的。在三幾年以後弘揚教化時，要好好的誘導那些迷惑的人。如果能夠使他們心性開悟，那麼與你我的開悟，也就沒有差別了。」

辭行告別完了，惠能便出發向南方前進。

【新繹】

這一章記敘五祖認定惠能可傳衣法，繼承為禪宗六祖，又怕他受害，所以半夜為他講授《金剛經》之後，即刻命他南行，並囑咐他不必急於弘法。

全章可分三段。第一段寫五祖看了惠能所作的偈句，認為他能「見自本性」，合乎頓教之旨，因此決定把衣缽傳給他，立之為六祖。

這種「傳宗接代」的大事，本來應該公開才對，可是五祖卻深恐人知，一切偷偷進行。起先他在眾人面前，先假裝不認同惠能偈句所說的道理，說是一樣沒有達到了悟開脫的境界。後面再於夜半無人私語時，找來惠能解說《金剛經》，並在「人盡不知」的情況下，傳授衣法。

為什麼這樣傳授衣法呢？

我們前面說過，從始祖達摩開始，禪宗每一代的傳承，都是一代只選一人繼承，因此在選繼位人時，大都歷經艱困，要經過長期的觀察考驗。不但要逃避其他教派的攻擊，而且由於不立文字，以心傳心，但憑祖師一人的評斷，而缺少客觀的依據，因此往往予人事出突然之感，內部也難免會引起其他徒眾的反彈。也因此，繼位人選選定之後，往往要離開祖師，到其他地方另起爐灶。五祖弘忍之立六祖如此，其他祖師也大致如是。

從以上各章惠能的描述裡，我們可以發現：在惠能來黃梅拜師之前，五祖弘忍的門下，以神秀最受重視，也普遍得到其他徒眾的推崇肯定，如果五祖傳位給他，是不會有什麼批評反彈的。但五祖卻認為神秀固然勤於修持，卻未悟「無上菩提」，反不如剛來八個多月、一直在碓坊工作的惠能。他雖然不識文字，卻明心識性，「見自本性」。因此五祖決定傳位給惠能。

如果我們再把前後文章對照一下，又可以發現有一些蛛絲馬跡，頗堪玩味。上文第三章惠能說他自己初來黃梅、拜見五祖時，五祖曾斥之為「獦獠」，問他何堪作佛；當他回答五祖「人即有南北」、「佛性有何差別」時，五祖弘忍大師即馬上對他另眼相看。原文是這樣寫的：

> 大師欲更共議，見左右在傍邊，大師更便不言，遂發遣惠能令隨眾作務。

所謂「左右」，包不包括神秀在內呢？為什麼「見左右在傍邊」，就不與惠能繼續談論呢？同樣的，上文第四、五章說五祖召集門人，要他們各作偈一首，以決定繼位人選。所有門人私下遞相告訴，神秀上座是教授師，他「得法後，自可依止」，因此大家都不用作了。惠能這樣記述，除了表示神秀受到眾人的尊敬之外，有沒有其他的暗示呢？

最令人好奇的，當然是這一章的記載。第一段寫五祖看了惠能所作的偈語，明明非常欣賞，卻不敢明言，反而要說假話，告訴眾人說，這些偈語也不怎樣。五祖為什麼要這樣害怕呢？他究竟怕什麼？

接著第二段寫五祖三更半夜叫惠能到禪堂內，為他解說《金剛經》，準備傳其衣缽。「惠能一聞，言下便悟」，是寫惠能自具慧根，不負所望。「其夜受法」以下四句，是說五祖在無人見證的情況下，正式傳授衣法，立惠能為六代祖師。「將衣為信」以下四句，是交代傳授的衣法：衣是達摩傳下來的袈裟，是可以徵信於人的外在信物；法是頓教自悟的法門，以心傳心，是用來開導眾生的內在心法。至於告訴惠能說「自古傳法，氣如懸絲，若住此間，有人害汝，即須速去！」我們不知道五祖弘忍大師究竟在害怕什麼，但可以確定的是，他一定有什麼難言之隱。這些原因，說不定惠能也知道，所以在《壇經》開場說「累劫之因」時，寫得這麼含蓄，卻又隱隱約約透露了一些信息。

第三段寫五祖傳了衣缽之後，當夜就催促惠能起程向南，還親自送行。有人說五祖親自送到九江渡口，那是不可能的。湖北黃梅和江西九江的距離太遠了，何況一在江北，一在江南。印順《中國禪宗史》解釋這幾句，說是只送到登船處，然後惠能自己到九江驛往南前進。這是比較合理的說法。辭別時，五祖更特別囑咐惠能，到南方去弘法，起先三幾年要低調，切勿張揚；即使以後在弘揚時，也要善誘他人，開悟眾生。從這些諄諄的告誡中，我們可以體會到五祖弘忍在緊張傳位之餘的苦心和用心，也可以看出惠能對他的感念。

這一章和上一章一樣，都是六祖惠能在自述其累劫受位歷程中比較重要的片段，篇幅比較長，情節也比較精彩，可是在傳抄流行的過程中，後人為了更增加其趣味性和哲理化，所以越到後來，比起敦煌的兩種寫本，附麗增益的故事情節也就越多了。從惠昕本到宗寶本，在這一章中就增益了很多動人卻未必可信的情節：

例一：原來第一段只說五祖見了惠能所作偈句，認為能識禪門大意，但為了保護惠能，反而告訴眾人：「此亦未得了」。宗寶本等卻改為五祖「見眾人驚怪，恐人損害，遂將鞋擦了偈」，而且還增加了「次日，祖潛至碓坊」，見惠能腰石舂米，借「米熟也未」為題，與惠能有一段充滿禪機的對話，然後五祖再「以杖擊碓三下而去」，暗示該夜三更要惠能入室討論。寫五祖將鞋擦偈，又潛至碓坊，又擊碓暗示，藉此來銜接原文的第二段。把五祖寫得有點不像大師了。等到惠能會意，三鼓入室，五祖又「以袈裟遮圍，不令人見」，然後為之說《金剛經》；在傳頓教及衣缽的前後，更增益了一些偈語和充滿禪機玄理的對話，等等，這些增加的情節都比敦煌抄本要有故事性，有戲劇性，趣味化，哲理化，但令人讀了反而覺得像小說一樣，不夠典雅真實。

例二：在傳授衣法之後，原來抄本只記載五祖說「自古傳法，氣如懸絲，若住此間，有人害汝，即須速去！」至於去哪裡？原無交代。宗寶本等則增加了下面的問答：

惠能啟曰：「向甚處去？」

（五）祖云：「逢懷則止，遇會則藏。」

「逢懷則止」二句是說：遇見地名有「懷」字的地方就要停下來，遇見地名有「會」字的地方就要隱藏起來。此與後來惠能南返的息隱於懷集、四會之間，正好相應。有趣是有趣，但未免把五祖弘忍寫成像神機妙算、無所不知的神仙人物了。

例三：敦煌抄本說惠能得衣法後，三更出發，離開黃梅東山，「五祖自送能往九江驛，登時便別」。句中「往」字，敦煌本原作「於」，敦博本原作「生」，歷來學者多認解為「至」字，所以解釋此句說是五祖親自送惠能到江西九江驛站的渡口。這樣的解釋，不合常理。惠能來黃梅拜師的這一年，是龍朔元年（六六一），當時五祖弘忍大師已六十歲左右，而且從湖北黃梅到江西九江距離這麼遙遠，還需要渡過長江才能到達，傳授衣法唯恐人知的五祖，豈有親自遠程相送的道理？筆者以為「於」「生」的行草，與「往」字接近，因此此句應作「五祖自送能往九江驛」才對。惠能是往九江驛向南走，五祖則只是送他到有車船處而已。

然而，宗寶等本不但說五祖「相送直至九江驛」，而且說五祖命令惠能上船，然後「五祖把艣自搖」。以下是他們一段充滿禪趣的對話：

> 惠能言：「請和尚坐，弟子合搖艣。」
>
> 祖云：「合是吾渡汝。」
>
> 惠能曰：「迷時師度，悟了自度。度名雖一，用處不同。惠能生在邊方，語音不正，蒙師傳法，今已得悟，只合自性自度。」
>
> 祖云：「如是！如是！以後佛法，由汝大行。汝去三年，吾方逝世。汝今好去，努力向南。不宜速說，佛法難起。」

有趣是有趣，但九江渡口難道沒有船夫，江上難道早有一隻小船等著五祖、惠能他們來搖艣渡江嗎？

就因為增益失實的地方不少，所以筆者讀《壇經》寧取敦煌寫本。

【宏一偈曰】

夜說金剛經，傳法如懸絲。南去九江驛，事事盡堪思。

第12章

庾嶺傳法

兩月中間，至大庾〔一〕嶺❶。不知向後❷有數百人來，欲擬❸捉惠能，奪衣法。來至半路，盡總卻迴❹。

唯有一僧，姓陳名惠順❺，先是三品將軍，性行粗惡，直至嶺上，來趁把著❻。惠能即還法衣。又不肯取，言：「我故遠來求法，不要其衣。」

能於嶺上便傳法❼惠順〔二〕。惠順得聞，言下心開。能使惠順即卻向北化人。

【校記】

〔一〕「庾」字敦煌寫本皆誤作「庚」，據惠昕本改。

〔二〕原本「法」下有「買」字。下「惠順」作「惠惠順順」，即「惠順，惠順」古抄寫法。有人不知，抄作「惠惠順順」。誤。

【注釋】

❶ 大庾嶺——五嶺之一，是古代來往江西、廣東之間必經的交通孔道，一名梅嶺。惠能由九江下江西，入廣

東，必經此嶺。

❷ 向後——後面。

❸ 欲擬——想要。

❹ 盡總卻迴——全都退返，無功折返的意思。

❺ 惠順——一作慧（惠）明。江西鄱陽人。《五燈會元》說他是南朝陳宣帝的後裔。原是五祖弘忍的弟子，多年不能參透，因在大庾嶺得惠能開悟，受命北返，定居袁州的蒙山（在今江西新喻縣）弘法。後避惠能諱，改名道明。

❻ 來趁把著——上來追趕捉住了。

❼ 傳法——傳授心法。《景德傳燈錄》卷四記載惠能係以「不思善，不思惡，正恁麼時，阿那箇是明上座本來面目」如此機鋒的問話，來點醒開示惠明（即惠順）。意思是問惠明原來最初未受塵染的心性，有什麼善惡之分，是不是純然清淨而且不迷不悟？據說惠明聽了，當下大悟，遍體汗流，泣禮數拜。因此成為惠能虔誠的同道，回到嶺北弘化眾生。

【直譯】

在不超過兩個月的時間內，來到大庾嶺。不知道後面有幾百個人追來，想要捉拿惠能，奪取達摩所傳的袈裟和五祖密傳的心法。

這些人追惠能來到半路時，全都無功而返。只有一個僧人，姓陳，名惠順，原先是三品將軍，性情舉動都很粗暴兇惡，一直追到大庾嶺上，上來追趕捉住了惠能。

惠能願意馬上交還法物袈裟，可是陳惠順卻又不肯收取。他說：「我特地遠道追來，是為了求得心法，不是要那件袈裟。」

於是惠能在大庾嶺上就便傳授禪宗心法給陳惠順。陳惠順終於能夠聽到心法，聽話的當時，心中就馬上開悟了。

惠能差使陳惠順又馬上回到北方去度化眾生。

【新繹】

這一章敘述惠能在黃梅得法後，回嶺南途中，在大庾嶺被惠順追上，反而開悟惠順的經過情形。

上章說五祖弘忍在傳付衣法之後，叫惠能連夜立即回南方，以免受到傷害。因為惠能才二十幾歲，又不識文字，不為人所知，所以一定有人不服氣。果不其然，惠能經過一兩個月的跋涉，才登上大庾嶺的關口，正要進入廣東境內，後面卻一路上有幾百個僧眾追趕他，想要奪取祖師的衣法。他們雖然到了中途，紛紛掉頭折返，但卻有一個「性行粗惡」的將軍人物，名叫陳惠順，追上大庾嶺，捉住了惠能。強調陳惠順「性行粗惡」，自是用來說明他來勢洶洶，令人畏懼。因此，惠能只好交出可以做為信物的袈裟。

想不到這粗獷的將軍人物陳惠順，真心學佛，求的不是外在的法物袈裟，而是只要密傳的心法。文中介紹陳惠順這位出家人「先是三品將軍」，是有用意的，表示應出身於中原士族或官宦之家。宋《高僧傳》並進一步說他「本陳宣帝之孫」。郭朋《壇經校釋》據此推算此說不確。但郭朋誤把「陳宣帝之孫」當成「陳宣帝」在位的時間來推算，因而他的推論也不確實。不管如何，這位將軍人物是真心學佛，絕非粗暴之輩。這在緊張的氣氛中，化暴戾為祥和，予人無限的溫馨和平之感。這是一種高明的敘述技巧。

惠能在大庾嶺上如何傳法給陳惠順，敦煌寫本《壇經》內沒有說明，但《景德傳燈錄》和惠昕本以後的《壇經》傳本，則有惠能關於「不思善、不思惡」時，哪個是您本來面目的機鋒問話，藉此開悟了惠順，收服了惠順，使他心甘情願回到北方弘法。有此一劫，有此一悟，更可證明五祖之所傳得人，而惠能之所悟非虛。

從惠能在大庾嶺收服開悟陳惠順，到他在韶州大梵寺開壇講經之間的事情，惠能在開壇講經之初，回憶自己求法得法的過程時，並沒有什麼交代。惠昕本以後的《壇經》本子，則逐漸增益一些故事資料，例如宗寶本《壇經》說惠能後來回到嶺南，又被惡人尋逐，只好在懷集、四會等地，避難於獵人隊中，「凡經一十五載」。有的則說是十六載。這些說法，和《曹溪大師別傳》所說的「到曹溪猶被人尋逐，便於廣州四會、懷集兩縣界避難。經於五年，在獵師中」，有很大的出入。據印順《中國禪宗史》的考證，惠能早年的事蹟，很多資料說法之間，互相矛盾。他認為《曹溪大師別傳》所記，「可能有多少事實根據」。

據《曹溪大師別傳》說，惠能在還沒有去黃梅求法之前，其實很早就曾經到過韶州的曹溪，與村人劉志略結拜為兄弟。曹溪有寶林寺，是從梁朝就建立的古剎，惠能自當去過。劉志略的姑母是尼姑，常誦《大涅槃經》給惠能聽。惠能雖不識字，竟然聽得懂經義。後來因為對佛學發生了興趣，惠能又曾跟智遠禪師學坐禪、聽慧紀禪師誦《投陀經》。而且據說就是在慧紀禪師的鼓勵下，才到黃梅去拜五祖弘忍為師。這樣說來，惠能在客店聽人誦讀《金剛經》到他辭親往黃梅求法之間，是有這些學佛經歷的。這樣也比較好解釋他初見五祖弘忍時，何以就能說出人有南北、佛性卻無南北之類的得道之言。

惠能在黃梅得到五祖傳法之後，匆匆南歸，按古代的行程，應該是先到江州（九江），然後沿鄱陽湖、贛江南行，經洪州（南昌）、吉州（吉安）、虔州（贛州）到大庾嶺，然後再經韶州到廣州。從大庾嶺南下，一定會經過韶州，到城南數十公里處的曹溪寶林寺小住。起先就像五祖弘忍所囑咐的那樣：「努力將法向南，三年勿弘此法」。古人說的「三年」，未必恰好三年，往往是三幾年的意思，所以《別傳》說惠能南返之後，在曹溪猶被人尋逐，便於廣州四會、懷集兩縣交界處避難，「經於五年，在獵師中」，和五祖弘忍的囑咐大致相合。古人對於師父之命，通常奉行不違。至於是不是跟劉志略等人還有連繫，那是另一回事。

因此，惠能南返之後，潛藏避難於獵人隊中，五年的說法是比較可取的。所謂十五、六載，恐怕是涵蓋自龍朔元年（六六一）二十四歲去黃梅求法，到儀鳳元年（六七六）正式開東山法門，出道弘法而言。

乾封二年（六六七），惠能三十歲。經過五年潛遁的避難歲月，他因為在廣州法性寺（後易名光孝寺）聽印宗法師講《涅槃經》，經過辯論類似風旛的問題，引起印光的重視。遂在印宗見證之下，他正式落髮出家，並且由西京的智光律師為授戒師，為授具足戒。

受戒後，惠能也就留在法性寺「開單傳宗旨」。從此，他在廣州、韶州一帶，弘化四十幾年，來往於廣州法性寺、韶州大梵寺、曹溪寶林寺之間，至死為止。《神會語錄》說「來往四十年」，《歷代法寶記》說是「四十餘年」，都可參證。這樣也正好可與他享年七十六歲的說法相對應。

上文所謂風旛的問題，非常有名，常為讀者引用，但其實原來的敦煌抄本是沒有這段文字的。它始見於成書在唐代宗、德宗年間的《歷代法寶記》和《曹溪大師別傳》，而為後來的惠昕本、宗寶本等本子所沿用。茲據宗寶本引錄如下：

（惠能）至廣州法性寺。值印宗法師講《涅槃經》。時有風吹旛動，一僧曰風動，一僧曰旛動，議論不已。惠能進曰：「不是風動，不是旛動。仁者心動。」

這些話當然充滿了禪機，引人入勝。可是這跟上章所引的增益例子一樣，都實非《壇經》所固有，而應是出於後人的附麗。據《五燈會元》卷一的記載，禪宗西土第十七祖僧伽難提（一作僧伽那提）為伽耶舍多尊者授戒後，聽到風吹殿鈴之聲。於是有如下述的一段問答：

僧伽難提問：「鈴鳴耶？風鳴耶？」
伽耶舍多答：「非風鈴鳴，我心鳴耳。」
僧伽難提曰：「善哉！善哉！繼吾道者，非子而誰？」
於是立伽耶舍多為第十八祖。

由此看來，《壇經》後來版本中的風旛之說，是後人根據《五燈會元》或有關的資料增益而成的，趣味性和哲理化是顯然增加了，但卻非《壇經》的本來面目。

【宏一偈曰】

將法向南行，幾度夢魂驚。緣何將軍客，卻把衣鉢輕？

第13章

大梵因緣

惠能來於此地，與諸官僚道俗，亦有累劫之因❶。教是先聖❷所傳，不是惠能自知。願聞先聖教者，各須淨心，聞了願自除迷，如先代悟❸。下是法❹〔一〕

【校記】

〔一〕以上是惠能的自述，從「善知識，靜聽……」至此為所述內容。「下是法」三字，原本用小字寫。

【注釋】

❶ 累劫之因——累積長期的因緣。劫，佛家用來形容一切事物成住壞空的整個過程，極言時間的長久。因，因緣的簡稱，指造成事物結果的內在外在原因。

❷ 先聖——這裡泛指達摩以來歷代的禪宗祖師。

❸ 如先代悟——像從前歷代修道者的開悟一樣。

❹ 下是法——這三個小字提示讀者以下是講經的內容。

【直譯】

惠能現在來到這裡，與諸位官僚道俗一起，也可以說是有長期累積的因緣。頓教是從前歷代祖師所傳授下來的，並不是我惠能自己的創見。希望聽聞從前歷代祖師頓教法門的人，人人都必須清淨自己的心靈，聽了之後希望都能自己消除心中的迷惑，就像從前歷代修道者的開悟一樣。

以下是頓教法門的內容。

【新繹】

這一章呼應第一章，六祖惠能為自己的開壇講經，從前求法、得法的經過，以及未來的弘法度眾，作了開場白。

他在正式講演之前，強調能在這裡宣揚佛法，是一種難得的緣分，能與大家見面，又是一種難得的緣分。這對聽眾信徒而言，是極為親切的表示。然後說他所要宣講的內容，都是得自歷代祖師的傳承，並非來自個人創造的智慧。這是表示對歷代祖師的尊重，和自己謙卑的態度。最後，向大家說願意聽教求法的人，要各自清淨心地，各自參透開悟。這是表示對所傳佛法的尊重，同時也呼應了上文第十一章辭別五祖時，五祖告誡他的一段話：「在後弘化，善誘迷人。若得心開，與悟無別。」善哉！

【宏一偈曰】

壇前說平生，累劫不勝情。欲知禪悟事，還須問心呈。

第14章

佛性無別

惠能大師喚言：善知識！菩提般若之智❶，世人本自有之，即緣心迷❷，不能自悟，須求大善知識❸示道見性。

善知識！愚人智〔一〕人，佛性本亦無差別，只緣迷悟；迷即為愚，悟即成智。

【校記】

〔一〕「智」原作「知」。二字古通用。

【注釋】

❶ 菩提般若之智——覺悟智慧的認識。菩提，覺悟的意思。般若，即「妙智慧」。「菩提般若之智」的「智」，敦煌本作「知」，是認識、了解的意思。似較可取。

❷ 即緣心迷——就是因為本性迷失了。緣，因為。

❸ 大善知識——善知識，已見前，這裡是指能開示正道、悟見本性的大師。「大」是推崇稱讚之詞。

【直譯】

惠能大師高聲說道：

諸位能知善識的師友施主！認識了解佛家覺悟的智慧，世上一般人本來就自己具有這種能力的，就是因為本性迷失了，不能自己開悟，所以必須請求善於能知善識的大師，來開示引導，悟見本性。

諸位能知善識的師友施主！無論是愚癡的凡人或聰明的智者，他們自身所具有的佛性，本來就沒有什麼差別，都只是因為迷失和開悟的不同，因此迷失的就成為愚癡的凡人，開悟的就成為聰明的智者。

【新繹】

這一章以下，是六祖惠能登壇講經所說的佛法內容大要。拿敦煌抄本和後來的惠昕本、契嵩本、宗寶本等等相對照，可以看到章節次序頗有出入，但內容旨意則大致相同。以宗寶本為例，它把此章以前，標為「行由品」第一，敘述惠能的身世經歷以及求法、得法的經過；此章以下，則先這樣開場：

次日，韋使君請益。師陞座，告大眾曰：總淨心念摩訶般若波羅蜜多。復云：善知識！菩提般若之智，世人本自有之。只緣心迷，不能自悟，須假大善知識示導見性。當知愚人、智人，佛性本無差別。只緣迷悟不同，所以有愚有智。吾今為說摩訶般若波羅蜜法，使汝等各得智慧。

較之敦煌抄本，宗寶本不但把以下文字當作第二天的演講紀錄，而且前後各加數語，把敦煌抄本此章所說的「菩提般若之智」，扣緊「般若」二字，引申到「摩訶般若波羅蜜」的題意上來，開始花很多篇幅解釋「摩訶」、「般若」、「波羅蜜」等等梵語的意義，而把它們合標為「般若品」第二。然後，又說過了一天，韋刺史等人對布施、功德以及修行、體悟等方面有些疑問，提出問題請教，再由六祖惠能解答、開導，而題為「疑問品」第三。一直到「定慧品」第四，才回到敦煌抄本原來接續談定慧的順序來。

那麼，敦煌抄本有沒有宗寶本那些解釋「摩訶般若波羅蜜」的語意以及解答布施功德修行體悟的內容呢？有的，只是散布在下面的章節而已。文字雖或有不同，旨意則大體無異。比較來看，宗寶本的文字、層次，都比敦煌抄本要來得洗鍊有條理，但修改增益的痕跡也是顯而可見的。

此章一開頭，六祖惠能就開宗明義，說明世間人人都有佛性，原本是與生俱來，不待外求，只是很多人常為外物所惑，自亂心性而已。一旦頓悟破迷，即可立地成佛。迷與悟，沉迷與開悟，也就是決定愚癡與智慧的關鍵所在。惠能的這種佛性論和頓悟說，其實並非他首創，大約早他三百年左右，晉宋之際的竺道生，在《妙法蓮花經疏》中早已說過「一切眾生，皆當作佛」的話。但竺道生認為頓悟仍須由不斷的研讀苦修而得，惠能則以為眾生與佛都具有佛性，皆與生俱來，並非靠研讀佛典或實踐苦修而得，其關鍵是在於自性的迷或悟，迷則為眾生，悟則為佛。即使一念之中，前念迷尚為凡夫，後念一悟仍即成佛。因此惠能主張的是頓修頓悟，不須漸修。也就因為有此主張，所以傳統佛教所強調的讀經、坐禪、念佛等等修習工夫，也就失去了實際的意義了。

【宏一偈曰】

人自有菩提，未悟緣心迷。須求善知識，愚智無高低。

第15章

定慧不二

善知識！我此法門❶，以定慧〔一〕❷為本。第〔二〕一❸勿迷言定慧別。定慧體〔三〕一不二，即定是慧體，即慧是定用；即慧之時定在慧，即定之時慧在定。

善知識！此義即是定〔四〕慧等。學道之人作意❹，莫言先定發慧，先慧發定，〔五〕❺定慧各別。作此見者，法有二相❻：口說善，心不善，定慧不等。心口俱善，內外一種❼，定慧即等。自悟修行，不在口諍❽。若諍先後，即是迷人。不斷勝負❾，卻生法我❿，不離四相⓫。

【校記】

〔一〕原作「惠定」，惠、慧古通用。茲依今人用法，據惠昕本改作「定慧」。下同。

〔二〕原作「弟」，敦煌寫本「第」往往作「弟」。

〔三〕敦博本下有「不」字，當為衍字，據敦煌本刪。

〔四〕「定」字原本缺，據惠昕本補加。

〔五〕以上二句「發」字，敦煌本等或作「後」或作「發」，《景德傳燈錄》引作「後」。

【注釋】

❶ 我此法門——我們禪宗的這個教法。我，此非惠能一人之稱，而是泛指禪宗而言。法門，入道的門徑，即佛法。

❷ 定慧——原作「惠定」，惠、慧二字古通用。定，梵語稱「三昧」或「三摩地」，禪定之意，指心志專注，以求安靜。慧，又稱「止觀」，智慧之意，指破除迷惑，以證真理。「定」、「慧」與「戒」（即戒律）三者，皆成就佛果、上達涅槃之法，合稱「三學」。以上是傳統的說法，惠能則將定慧視為禪之通稱。宗密《禪源諸詮集都序》所說的：「悟之名慧，修之名定。定慧通稱為禪那。」即是此意。

❸ 第一——首要。

❹ 作意——注意。

❺ 莫言先定發慧二句——是說定、慧二者一體，沒有先後之分。主張先「定」而後發「慧」，或先「慧」而後入「定」，都是不對的。

❻ 法有二相——宇宙萬法有了不同的兩種形相。佛家把一切對立不同的事物或現象，統稱為二相。例如是非、善惡、人我、有無、心口等等。

❼ 一種——一樣。

❽ 諍——爭論。

❾ 不斷勝負——不能斷絕勝負之心。

❿ 法我——佛家術語。是「法、我執」，即「法執」「我執」的簡稱。兩種以為宇宙萬有為實有而執迷不悟的人。「執我」者稱為煩惱障，「執法」者稱為所知障。

⓫ 四相——佛家術語。有不同的解釋，或以為指生、住、異、滅四者，或以為指鳩摩羅什所譯《金剛經般若波羅蜜經》所說的「四見」，即「我相」「人相」「眾生相」「壽者相」等四種妄想。這四種妄想，都是迷隨外緣，涉境生相而來。「我相」是執著於認為自我是一實體的存在。「人相」是執著於認為自我是人，而與其他眾生有所不同。「眾生相」是執著於認為眾生可以常住於六道，而不知解脫生死。「壽者相」是

執著於認為壽命可以長久，而不知佛性如來。

【直譯】

諸位能知善識的師友施主！我們禪宗的這個入法門徑，是以「禪定」「智慧」來做為證成佛果的根本。首先最要緊的是：不要迷惑，說「禪定」和「智慧」有差別。「禪定」和「智慧」本來就是一體，不是兩樣東西。意思就是：「禪定」乃「智慧」的本體，就是「智慧」乃「禪定」的作用。就是「智慧」啟動時，「禪定」就在「智慧」之中；就是「禪定」專注時，「智慧」就在「禪定」之中。

諸位能知善識的師友施主！這個道理，就是說「禪定」和「智慧」是等同的。學道求法的人請注意！千萬不要說先須「禪定」而後啟發「智慧」、或者說先須啟發「智慧」而後才能「禪定」，說「禪定」和「智慧」是各自獨立的。

抱持這種見解的人，是認為宇宙萬法有了兩種不同的形相，就像口中稱善，心中卻存不善，「禪定」和「智慧」就不相同一致了。心中口中都同樣稱善，內外一致，「禪定」和「智慧」才真的等同。

要自我了悟修行之道，不必在口舌上爭論孰先孰後。如果爭論「禪定」和「智慧」孰先孰後，那就是迷惑的人。這種人沒有斷絕勝負之心，卻反而產生了「法執」和「我執」的念頭，不能脫離「我相」、「人相」、「眾生相」、「壽者相」等四種妄相。

【新繹】

上一章惠能揭示禪宗的宗旨，說不論賢愚，人人自身都具有佛性，問題在於有「迷」或「悟」之不同而已。這一章就從「迷」「悟」兩方面去說明學佛的法門，在於「勿迷言定慧別」，而應「自悟修行」。「勿迷言定慧別」，是說不要執迷於傳統的說法，以為定慧為二事，它們是一體的。此即所謂「定慧等學」。

傳統的說法，定（禪定）、慧（智慧）和戒（戒律）合稱「三學」。佛家以為學此三法，可以達到涅槃的境界。佛教經典通常分為經、律、論所謂「三藏」，正為定、戒、慧三學而設。「定」的重點在於靜緣息慮，心意專注；「慧」的重點在於破惡證真，悟解正道；「戒」的重點在於防非去惡，心口一致。惠能在這一章中，說禪宗法門「以定慧為本」，他所說的「定慧」，已非傳統的意義，而是指一種意志修養的工夫。實際上，他在這裡除了說明定慧一體的道理之外，也說明了戒律的重要。「第一勿迷言定慧別」、「口說善，心不善」、「自悟修行，不在口諍」等等，都與戒律有關。傳統的說法，「戒」是一種去惡防非的規範，為了禪定與智慧的結合，往往需要一些類似靜坐斂心的儀式。不起不動、看心看淨的嚴格要求，就是這樣來的。有時為了求「定」，難免過度重視外在的儀式規範，而忽略了內心的體悟，換言之，為求「禪定」而失去了「智慧」。有鑑於此，所以惠能標舉「般若波羅蜜」，強調內心的體悟，而視傳統的儀式如靜坐斂心之類，並非必要，認為只要精神集中，心念不亂，即使在日常生活的行住坐臥之中，也時時可得「禪定」。

因此，惠能以為「定」與「慧」實為一體，而非為二事。在人人自具的佛性當中，「定」為體，「慧」為用，體用必須互相配合，才能發揮作用。說「定」即「慧」，是因為能禪寂入定才能產生智慧；說「慧」即「定」，是因為有智慧才有禪定的修持。二者雖似有主從關係，卻不必去爭論孰先孰後，孰輕孰重，下文第十七章的燈光之喻，意亦在此。學佛的人應該兼修並進，知道「定」「慧」二者等同，而不可口舌爭論，以為「定」「慧」二者有別。否則，就是心口不一，有內外之分；就是執著於「我」、執著於「法」、「不斷勝負」、「不離四相」的「迷人」了。

這樣說來，惠能此章所說，仍與「迷」「悟」有關。也就是上章所說的「迷即為愚，悟即成智」。前後是相呼應的。

【宏一偈曰】

定慧固一體，修行無先後。二相執法我，迷人分心口。

第16章

一行三昧

一行三昧❶者，於一切時中❷行住坐臥❸，常行直〔一〕心❹是。《淨名經》❺云：直〔二〕心是道場❻，直心是淨土❼。

莫心行〔三〕諂曲，口說法直。❽口說一行三昧，不行直心，非佛弟子。但行直心，於一切法上，無有執著，名一行三昧。

迷人著法相❾，執一行三昧，直心坐不動，除妄不起心❿，即是一行三昧。若如是，此法同無情⓫，卻是障道因緣⓬。道須通流，何以卻滯？心在住，即通流〔四〕，⓭住即被〔五〕縛。若坐不動，是維摩詰不合呵舍利弗宴坐林中⓮。

善知識！又見有人教人坐，看心淨〔六〕，不動不起，⓯從此置功⓰。迷人不悟，便執成顛倒，即有數百般，如此教道者，故知大錯。

【校記】

〔一〕「直」原作「真」，敦煌寫本常「真」「直」不分。

〔二〕此「直」及下一「直」字，原皆作「真」，據《維摩經》的〈菩薩品〉及〈佛國品〉改。

〔三〕「心行」，敦博本作「行心」，據敦煌本改。

〔四〕此句敦煌本作「心住在，即通流」，惠昕本作「心不住法，道即通流」。

〔五〕「被」原作「彼」字。

〔六〕「看心淨」，敦煌本作「看心看淨」。

【注釋】

❶ 一行三昧——專心一志去修行，禪定於一處。三昧，梵語「三摩地」，漢譯為「定」，定於一處而不散亂的意思。後來也借「三昧」一語指事情的奧妙所在。

❷ 一切時中——一切時間當中，即任何時候。

❸ 行住坐臥——佛家常說的「四威儀」，行走、駐足、跪坐、躺臥，這也是人們日常生活起居的四種基本動作。佛家為此訂定了很多儀則。

❹ 直心——真誠正直的心性。古人以為直心即德。敦煌抄本皆作「真心」。

❺ 淨名經——即《維摩經》，又稱《維摩詰經》或《維摩詰所說經》。歷代有支謙、鳩摩羅什、玄奘等多種譯本，以鳩摩羅什本最為通行。維摩詰，梵語，意即淨名、無垢稱。他是佛陀的在家弟子。全書藉維摩詰居士生病，佛陀命文殊菩薩前往探病，以其問答闡述「空」、「無相」等等大乘旨趣，度化眾生。

❻ 直心是道場——語出《維摩經・菩薩品》。道場，原指佛在菩提樹下、金剛座上的成道之所，後世泛指修道的場所。

❼ 直心是淨土——語出《維摩經・佛國品》。佛家傳說西方有極樂世界，其國名淨土，其佛號阿彌陀。

❽ 心行諂曲二句——口是心非的意思。

❾ 迷人著法相——愚癡迷惑的人，執著於一切事物的外在名相。

❿ 除妄不起心——去除妄想，不起任何念頭。

⓫ 無情——這裡指沒有情感意識的事物，例如草木之類。佛家以為眾生皆有情感知覺，稱之為「有情」，反之，如草木土石、日月山河等等，則稱之為「器」或「無情」。

⓬ 障道因緣——障礙了修行悟道的內因外緣。

⓭ 心在住二句——敦博本原作「心在住，即通流」，敦煌本原作「心住在，即通流」，歷來學者多因其難解，而據惠昕本改為「心不住法，道即通流」，以接下句「住即被縛」。惠昕本不知何據，唯文理通順，自亦可採。但筆者細讀之，以為敦博本、敦煌本所作「心在住（或心住在），即通流」，原是承應上文「真心（學者多據惠昕本改為「直言」，筆者以為當作「直心」或「真心」）坐不動，除妄不起心」而來。「心在住」或「心住在」，即《大乘莊嚴經論》之所謂「住心」，指修禪定者，能將心專注於某一對象。這牽涉到頓悟、漸悟的問題。下文第十八章另有說明。所謂「心在住（或心住在），即通流」與下句「住即被縛」合讀，蓋言「坐不動」有利有弊，不可執著。「即通流」、「即被縛」和上文第十五章「即定是慧體，即慧是定用」的用法是一樣的。

⓮ 維摩詰不合呵舍利弗宴坐林中——維摩詰居士不應該呵斥舍利弗安禪靜坐在林中。事見《維摩經・弟子品》。不合，不應該。呵，斥責。舍利弗，或譯為「舍利子」，是佛陀十大弟子之一。「舍利」，梵語，意即鶖鷺鳥。「弗」亦梵語，意即子息、兒女。舍利弗自幼誠心向道，曾依六師外道，後率眾往王舍城之竹林精舍，皈依佛陀，為諸弟子之上座。據《維摩經・弟子品》說，舍利弗曾在林中靜坐習禪，維摩詰卻告訴他：習禪不在打坐，而在於「不捨道法，而現凡夫事」。意思是：要從眾生凡夫日常生活中，去體悟道理。

⓯ 看心淨二句——是「看心」「看淨」、「坐不動」「不起心」的省文。這一種「一行三昧」，應是北宗神秀一系的修持法門。神秀《觀心論》認為「心者，萬法之根本」，因此入道之要，在於「觀心」（看心）。又由於認為心是眾善之源，也是萬惡之主，涅槃常樂與三界輪迴，皆由此生，所以又主張「觀淨心」（看淨）。而所謂「觀」者，蓋以「拘身長坐」「身心不動」為法，亦即此處所謂「不動不起」。六祖惠能以為此一法門，「是病，非禪」，所以加以排斥。請參閱下文第十七至二十章。

⑯ 置功——獲得佛法。置，通「致」。也有人以為此句是批評看心看淨、不動不起者，所以此句應該解作：從此廢棄了修行。

【直譯】

「一行三昧」的意義，是說在任何時間內的行住坐臥，都常奉行真誠正直的德性就是了。《淨名經》說：「直心是道場」、「直心是淨土」。千萬不要心裡動著歪邪的念頭，口中卻說些行事正直的話語。口中說「一行三昧」，要專心修行，卻不奉行真誠正直的德性，那就不是佛門弟子了。

只要奉行真誠正直的德性，在一切事物上面，沒有固執著迷處，就可以說是「一行三昧」。愚癡迷惑的人，執著於事物的外在形相，執著於「一行三昧」，真的心裡會以為長坐不動、屏除妄念、不起任何念頭，就是「一行三昧」。如果有這樣的想法，那麼這種法門，就如同把人看成沒有情感意識的東西，反而是阻礙修行悟道的緣由了。

道是必須通暢流動的，為什麼反而停滯不前呢？因為心在專注時，就通暢流動；但一旦專注了，也就執著被綁住了。修道者如果可以長坐不動，那麼維摩詰居士就不應該斥責舍利弗為什麼要安坐在林中修行了。

諸位能知善識的師友施主！我又看到有人教人長坐，要觀心看淨，要坐不動、心不起，從這些地方來下工夫。癡迷的人不能開悟，於是執著而顛狂妄想的例子，就有好幾百個。像這樣教導的方法，由此可知是大大錯誤的。

【新繹】

上一章說禪宗法門，「以定慧為本」，下一章說「定慧」猶如「燈光」，前後的呼應非常明顯，但中間卻插入這一章，談「一行三昧」的道理，乍看之下，頗予人突兀之感。所以有些學者就把下一章移前，與上一章連繫在一起，而把此章獨立起來。從惠昕本以來，大都如此。事實上，這是不必要的。因為這一章所談的「一行三昧」，仍是承應上文的「學道之人」所應注意的「定慧」而來，特別是上一章的末尾「自悟修行，不在口諍。若諍先後，即是迷人」那幾句。

首先，惠能解釋「一行三昧」的意義及作用，認為在日常生活中要隨時隨地修持自己的德性。他稱之為「直心」，這是一種出乎自然真誠沒有受過塵染的本性。他並且引用《淨名經》也就是《維摩詰所說經》的兩句話：「直心是道場」、「直心是淨土」，來強調心性真誠正直的重要。能夠修持直心，就不必執著於修道的場所是否清靜，就不必執著於往生是否在西方的淨土世界。

底下，他分幾個層次來說明修持「直心」的道理。

第一、他說修道者要心口一致，不可口是心非，否則就不是佛門弟子。這與上一章所說的「心口俱善，內外一種，定慧即等」，是互為呼應的。

第二、他說修道之人，對於任何事物不可執著沉迷。例如有人執著於事物的外在形相，認為直心就必須長坐不動，除妄就必須不動心念，那就是「迷人著法相」了。如此反而像無情的木石一般，成為修道的障礙。

第三、他從上述「迷人著法相」的觀點，說修道之人要懂得「住心」。「心在住」也好，「心住在」也好，都是指《大乘莊嚴經論》卷七所說的九種「住心」而言。心要專注，才能入定，才能通達而不致散漫。所謂九種「住心」：安住心、攝住心、解住心、轉住心、伏住心、息住心、滅住心、性住心、持住心等等，所說的道理，歸納而言之，就是：心固然要專注，但也不可拘泥執著。如果拘守一端，一成不變，那就是執迷不悟，一樣不是正道。

惠能引用《維摩詰所說經‧弟子品》中維摩詰居士責備舍利弗的故事，用意就在這裡。舍利弗曾在林中清淨處安坐習禪，想屏棄俗慮，維摩詰卻對他說：「心不住內，亦不在外」；習禪不在於長坐，而在於從「不斷煩惱」中進入涅槃。光是「坐不動」「不起心」，是無從悟道的。

最後，惠能特別強調，他看見有人教人修道，說要「看心」「看淨」，說要「坐不動」「不起心」，說要從這些地方下工夫，才能修成正果。但是，他看到有人相信這些話，奉行不渝，執迷不悟，最終竟然顛狂成疾了。這樣的例子，已有數百起。足見這種教法是大錯特錯。

其實，一行三昧是達摩以來諸位祖師的重要法門。《文殊說般若經》及《大乘起信論》都曾言及此一行三昧對修道者的重要性。四祖道信更以此與《楞伽經》的「諸佛心第一」相結合，成為東山法門的重要論題。他說的「念佛心是佛，妄念是凡夫」是惠能佛性論的依據；他提出的「觀心」「看淨」方便法門，也成為神秀的念佛修行的基本信仰。但惠能講一行三昧，卻採入《維摩詰經》「直心是道場」「直心是淨土」的說法，認為「觀心」「看淨」有時百物不思，一念不起，未必都對，反而不如常行直心才是正道。

核對神秀的《觀心論》，我們可以知道惠能所批評的對象，所謂「看心」「看淨」等等，應係針對後來神秀北宗的修持方法而言。關於這些，下面第二十章將有進一步的析論，茲不贅述。

【宏一偈曰】

一行三昧在，道場即淨土。直言是真心，世人多自苦。

第17章

燈光體用

善知識！定慧猶如何等❶？如燈光。有燈即有光，無燈即無光。燈是光之體，光是燈之用。名即有二❷，體無兩般。此定慧法，亦復如是。

【注釋】

❶ 何等——什麼東西，什麼什麼之類。

❷ 名即有二——名稱即使有不同。

【直譯】

諸位能知善識的師友施主！「定」「慧」好像什麼東西呢？就像是燈火的光亮。有燈火就有光亮，沒有燈火就沒有光亮。燈火是光亮的本體，光亮是燈火的作用。名稱雖有兩個，但本體並非兩樣。這裡所說的「定」「慧」法門，也還是如此。

【新繹】

此章承接前二章，舉例說明「定」「慧」二者，實等同而無差別。舉燈光為例，是非常恰當的譬喻。「燈」與「光」雖然名稱有二，但就其本體與作用言，卻一而二，二而一，實為一物。不必爭論先後，也不必爭論主從。佛理是不容易理解的，但有了恰當的譬喻，一切問題就迎刃而解了。

【宏一偈曰】

定慧猶燈光，二者為體用。欲知光所自，且把傳燈誦。

第18章

頓漸皆悟

善知識！法無頓漸❶，人有利鈍❷。迷即漸勸❸，悟人頓修❹。識自本心，是見本性。悟即元❺無差別，不悟即長劫輪迴。

【注釋】

❶ 頓漸——頓悟和漸修。頓，頓時開悟。漸，漸進修行。有人以為這是兩種不同的修佛方法，惠能不以為然。

❷ 利鈍——利根和鈍根，指悟性的快慢。利根的人比較聰明，鈍根的人容易癡迷。

❸ 迷即漸勸——愚癡迷惑的人要循序漸進開導。有學者以為此「迷」字蓋指上句鈍根之人，而下文又有「迷人」之語，所以根據惠昕本校改此句為「迷人漸契」。似可不必。

❹ 悟人頓修——聰明穎悟的人頓時明性證道。筆者以為「人」字若作「入」字，更可與上句相對。

❺ 元——「原」的通用字。原來。

【直譯】

諸位能知善識的師友施主！

佛法沒有頓悟、漸修的不同，但人們卻有聰明和愚鈍的差異。愚鈍癡迷的人，要依次漸進來開導修行；穎悟聰明的人，卻可以在頓時之間明性證道。認識自己原來純潔的本心，就是悟見原來自己具有的佛性。證悟了，就表示原來無須有頓悟和漸修的分別；不能開悟的話，則無論利根鈍根，都一樣會長久經歷生死輪迴的痛苦。

【新繹】

略知中國禪宗的人，都知道五祖弘忍之後，有所謂「南頓」「北漸」之說。「南頓」是指南宗惠能的系統，他們主張頓悟，所以稱為頓教；「北漸」是指北宗神秀的系統，他們強調漸修，所以稱為漸教。頓教、漸教都是教，教人學道習禪，都希望受教的人達到覺悟的境界。頓教的對象，以利根的人為主，他們聰明穎悟，所以能夠不按常規，直了心性，不由階漸，在頃刻間明心見性，迅速覺悟；而漸教的對象，則以鈍根的人為主，他們比較愚鈍笨拙，必須循序漸進，拂塵看淨，息妄修心，經過長期的修練，才能覺悟。因此，在教法上，主張頓教的人，認為一開始就可以傳授深奧的道理，而主張漸教者，則以為必須由淺而深，逐步推進，才能使受教的人真正覺悟。雖然對於人的稟賦根性和法的深淺快慢，頓漸二教有不同的認識，但希望受教的人能夠覺悟，則是他們共同的目標。這一點，無庸置疑。

也因此，我們可以這樣說：南宗北宗、頓教漸教的終極目標是一樣的，他們只是認識到人的稟賦，有利根鈍根之分，所以在學習或教導的過程中，主張因材施教，使鈍根者漸修，利根者頓悟。如果最後受教的人真的覺悟了，能夠認識初心，發現本性，那麼，就覺悟而言，已無分別了。如果不能覺悟，那麼再分什麼頓悟或漸修，也就失去了意義。

這一章所要說明的道理，也就在這裡。特別要補充說明的是，句首「法無頓漸」的「法」，是指正確完善的宗法教義，不是我們一般所說的方法。

【宏一偈曰】
人到開悟時，頓漸無分別。利鈍非所問，只須一斷絕。

第19章

三無法門

善知識！我此〔一〕法門，從上已來❶，頓漸皆立無念❷為宗，無相❸為體，無住❹為本。

何名無相？無相於相而離相。〔二〕

無念者，於念而不念。

無住者，為人本性，念念不住❺，前念、今〔三〕念、後念，念念相續，無有斷絕。若一念斷絕，法身即離色身❻；念念時中，於一切法❼上無住。一念若住，念念即住，名繫縛❽；於一切法上念念不住，即無縛也，以無住為本。

善知識！外離一切相，是無相〔四〕。但能離相，性體清淨，是以無相為體。於一切境上不染❾，名為無念。於自念上離境，不於法上念生。莫百物不思，念盡除卻。一念斷即死〔五〕，別處受生。

學道者用心，莫不識法意。自錯尚可，更勸他人迷，不自見迷，又謗經法。是以立無念為宗，即緣迷人於境上有念❿，念上便起邪〔六〕見，一切塵勞妄念⓫，從此而生。

然此教門立無念為宗，世人離境，不起於念。若無有念，無念亦不立。無者無何事，念者何物？無者離二相諸塵勞；念者念真如⑫本性〔七〕。真如是念之體，念是真如之用。自〔八〕性起念，雖即見聞覺知⑬，不染萬境，而常自在⑭。《維摩經》云：外能善分別諸法相，內於第〔九〕一義而不動。⑮

【校記】

〔一〕「此」字原作「自」，據惠昕本改。

〔二〕敦煌本此二句作「何明為相，無相於相而離相」，明、名，敦煌寫本通假字。鈴木校本作「何名為相，無相者於相而離相」。郭朋校本「為相」作「無相」。為、無二字形近。

〔三〕「今」字原作「念」，參惠昕本改。宏一按，「今」作「念」，則「前念念念，後念念念相續」亦通。

〔四〕原本缺「是無相」三字，據敦煌本加。

〔五〕原本「死」作「無」，參惠昕本「一念絕即死」而改。

〔六〕原本「邪」作「取」，據敦煌本改。

〔七〕原本和敦煌本皆無以上七字，鈴木校本據惠昕本補，今從之。

〔八〕原本缺「自」字，惠昕本：「真如自性起念……」據此加「自」字。

〔九〕原本「第」作「弟」，二字敦煌寫本通用。

【注釋】

❶ 從上已來——從上幾代祖師以來。

❷ 無念——不要執著於什麼念頭。也就是下文所說的「於念而不念」。人非草木，孰能無情？面對外在景物，往往會觸動心思，興起念頭。佛家以為心念既起，便容易起邪見妄想，因此而生是非煩惱。所以「無念」不是沒有心念，「無」不是「沒有」，而是雖有心念卻須脫離之意。

❸ 無相——不要執著於什麼形相。也就是下文的「於相而離相」。跟上注一樣的道理，「無相」不是說絕對沒有形相，而是重在離相，能夠脫離形相的拘牽，這樣才能保持性體的清淨。

❹ 無住——不要過分專注，以免執著沉迷。也就是下文「念念不住」等句所說的道理。比照上文，應即「於住而不住」之意。人是情感的動物，不能沒有心念，前念後念相接續，心心念念總是不斷，如果心念專注於某一對象，則其他心念勢必停滯不前，黏著一處。這時就有束縛了。所以要念念不住，心思才不會停滯下來。

❺ 念念不住——是說心念前後相續不斷。這是人類的天性。念念，包括前念、後念以及當下之今念。

❻ 法身即離色身——真如本性就會離開肉體。佛家以為有形狀實質的身體叫肉身，相對而言，無形者則稱為法身。

❼ 一切法——一切客觀事物的對象。

❽ 繫縛——牽絆束縛。比喻有煩惱而不能解脫。

❾ 於一切境上不染——在一切情境上，不沾染自己主觀的想法。境，佛家用來統稱六根（眼、耳、鼻、舌、身、意）所感覺的一切對象。

❿ 即緣迷人於境上有念——就是因為迷惑愚癡之人在世俗情境上還有欲念。

⓫ 塵勞妄念——塵世的煩惱和虛妄的想法。塵勞，眾生身心在世間受盡污染，備嘗勞苦，卻執著不離，無異自尋煩惱。

⓬ 真如——宇宙間真實的本體，一切萬有的根源。真，實不虛妄。如，不變其性。或譯作「本無」、「本心」、「本性」、「法身」、「實相」、「佛性」等等。《成唯識論》卷九：「真謂真實，顯非虛妄；如謂如常，

表無變異。」

⓭ 見聞覺知——泛指六根的知覺作用。

⓮ 自在——自由無礙的意思。

⓯ 外能善分別諸法相二句——語出《維摩經・佛國品》，但無句首之「外」「內」二字。意思是說：對外能夠善加辨識各種事物情境的虛妄不實，對內能夠在窮究奧妙無比的真理上，堅定不移。第一義，即第一義諦，最高無上的真理，又名真諦、真如、實相、中道、涅槃等等。

【直譯】

諸位能知善識的師友施主！我們禪宗這個法門，從上代祖師以來，無論頓教、漸教，都確立了以「無念」做為宗旨、「無相」做為主體、「無住」做為根本。

什麼叫做「無相」呢？無相，就是雖在一切事物的名相之中，卻能超脫一切名義形相。「無念」的意思，就是雖在前後不斷的心心念念之中，卻不被任何心念所限制。「無住」的意義，是說做為人的本性，一個念頭接著一個念頭是不停止的，過去的想法、當下的想法、未來的想法，一個念頭又一個念頭相連續，沒有斷絕過。如果一個念頭斷絕了，無形的本性就會離開有形的肉體。在一個念頭又一個念頭相連續的時間裡，在一切事物上是不會專注執著的。某一個念頭如果專注執著於某一對象了，所有的其他念頭都會跟著專注執著，那就叫做牽絆束縛。在一切事物上，能夠一個念頭接連著一個念頭不停止，那就是沒有束縛，得到解脫了。這就是以「無住」做為根本。

諸位能知善識的師友施主！對外能夠脫離一切事物的名相，就叫做「無相」。只要能夠脫離事物的名相，佛性本體就清淨無染。這就是以「無相」來做為主體。

在一切世俗情境上，都不受沾染，那就叫做「無念」。在自己的心念上面，要超越世俗情境，不在任何事物上生出雜念妄想。千萬不可所有的事物都不動心思，把一切想法全都去除斷盡。因為一旦心念都斷絕了，人就死亡了，要到別處投胎轉世了。

學習佛理的人要用心！千萬不可不了解佛法真意。自己誤解了還可原諒，如果更誤導別人也迷惑了，那就是不能自己看出迷惑，而且又謗訕了經典正法。因此，立「無念」為宗旨，就是因為：迷惑的人在世俗情境上起了什麼念頭，在念頭上就生出了邪見妄想，一切的塵世煩惱和虛妄的想法，也就由此產生了。

然則我們這個頓教法門，立「無念」為宗旨，是希望世人脫離世俗情境，不起什麼念頭。如果沒有什麼念頭了，那麼所謂「無念」也就不能成立。「無念」的「無」字，是「無」什麼事呢？「無念」的「念」字，又「念」什麼東西呢？所謂「無」，是脫離了世上一切對立的兩種不同的事物或現象，和所有的塵世煩惱；而所謂「念」，則是念真實自在的真如本性。「真如」是「念」的本體，「念」是「真如」的作用。從真如本性上起念頭，即使是見聞覺知等六根所引起的知覺作用，也不會沾染一切所有的塵勞情境，而永遠自由自在。《維摩詰所說經》說得好：「對外要善加分辨各種事物的名相，對內要在最重要的義理上堅定不移。」

【新繹】

上一章說：「法無頓漸」，禪宗法門本無頓教漸教之分，這一章則進一步說明「從上已來，頓漸皆立無念為宗，無相為體，無住為本」。文中對於何謂「無念」「無相」「無住」，反覆闡述，重點都在強調：學道習禪之人，要知法而不拘於法，能知而又能離，能入乎其內又能出乎其外。不但要認識自身所具有的佛性本心，而且要在俗世塵勞之中，去除邪見妄想，脫離世俗情境。

「無念」「無相」「無住」三者，在此章之中，「無相」的解釋最少，這可能是上文已略曾涉及的關係。惠能說「無相」是「於相而離相」，顯然不是從字面上去解釋「無相」的意義，而是從學習過程的角度去立論。若照字面講，「無相」就是沒有形相的意思。如果就認識「無相」的性質及功用言，那麼像《大寶積經》卷五所說的：「一切諸法本性皆空，一切諸法自性無性。若空、無性，彼則一相，所謂無相。以無相故，彼得清淨。若空、無性，彼即不可以相表示。」也說得相當清楚。但惠能所說的重點，並不在這裡。他要說的，是告訴受教的人，要「於相而離相」。《金剛經》所謂「凡所有相，皆是虛妄」，庶幾近之。意思是：要懂得眼前當下的事物是什麼色相名義，但卻不受其約束。換言之，要懂得把一切對立的事物現象，例如是非、善惡、有無、人我等等不同的「二相」觀念打破，說的是達到涅槃的過程。說的是修練的方法，不是立論的宗旨。

同樣的道理，他解釋「無念」為「於念而不念」，解釋「無住」為從「繫縛」到「無縛」，也都是在說學道的過程，達到涅槃的過程。

「無念」若從字面講，世俗還有人解釋為失策或遺憾，但佛家一般則解作沒有妄念，符合真如本性。《大乘起信論・義記》卷二就說：一切事物都因起了妄念，才有差別；如果不動妄念，就不會有各種不同的名相，而唯繫一心。因此，有人（例如《傳心法要》）就進一步說：一念不起，即十八界空，即身便是菩提華果，即心便是靈智。

惠能不這麼講。他以為「無念」，不是「一念不起」，而是「於念而不念」。人非木石，都有情感，豈能百物不思？焉能對外界事物的變化而沒有感觸？如果「一念斷絕，法身即離色身」，真的「一念斷即死」，就要到「別處受生」了。如果矯情斷念，那就有如枯木。可見惠能把「一念不起」看做一息不存了。

別人把「無念」解作沒有妄念，而要做到沒有妄念，當然要靠不斷的修練，希望做到「一念不起」，顯然他們所說的「念」，都指妄念而言。惠能則不把「念」限制在「妄念」一義上。他把「念」只當成一般的念頭或想法，那是心在剎那間的變化。因此，他說「若無有念，無念亦不立」。他也認為「無者離二相諸塵勞；念者念真如本性」，意思並不反對把「無念」解作沒有妄念，但他說的是：「念念時中，於一切法上無住」。因為「迷人於境上有念，念上便起邪見，一切塵勞妄念，從此而生」，如果能把正邪、是非、有無、生滅等等「二相」的觀念勘破，脫離這些對立的爭執，那麼一切是非煩惱，便可斷盡。因此，在他看來，世人的煩惱，錯不在「念」的本身，而在於不知「離」。如果「離二相諸塵勞」，就能觀照自身固有的真如本性。也因此，重點在「於念而不念」，在「離二相」而悟本性。它不是靠修練，而是靠開悟。

「無住」，佛家用來指沒有固定的實體，或內心不執著於某一特定的對象。惠能這裡所說的「無住」，與後者比較接近，講的是心念在剎那間的變化。《金剛經》的「應無所住，而生其心」，庶幾近之。念，本來就是指剎那而言。蘇東坡詩云：「一彈指頃去來今」，一彈指的頃刻之間，也就是一轉瞬之間，都已經包括了去來今：過去、現在、未來。這裡所說的「前念、後念」和「今念」（或作「中念」），意義正同。

惠能既把「念」解作一般世人所說的念頭或想法，那麼只要一息尚存，人必然「念念不住」，一個念頭又一個念頭接連不斷，否則就有問題了。人性本來就有弱點，念頭想法本來也有是有非，有善有惡，這些內心的感覺和外在的行為表現，又不一定一致，例如有人言行一致，有人卻口是心非。因此，惠能認識到「迷人於境上有念，念上便起邪見，一切塵勞妄念，從此而生」，所以他所講的「無住」，比照前面的「無相」「無念」，應該解釋為無所執著，無所沾染，換言之，仍然是「離」而不住的意思才對。「無相」指的是外在的形相，「無念」指的是內心的覺悟，而「無住」則指二者之間的作用而言。有了它，「無相」才可以「於相而離相」，「無念」才可以「於念而不念」。統而言之，也才可以「雖即見聞覺知，不染萬境，而常自在」。最後所以引《維摩詰所說經》的話為證，其道理也就在這裡。

【宏一偈曰】

無住復無相，俱在無念間。離相更不念，念念總須刪？

第20章

看心看淨

善知識！此法門中，坐〔一〕禪❶元〔二〕不著心❷，亦不著〔三〕淨❸，亦不言〔四〕動❹。若言〔五〕看心，心元是妄，妄如幻，故無所看也。若言看淨，人性本淨〔六〕；為妄念故，蓋覆真如❺。離妄念，本性淨。不見自性本淨，起心看淨，卻生淨妄❻。妄〔七〕無處所，故知看者，看卻是妄也。淨無形相，卻立淨相，❼言是功夫。作此見者，障自本性，卻被淨縛❽。若不動者，見一切人過患，是性不動。❾迷人自身不動，開口即說人是非，與道違背。

看心看淨，卻是障道因緣。

【校記】

〔一〕「坐」字原作「座」。二字古通用。

〔二〕「元」同「原」字。下同。不贅。

〔三〕以上二「著」，近人校錄，多據下文改作「看」，未必是。
〔四〕惠昕本「言」下有「不」字。此句一作「亦不是不動」。
〔五〕原本缺「言」字，此據敦煌本加。
〔六〕原本「淨」作「體」，據敦煌本改。
〔七〕原本缺此「妄」字，據敦煌本加。

【注釋】

❶ 坐禪——端身長坐，息心靜慮。這是僧人一種修行悟道的方式。北宗坐禪，主張於閑靜之地，結跏正坐，拂塵看淨，不動不搖；南宗則主張行住坐臥、語默動靜，無一不是禪，重在明心見性，而不在於執著坐相。

❷ 元不著心——原來是不執著本心的。元，通「原」，原來。著，執著、凝滯。

❸ 不著淨——不執著清淨。

❹ 不言動——不談動作。禪宗談坐禪的方法，各家說法不一，有的還規定節制飲食、打坐時間，甚至規定要幽靜處結跏趺坐，頸背端直，左掌放在右掌之上，拇指相拄，鼻臍相對，唇齒相抵，不動不搖，不倚不靠等等。

❺ 蓋覆真如——覆蓋掩蔽了真實如常的本性。

❻ 卻生淨妄——反而產生了「淨」的妄念。

❼ 淨無形相二句——是說所謂清淨，本來就無形相可言，現在卻反而要為清淨建立一個固定的形相。

❽ 卻被淨縛——反而被「清淨」這個觀念束縛了。

❾ 若不動者三句——是說長坐不動的學禪者，能夠看到一切世人的過失痛苦，才是真正的禪定不動者。頗有些學者將前二句改作「若修不動者，不見一切人之過患」，似可不必。

【直譯】

諸位能知善識的師友施主！在我們這個禪宗法門中，坐禪原來是不執著心念，也不執著清淨，也不談論動作的。

如果說要看心念的善惡，那麼心念原來就是虛妄不實的；虛妄不實得有如幻相一般，所以沒有什麼地方可以觀照。

如果說要看清淨，那麼人的本性本來就是清淨的；就是因為有妄念的緣故，所以才會掩蓋真實自然的本性。

離開妄念，本性就會清淨。不能悟見自己的本性，原來就是清淨的，卻起心動念要觀照清淨，那麼就會反而產生了執著「清淨」的妄念。妄念是虛妄不實沒有固定所在的，所以我們知道所謂「看淨」者，「看」的本身就是妄念啊。

清淨是沒有形相可言的，有人卻建立了一種清淨的形相，說成是修行悟道的工夫。提出這種見解的人，是障蔽了自己的本性，反而被執著清淨的妄念束縛了。

如果坐禪主張長坐不動的人，能夠看見一切世人的過錯痛苦，這才是真正自性不動的禪定工夫。

愚癡迷惑的人，自己本身長坐不動，可是一開口就批評別人的是非，這與學禪修道是相違背的。

「看心」，「看淨」，卻反而是障蔽禪法的原因。

【新繹】

從這一章起，惠能連續三章談坐禪有關的道理。

上文第十六章記敘惠能在解釋「一行三昧」時，曾說：「迷人著法相，執一行三昧，直心坐不動，除妄不起心，即是一行三昧」，又說：「有人教人坐，看心看淨，不動不起，從此置功。迷人不悟，便執成顛倒」，這些話都與此章有關，可以互相參證。

此章一開頭，就標示立論重點。惠能告訴大家，禪宗的坐禪方法是，原來「不著心，亦不著淨，亦不言動」。意思是不執著於「心」，也不執著於「淨」，更不談論坐禪時的動作問題。

頗有些學者因為上文第十六章以及本章下文皆有「看心」「看淨」之語，因此把這裡的「著」字都改成「看」字，而且因為六祖惠能不主張長坐不動，所以也把「亦不言動」，改成「亦不言不動」。表面上看，這樣改，好像都有依據，都有道理，但對主張頓悟和自具佛性的惠能來說，其實都改錯了。

上文第三章記敘惠能到黃梅初見五祖弘忍時，五祖曾對惠能說：「汝是嶺南人，又是獦獠。若未為堪作佛法！」惠能的回答是：「人即有南北，佛性即無南北」，另外，傳說中三祖僧燦初見二祖慧可時，慧可嫌他滿身疥瘡不清淨，三祖的回答也是：病人的心與和尚的心並沒有兩樣。這些例子所要告訴我們的道理是：「心」是不能執著去看的，「淨」也是不能執著去看的。一旦執著了，以為心有南人、北人的不同，身有病人、和尚的不同，那就不合乎頓教之道了。

「看心」「看淨」，固然是神秀以下北宗的主張，但六祖惠能不可能去否定「心」和「淨」。他所反對的只是偏執一端的人。例如主張「心」不可有任何妄念，主張坐禪的場所，或修禪者的身體，一定要清淨等等，這些才是惠能所反對的，因為它們有了偏執的想法。在惠能看來，心難免有時候會生妄念，身體也有時候會不清淨，但這些都不妨礙開悟佛性。佛性只要開悟了，即使前念是妄是邪，也不妨其後念是真是直。只要開悟了，即使身分卑賤、身體骯髒，也不妨其佛性自具的清淨。一樣的道理，惠能所揭示的坐禪方法，重點也不在於動或不動的問題。有人為了強調惠能頓悟與神秀漸修的不同，南宗頓教與北宗漸教的不同，所以將「亦不言動」句改作「亦不言不動」，或「亦不是不動」，說惠能反對長坐不動，其實都犯了偏執一端的毛病。在惠能看來，動也好，靜也好，是否長坐不動，都不是重點。重點是在於開悟得道。

《景德傳燈錄》卷五記載唐代開元年間，南獄懷讓禪師看見道一（即後來的馬祖大師）在傳法院常日坐禪，問他圖什麼。道一回答：「圖作佛。」懷讓聽了，就搬來一塊磚頭在他庵前石上磨。道一問：「磨磚做什麼？」懷讓答：「磨作鏡。」道一驚問：「磨磚豈得成鏡？」懷讓回答：「磨磚既不成鏡，坐禪豈得成佛？」道一覺得有理，於是問道：「那要怎麼做才好？」這時候懷讓才點醒他：「如牛駕車，車不行，打車即是？打牛即是？」古代牛車是日常交通工具，牛車不走動時，該打車或打牛呢？答案非常明白，不用多說了。後來的這個禪宗故事，可以用來說明惠能所說的道理。

因此在這一章的前一大半，惠能先就「不著心」「不著淨」二項闡述凡事不可執著的道理。他說「心」原虛幻，沒有固定的地方；「淨」是本性，沒有固定的形相。心是會有妄念的，所以才會掩蔽本性，這就好像明鏡原是清淨的，但常會被塵垢所蔽。人的本性雖然清淨如鏡，但如果堅持本身清淨而不去除塵染，終會為塵勞所蔽。因此，學佛修道的人不可過於固執，以為坐禪一定可以清淨，可以正心修身，或以為坐禪一定沒用，不能悟見本性。他還特別強調，如果一味強調清淨，那就是想為清淨建立固定形相，一樣是妄念。這些都是偏執的想法。

也因此，惠能從另一個層面來進一步闡述自性不動的道理。自性不動，一稱禪定不動，那是一種自性清淨、不受塵勞的禪定工夫。能夠禪定的人，不會批評別人的是非善惡，也看不到別人的過錯憂患。這是一般人的了解，可是，惠能卻反過來說，他認為能夠認識別人的是非善惡，世間的過錯憂患，這樣的人經凡塵俗世的洗禮，還能悟見本性，才是真正的禪定不動。這和那些長坐不動的坐禪者，打坐時似乎清淨空寂，一開口即說人是非相比較，哪一種是正道，也就不言而喻了。

《景德傳燈錄》卷五曾經引述六祖惠能的話說：「道由心悟，豈在坐也。」坐禪，只是一種修道的方法，學佛者企求經由它開悟解脫，以達到涅槃的境界。經由它，可以成功，也可以不成功，所以惠能說執著於「看心」「看淨」，反而是學習禪道者的障礙。

【宏一偈曰】

坐禪渾不動，未必看心淨。心淨無形相，安得問究竟。

今既〔一〕如是，此法門中，何名坐〔二〕禪？此法門中，一切無礙，外於一切境界上，念不起為坐〔三〕，見本性不亂為禪。❶

何名為禪定❷？外離相曰禪，內不亂曰定。外若有相，內性不亂。〔四〕❸本性自淨自〔五〕定，只緣境觸〔六〕，觸即亂，❹離相不亂，即定。

外離相即禪，內〔七〕不亂即定。外禪內定，故名禪定。《維摩經》云：「即時豁然，還得本心。」❺《菩薩戒》云：「本源自性清淨。」〔八〕❻

善知識！見自性自淨，自修自作自性法身，自行佛行，自〔九〕作自成佛道。

【校記】

〔一〕原作「記」字。
〔二〕「坐」原作「座」字。
〔三〕敦煌本「起」作「去」，「坐」作「座」。此敦煌寫本常見，下不贅舉。
〔四〕此二句惠昕本改作「外若著相，內心即亂；外若離相，內性不亂」十六字。
〔五〕「自」，原本誤作「曰」字。

〔六〕「觸」字原本作「解」，據敦煌本改。

〔七〕原本「內」下有「外」字，據惠昕本刪。

〔八〕原本《菩薩戒》缺「經」字。「本源」作「本原」。楊曾文按，此處之《菩薩戒》即大乘戒律《梵網經》。其卷下有曰：「我本盧舍那佛心地中，初發心中常所誦一戒，光明金剛寶戒，是一切佛本源，一切菩薩本源、佛性種子。一切眾生，皆有佛性，一切意識色心，是情是心，皆入佛性戒中，當當常有因故，當當常住法身。如是十波羅提木叉出於世界，是法戒，是三世一切眾生頂戴奉持。吾今當為此大眾，重說無盡藏戒品，是一切眾生戒，本源自性清淨。」因為「戒」前已省去「一切眾生」，故校為「本源自性清淨」。

〔九〕原本缺此「自」字，據敦煌本補。

【注釋】

❶ 念不起為坐二句——惠能這裡把「坐禪」一詞拆開解釋，說「坐」是「念不起」，「禪」是「見本性不亂」。與歷來說法不同。

❷ 禪定——靜心定慮，定於一處。禪，是梵語「禪那」的省稱，意即靜慮。定，是梵語「三昧」「三摩地」的意譯，意思是說雖然面對外境色界，心念也能不迷惑散亂。所謂「對境無心」者是。所謂「八風（利、衰、毀、譽、稱、譏、苦、樂）不能動」者是。也有人以為「定」是「禪定」的簡稱。惠能這裡對「禪定」的解釋，也拆開二字來講。

❸ 外若有相二句——意思是說：外面雖然好像有種種境相色界，但內心卻不紛亂，定於一處。惠昕本以下，多將此二句改作：「外若著相，內心即亂；外若離相，內性不亂。」意思似乎更清楚，但旨趣並無不同。

❹ 只緣境觸二句——只是因為此心接觸外境，一旦接觸就迷惑散亂了。

❺ 即時豁然二句——語出《維摩經・弟子品》。是說一時開悟，得見本性。

❻《菩薩戒》云二句——《菩薩戒》是《菩薩戒經》的簡稱。原是《梵網經・菩薩心地戒品》的下卷，後人為便於持誦，乃將二卷中之下卷別錄之而改題。「本源自性清淨」一語，即出自今《梵網經》卷下：「吾今當為此大眾，重說無盡藏戒品，是一切眾生戒，本源自性清淨。」

【直譯】

現在既然如此，那麼在這個法門中，什麼叫做「坐禪」呢？在這個法門中，一切自由自在，無所阻礙，外面的事物在一切境相色界上，只要妄念不起，就是「坐」；能夠悟見本性，不會散亂，就是「禪」。

什麼叫做「禪定」呢？外面能夠脫離境相色界，就稱為「禪」，內心能夠清淨不紛亂，就稱為「定」。外面的事物雖然好像有種種境相色界，可是內在的心性，卻能安定不紛亂。眾生的本性，本來就是清淨的，本來就是安定的，只是因為與虛妄的外境接觸了，接觸之後就散亂了。如果有人能脫離虛妄的外境，不被種種境相色界迷惑，那就是「定」。

外面能夠脫離色相，就是「禪」；內心能夠不會紛亂，就是「定」。外面能「禪」，內心能「定」，所以稱為「禪定」。《維摩詰所說經》說：「立刻豁然開悟，回復本性初心。」《菩薩戒經》也說：「眾生的根本源頭，自具的心性都是清淨無瑕的。」

諸位能知善識的師友施主！請悟見自有的心性本來就是清淨的；請自己修行自身創造的「自性法身」；請自己修持佛陀的行為；請自己努力於自身成就佛陀的大道。

【新繹】

這一章從「坐禪」談到「禪定」，這裡惠能把這兩個詞語都拆開來講，說什麼叫做「坐」，什麼叫做「禪」，什麼叫做「定」。

他對「坐禪」的說法，和一般人對「坐禪」的解釋並不一樣。他所說的「坐」，並非一般人所說的長坐不起身，而是「念不起」，亦即「妄念不起」。這樣解釋「坐」，自然會把「坐禪」和「禪定」混為一談。

「禪」的本義是「靜慮」，即靜心息慮。「定」則原指定於一處，表示修道者對境無心，不起妄念。《大智度論》卷二十八有云：「一切禪定，亦名定，亦名三昧」，可見一般人說禪，常把「禪定」和「禪」混用，但把「坐禪」和「禪定」混用的，恐怕是從惠能才開始的。

一般而言，坐禪只是學禪修道的一種方法，長坐不動，靜心息慮，以求思慮集中，也不過是修道入定的一個過程而已，它們和「禪定」的所謂「定」，指的明心見性，已是修道悟禪的結果，意義是不同的。惠能始則把「坐」解作「外於一切境界上，念不起」，「禪」解作「見本性不亂」，後又把「禪」解作「外離相」，「定」解作「內不亂」，顯而易見，他把「坐禪」和「禪定」混為一談，都當成修道悟禪的結果了。

因此，他以為「坐禪」「禪定」所宜講究者，是要有內外之分。外指外境，修道者必須外不執著，能脫離塵俗萬相，不被執染；內指內心，修道者必須內不心亂，悟見本性，不被迷惑。因為他一向認為眾生的本性原本就是清淨安定的，人所以有妄念有煩惱，都是接觸了外境，受到種種色相障蔽迷惑的緣故。只要消除了這些障蔽迷惑，就可以恢復本性的清淨和內心的安定。所以他引用《維摩詰經》的「即時豁然，還得本心」，引用《梵網經》的「本源自性清淨」，來說明人只要得返本性，就可以「自成佛道」。也因此他鼓勵大家「自修自作」。

文中「外若有相，內性不亂」二句，承「外離相曰禪，內不亂曰定」之後，在「本性自淨自定」之前。意思是說修道者能夠「禪定」的話，外面即使有種種色界境相，內心本性也不會迷亂。辭義本來明白易懂，可是自惠昕本以下，很多學者卻把它們改成：「外若著相，內心即亂；外若離相，內性不亂」，似乎比原來詳細清楚，實際上文氣反而不暢了，未必好。

同樣的情況，文中引用《梵網經》的「本源自性清淨」一句，敦博本和敦煌本都作「《菩薩戒》云」，那是因為《梵網經》的下卷，有人獨立出來，另題《菩薩戒經》的緣故。《菩薩戒》其實就是《菩薩戒經》的簡稱。有人卻要將「《菩薩戒》云」改成「《菩薩戒經》云：戒本源自性清淨」，看似比原來詳細清楚，事實上，都是多此一舉。

【宏一偈曰】
心亂即非定，離相乃曰禪。毒龍安可制，有賴正法傳。

第22章

自性三身

善知識！總須自聽與❶，受無相戒。一時逐惠能口道❷，令善知識見自三身佛〔一〕❸：於〔二〕自色身❹，歸依❺清淨法身佛；於自色身，歸依千百億化身佛；於自色身，歸依當身❻圓滿報身佛。已上三唱〔三〕

色身是舍宅，不可言歸。向者三身，自在法性，❼世人盡有，為迷不見。外覓三身〔四〕如來，不見自色身中三身〔五〕佛。

善知識！聽與善知識說，令善知識於自色身，見自法性有三身〔六〕佛。此三身佛，從自性上生。

【校記】

〔一〕原本缺「佛」字，據敦煌本加。

〔二〕「於」字據敦煌本加。

〔三〕據敦煌本，將此四字改排小字。

〔四〕、〔五〕、〔六〕原本「三身」皆作「三世」，從上下文看，應是「三身」之誤。

【注釋】

❶ 自聽與——自己用心諦聽。指諦聽下列所述的無相戒及滅罪頌。此「聽與」與下文「聽與善知識說」句相呼應。「與」字應屬上讀。敦煌本「聽」作「體」，體認之意，亦通。

❷ 一時逐惠能口道——同時隨著惠能來口中誦念。

❸ 自三身佛——自己心中的三身佛。三身，即法身、化身、報身，原是如來佛的三身。身，聚集之意。佛身，有圓滿、清淨及殊勝於常人之能力。法身，一名「自性身」，梵語「毘盧遮那」，義為「遍一切處」，指本體周遍、無所不在的真理，亦即「真如」、「法性」、「佛性」。化身，一名「應化身」，梵語「釋迦牟尼」，義為「能仁寂默」，指為普度眾生、隨類應變的種種不同的身相。報身，一名「受用身」，梵語「盧舍那」，義為「淨滿」，指成佛時所獲得的清淨圓滿的果報之法智。這三身三而一，一而三，實即一身。

❹ 色身——即「肉身」。佛家用來指「四大（地水火風）」組合而成的身體。

❺ 歸依——一作「皈依」，歸趨依從的意思。指佛、法、僧三寶。

❻ 當身——自身。

❼ 向者三身佛——剛才前面所說的三身佛，本來都在眾生自己具有的本性之中。自性、法性、佛性，皆異名而同義。

【直譯】

諸位能知善識的師友施主！大家都一定要自己用心來諦聽，並接受我的「無相戒」。請大家同時跟隨我惠能一起開口誦念，讓諸位能知善識的師友施主悟見自己的三身佛：

在自己有形相物質的肉身中，歸依清淨法身佛；
在自己有形相物質的肉身中，歸依千百億化身佛；
在自己有形相物質的肉身中，歸依自身的圓滿報身佛。
（以上的句子，要唱誦三次）

有形相物質的肉身，只是自性寄住的房舍宅院，不能說是永久的歸宿。剛才所說的三身佛，本來都存在於我們自身與生俱來的本性之中，世上的每一個人全都具有，只是因為迷惑了，所以不見了。向外面去尋找三身如來佛，卻反而沒有發現自己肉體中的三身佛。

諸位能知善識的師友施主！請聽我給諸位能知善識的師友施主所說的話，能夠使諸位能知善識的師友施主，在自己的肉身上，發現自己天生的本性之中，就具有三身佛。這三身佛，是從自身的本性中產生出來的。

【新繹】

此章以下三章，說明人人與生俱來的本性之中，就有法身、化身、報身等三種佛身存在，然後依序加以闡述，並進而說明其他有關「無相戒」的一些儀式和禮讚。這是《六祖壇經》重要內容之一，也是所謂無相戒的真正開始，所以六祖惠能在這一部分的開頭，先提醒聽眾信徒要注意。「總須自聽與，受無相戒」的「聽」字，敦煌本等作「體」，「受」字近人多改作「授」。「自聽」是說請大家自己諦聽，「自體」是說請大家自己體會，都講得通。但作「聽」字，不但可接下句「一時逐惠能口道」，而且也與下文的「聽與善知識」相呼應，所以不必改為「體」字。「受」與「授」也一樣。「受」的本義，原來就有「授給別人」和「受自他人」二義，這裡是惠能請聽眾信徒大家要仔細傾聽體會，並接受「無相戒」。因此，作「受」比較好，不必改為「授」。

「三身」亦稱「三身佛」，在佛教各種經論之中，對於它們的名稱和解釋，並不一致，但歸納起來，包括法身（自性身）、化身（應化身）、報身（受用身）這三樣，則大致相同。「身」在佛家觀念中，是「聚集」的意思，它大致可以分為「色身」（肉身）和「法身」（智身）兩類。在一切事物、一切事理的所謂「諸法」之中，凡是聚集有形相實質者而成的，就叫做「色身」，反之，聚集無形相實質者而成者，則稱為「法身」。但有的經論，如唯識論者則又說「法身」有總相、別相二義。總相法身，即上述「三身」之總稱，而別相法身，則指上述「三身」之中的「自性身」。其他的說法還有不少，真是不勝枚舉。可以確定的是，在《壇經》的這一章裡，惠能把「色身」和「三身」對舉，顯然他是用「色身」來代稱肉體，用「三身」來代稱法智。

在惠能的初步說明中，他說人人的肉體裡面，都有一種天生的本性，它是清淨無瑕的，與佛性並無差別；它具足了一切法性智性，而又無所不在。人的肉體雖然容易受到外在事物的影響而起妄念，起了妄念，就會煩惱痛苦，有如明鏡受了塵染，但做為心性的本體，它卻依舊是清淨無瑕的。如果能夠發覺而且保持它的清淨，不受外在事物的沾染，或者雖曾受了沾染，卻能憑靠自己的心力，自修自悟，消除一切妄念、一切情感欲望，恢復它本身的清淨，這些全都可以達到涅槃的境界，它們就叫做「三身佛」。分別言之，就叫「法身」「化身」「報身」。

因此，他說色身肉體只是本性暫時寄居的地方，不是永久的歸依之所。寄居的地方是可以搬遷的，此地不好，就遷往他處；此身不宜，就遷入其他色身。推而言之，前念不對，後念可改，前世不善，今世可改。歸依則不同。歸依，是歸向依靠的意思。佛家所說的歸依有三，即「佛」、「法」、「僧」三寶。歸依三寶，有翻邪入正、受戒濟眾之意，這是成為佛教徒必經的儀式。信徒經過這些儀式，就希望當下可以得到救濟幫助，消除一切妄念，恢復本性的清淨，解除人生的一切痛苦，所以稱之為歸依。

也因此，佛家談「歸依」，常常與「敬禮」「受戒」連在一起。像《大智度論》卷一、《大乘起信論》等，都曾列舉出三寶歸敬之文，敬禮稽首，藉以表示對三寶的尊敬。而且在接受歸依的儀式時，必須跟隨戒師之教，唱誦三次「歸依」的讚辭。這一章開頭惠能所說的：「善知識！總須自聽與，受無相戒。一時逐惠能口道，令善知識見自三身佛」，又說：「於自色身，歸依清淨法身佛；於自色身，歸依千百億化身佛；於自色身，歸依當身圓滿報身佛」，並且說要「已上三唱」，唱誦三次「歸依」之辭，顯然都與這些儀式有關。後面的「善知識！聽與善知識說，令善知識於自色身，見自法性有三身佛」等句中，再三稱喚「善知識」者，似乎也正有殷殷告誡之意。

【宏一偈曰】

自性三身佛，還從自性生。身兼法應報，莫與色身爭。

第23章

清淨法身

何名清淨法身佛？

善知識！世人性本自淨，萬法自性在〔一〕❶。思惟❷一切惡事，即行於惡行；思量一切善事，便修於善行。知如是，一切法盡在自性。

自性〔二〕常清淨，日月常明，只為雲覆蓋，上明下暗，不能了見❸日月星辰，忽遇惠風❹吹散，卷盡雲霧，萬像參羅〔三〕❺，一時皆現。

世人性淨，猶如清天❻，慧如日，智如月，智慧常明。於外看境〔四〕妄念❼，浮雲蓋覆，自性不能明。故遇善知識，開真正法，吹卻迷妄，內外明徹，於自性中萬法皆現。一切法在自性，名為清淨法身。

自歸依者❽，除不善心及不善行，是名歸依。

【校記】

〔一〕此句敦煌本作「萬法在自性」，意同。

〔二〕原本缺「自性」，據敦煌本加。

〔三〕此句今人多改作「萬象森羅」，意同詞異。
〔四〕「看境」惠昕本改作「著境」。

【注釋】

❶萬法自性在——是說宇宙萬物的一切生滅善惡現象，都依存在自性之中。敦煌本作「萬法在自性」，意同。
❷思惟——與「思量」同義。這裡有考慮揣度，「念起執著」的意思。
❸了見——清楚看到。
❹惠風——和風。
❺萬像參羅——宇宙萬物的現象參雜羅列。即「萬象森羅」。
❻清天——這裡是說猶如洗淨的天空。有人改作「青天」，未必是。
❼看境妄念——是說世人本性原是清淨的，卻因看外境而動了妄念，生出種種善惡之相。
❽自歸依者——是上一章三種「自色身歸依」的簡稱。

【直譯】

什麼叫做「清淨法身佛」呢？諸位能知善識的師友施主！世人眾生的心性，本來就清淨無瑕，宇宙萬物的現象本來就依附這心性而存在。思量一切惡事時，它就出現在惡行之中；思考一切善事時，它就出現在善行之中。由此知道像上述所說，一切善惡現象都完全存在於自我的心性之中。

自我的心性常常清淨無瑕，就像日月永遠光明，只因被雲霧覆蓋遮蔽了，上面光明，下面灰暗，不能清清楚楚看到日月星辰；如果忽然遇見一陣惠風來吹散，捲去所有的雲霧，那麼宇宙萬物的形相，就會森然羅列，一時之間完全出現在眼前。

世人眾生的本性是清淨的，就好像洗淨的天空，慧如同日，智如同月，智慧是永遠光明的。對於外在的事物，如果執著形相，起了妄念，就如同浮雲覆蓋遮蔽了一樣，自我的心性就不能清淨光明了。

因此要遇見真正能知善識的，才能開示真正佛門的正法，吹去浮雲一般的迷惑妄念，使內心外境都同樣光明透澈，在自我心性中，宇宙萬物的現象又全都呈現出來。一切宇宙人生的真如實相，都在這自我心性之中，它的名稱就叫做「清淨法身」。

「自（色身）歸依」的意思，是說去除不善的心念和不善的行為，因此稱為「歸依」。

【新繹】

這一章解釋「三身佛」中「清淨法身佛」的意義。

上一章說「自色身，歸依清淨法身佛」，此章即就「色身」「歸依」「清淨」「法身」諸詞項來解說。

「色身」的「色」，佛家既用來指眼睛所能看到的形相，也用來概稱一切存在的物質。就人而言，它指的是肉體。「法身」的「法」，佛家既用來指普遍事物的法則，也用來泛指宇宙人生的真理，以及一切現象所具有的真實性質。肉身容易受到外界的誘惑，容易起妄念而生煩惱，因而常有毀壞之虞；法身則契當正法，累積功德，沒有煩惱而保其真如，因而不生不滅而畢竟清淨。二者看似對立，但惠能卻將二者合而為一。他認為肉體之中，即有真如本性。這本性原就「清淨」，如果不清淨，那只是受了外境影響，起了妄念所致。他把本性比做光明的日月，把外境妄念比做飄浮的雲霧，只要惠風一吹，雲霧自然散盡，日月自然光明。本性的清淨，隨即復而得見。所謂「歸依」，亦即此意。他的這種比喻，似乎比前文視心性如明鏡，要來得更正大光明。而他把法性、佛性放入本性之中，說世人眾生的肉體之中，就具有這個與生俱來的清淨本性，人人不必外求，只要內修，一樣可以悟道。這對於開宗立教，無疑更容易得到大眾的認同。

尤其是「思惟一切惡事，即行於惡行；思量一切善事，便修於善行」那幾句，更說明了善惡之行，並非獨立存在的客體，而是自性因種種思量而生的不同現象。善惡的生滅，與客觀環境無關，而全在個人的一念之間。易言之，皆在自性之中。如此一來，無異是主張將戒律儀則歸結為修行者個人的清淨心性。他主張的「無相戒」，應該就是這樣產生的。

【宏一偈曰】

自性本清淨，日月固常明。一旦歸依了，善惡豈相爭？

第24章

應身化身

何名為千百億化身佛？不思量，性即空寂❶，思量即是自化❷。思量惡法化為地獄，思量善法化為天堂；毒害化為畜生，慈悲化為菩薩；智慧化為上界❸，愚癡化為下方❹。自性變化❺甚多，迷人自不知見。一念善❻，智慧即生。〔一〕

【校記】

〔一〕敦博本、敦煌本俱如此，然惠昕本在此二句前，另有「念念起惡，常行惡道」二句，此二句後，亦有「此名自性化身佛，何名圓滿報身佛」二句。

【注釋】

❶ 空寂——空，沒有形相。寂，沒有起滅。這裡是說心性是宇宙的實體、世界的本原，它原是虛空沉寂的。
❷ 思量即是自化——是說自性原本空寂，卻因種種思慮度量而生妄想，自己產生了變化。
❸ 上界——指天上，諸佛天王所居之地。
❹ 下方——下界，指地獄等惡道所在。

❺ 自性變化——心性自己會產生種種不同的變化。所以自性也稱作法性、佛性、真如、如來藏等等，也因此以「千百億」言其變化之多。

❻ 一念善——一旦轉念向善。一念，比喻時間的短暫，通常用於與「前念」對舉的「後念」。

【直譯】

什麼叫做「千百億化身佛」呢？如果不動心思考量，那麼自性就沒有形相，無所變異；如果動了心思考量，那麼它自己就會發生變化。

思量邪惡的事物，就變化成為地獄；思量善良的事物，就變化成為天堂。思量毒害的事物，就變化成為畜生；思量慈悲的事物，就變化成為菩薩。思量智慧的事物，就變化成為上界諸天；思量愚癡的事物，就變化成為下方惡道。像上述的這類自性變化，極為繁雜多樣，可是愚癡迷惑的人卻自己不知道，沒看到。

只要一念之間轉向善良，智慧光明就會隨即產生。

【新繹】

這一章解釋什麼叫做「千百億化身佛」。

惠能以為心性是宇宙的實體，萬物的本原，因為心性自己有其本身的因緣作用，才會產生種種緣起緣滅的形相。它原來是「空寂」的，清淨光明，既沒有形相可言，也沒有什麼變異可言。它像日月，萬物在其普照之下，各有自己不同的投影；它像明鏡，萬物在其映照之前，各有自己不同的相貌；它像海洋，平時潮流浪濤俱在其中，一片汪洋，分不出平靜和凶險。這種原始的心性本體，與生俱來，不待他求，所以叫做「自性」。

惠能上一章說「一切法盡在自性」、「萬法自性在」（即萬法在自性），即是說明宇宙萬有，一切事物都以之為體，以其為諸法之實，所以也稱之為「法性」；又以其為眾生成佛之因，因此又稱之為「佛性」。名異而實同，都在強調「自性」之為體，固人人天生所共有，而所謂宇宙萬物，則是自性在因緣起用時所產生的種種生滅之相。「相」有種種不同，善惡之分，即由此而來。換而言之，宇宙萬物只是外境、外相，並不是獨在的客體，而只是自性此一主體所產生的不同現象而已。這就有如投影之於日月、相貌之於明鏡、浪濤之於江海。外境外相這些客體，不是與主體相對立，而是仍然依存統攝在此一主體之中。因此一切萬法，只此一心，隨機變化的現象則有千千萬萬。佛為普度眾生，化身無數。《梵網經・心地品》即云：「我今盧舍那，方坐蓮花台。周匝千華上，復現千釋迦。一華百億國，一國一釋迦。……千百億釋迦，各接微塵眾。」一佛可以化身千百億，因而可以普度眾生。

惠能的這種說法，和一般禪宗如神秀等人有同有不同。在基本認識上，主張性體清淨方面，是相同的，但在修行方法上，看待內心與外境關係時則有差異。神秀等人認為心性是心性，外境是外境，所以明鏡塵染，勤加拂拭即可，顯然有主體客體之分，而惠能則以為主客一體，煩惱即菩提，清淨與塵染，二者並非對立，其不同實肇因於自性的變化，即此章所謂「自化」或「自性變化」。

為什麼會「自性變化」呢？惠能也不認為是受到外境的影響，而是由於自性的「思量」作用。這裡的「思量」「思惟」，都有考慮揣度、大動心思之意。也就是下一章所提到的「念念」。就因為大動心思，用心計較是非善惡上下利害等等，好的壞的都有，不下千百億種，因此有了迷惑，有了煩惱。惠能以為這是修道者第二個要破解的問題。

「一念善，智慧即生」二句，接在「迷人自不知見」之後，文氣不順，所以有人據惠昕本在二句之前，補入「念念起惡，常行惡道」，這樣來接下文是比較理想，同時又在這二句之後，補上「此名自性化身佛，何名圓滿報身佛」二句，以歸結上文而領起下文，這也很有道理，值得讀者參考。

【宏一偈曰】
化身千百億，迷人自不知。善惡隨心轉，思量更無疑。

第25章 圓滿報身

一燈能除千年闇，一智能滅萬年愚。❶莫思向前❷，常思於後。常後念善，名為報身。一念惡，報卻❸千年善心；一念善，報卻千年惡滅❹。無常❺已來，後念善，名為報身。從法身思量，即是化身；念念善，即是報身。

自悟自修，即名歸依也。皮肉是色身，色身是舍宅，〔一〕不言歸依也〔二〕。

但悟三身，即識大意。

【校記】

〔一〕二句原本作「皮肉是色身舍宅」，敦煌本作「皮肉是色身是舍宅」，此據惠昕本校改。

〔二〕原本作「不在歸也」，參惠昕本改。

【注釋】

❶ 一燈能除千年闇二句——應是引用經論或前人之語。例如《華嚴經・人法界品》即云：「譬如一燈入於暗室，百千年暗，悉能破盡。」闇，暗。

❷ 向前——從前，與下文「於後」相對。二者可指過去與未來，亦可指前念與後念。

❸ 報卻——了卻、抵銷。

❹ 惡滅——猶言惡業。與上文「善心」相對，故有人改「善心」為「善亡」，以與「惡滅」對。

❺ 無常——生滅遷改而不固定。佛家說死滅是無常。一說，無常，即無始。佛家以為一切眾生萬物，皆由前世因緣轉生而來，前世之前，又有前世，佛家稱為「無始」。

【直譯】

一旦有燈火，就能破除千年的黑暗；一旦有智慧，就能消滅萬年的愚昧。千萬不要追念從前，應該經常想到後來。經常對後來心存善念，那就叫做「報身」。一旦心存惡念，就抵銷了千年累積的善心；一旦動了善念，就了卻了千年生滅的惡果。有生無始以來，念念不住，只要後念是善的，那就叫做「報身」。

能從自性清淨的「法身」上，去思量考慮眾生隨類應化的種種形相，那就是「化身」。能夠前念後念、念念俱善的，那就是「報身」。

自身悟道，自身修行，就叫做「歸依」。皮肉只是肉體的形相，肉體的形相只是自性寄住的房舍，不能說是歸依之所啊。

只要悟見自性三身佛，就識得本門的要旨。

【新繹】

這一章解釋什麼叫做「當來圓滿報身佛」，並且為所謂「三身佛」作小結。

文中並沒有像前二章那樣，首先就標示以下的解釋，是就「當來圓滿報身佛」來說的，但「莫思向前，常思於後」、「一念惡」、「一念善」等句，顯係呼應「當來」的時間觀念，而「一燈能除千年闇」、「一念善，報卻千年惡滅」、「後念善」、「念念善」等句，則顯係呼應「圓滿」二字。

前面第二十三章解說「法身」時，曾說它有二義，一是指其清淨的本性，一是指其善行功能而成。後者與「化身」「報身」都有密切的關係。此章說：「從法身思量，即是化身」。佛為普度眾生，必須隨類應化，有時示現佛身，謂之「應身」，有時化為六道，此謂「化身」。勸善此惡，化身無數，這些都是「思量」的結果。而「報身」，據此章說，是「後念善」或「念念善」。「後念善」是說眾生或曾因執著而迷失本性，但即使前念不善，只要「後念善」，仍可一洗前惡，「報卻千年惡滅」。這就叫做「一燈能除千年闇，一智能滅萬年愚」，仍然功德無量。至於「念念善」，那又與「法身」中的本性清淨一樣，可以不生不滅、無量無邊。

因此，「法身」是就「體」而言，「化身」是就「用」而言，而「報身」則就「相」而言。而此三者，其始終又盡在清淨的本性之中，所以一佛而具足三身。惠能所欲闡述的道理，要點就在這裡。

【宏一偈曰】
智破千年愚，善惡一念間。歸依在自悟，莫向色身攀。

第26章

四弘誓願

今既自歸依三身佛已，與善知識發四弘大願❶。善知識！一時逐惠能道：

眾生❷無邊誓願度，
煩惱無邊誓願斷，
法門無邊誓願學，
無上佛道誓願成。三唱

善知識！「眾生無邊誓願度」，不是惠能度。善知識心中眾生，各於自身「自性自度」(一)❸。何名「自性自度」？自色身中，邪見煩惱、愚癡迷妄，自有本覺性❹。只本覺性，將正見❺度。

既悟正見，般若之智，除卻愚癡迷妄，眾生各各自度。邪來正度(二)，迷來悟度，愚來智度，惡來善度，煩惱來菩提度。如是度者，是名「真度」。

「煩惱無邊誓願斷」，自心除虛妄。「法門無邊誓願學」，學無上❻正法。「無上佛道誓願成」，常下心❼行，恭敬一切，遠離迷執，覺智生般若，除卻迷妄，即自悟佛道成，行誓願力❽。

【校記】

〔一〕原本缺「度」字，據敦煌本加。

〔二〕原本缺「邪來正度」四字，據敦煌本加。

【注釋】

❶四弘大願——亦稱四弘誓願、四弘行願、四弘。是一切發心學道者在修行時所常立的四大誓願。誓願是梵語「僧那」的漢譯，通常針對所謂「四聖諦」的苦、集、滅、道四諦而發。在佛教的經論中，有關四大誓願的解釋頗不少見，亦不盡相同。例如《法華經》卷三就解釋四弘大願為：「未度者令度，未解者令解，未安者令安，未涅槃者令得涅槃。」

❷眾生——這裡指有情的群類，為煩惱所纏而流轉生死者。

❸自性自度——是說度脫之功，完全出於自性的覺悟，而非依靠別人。

❹本覺性——原來的覺知之德，指自性清淨。

❺正見——真正明白因果關係、諸法性相的見解。

❻無上——無以上之，最高的意思。

❼下心——誠意。下，謙卑。

❽行誓願力——運行四大誓願的力量。

【直譯】

現在既然已經自性歸依三身佛完畢，就與諸位能知善識的師友施主一起來發布四個弘大的誓願。諸位能知善識的師友施主！同時來跟隨著惠能唱誦：

眾生無邊誓願度，（誓願救度一切眾生，
煩惱無邊誓願斷，誓願斷除一切煩惱，
法門無邊誓願學，誓願學習一切佛法，
佛道無上誓願成。唱誦三次 誓願成就最高菩提。）

諸位能知善識的師友施主！「眾生無邊誓願度」，不是惠能來度脫。諸位能知善識的師友施主，心中所有的情感糾結，都要各自在自己身上來「自性自度」。

什麼叫做「自性自度」呢？原來在自己的肉體之中，邪見煩惱、愚癡迷妄，自有它們本來就具有的覺悟性能。只靠這本來就具有的覺悟性能，就可以用正當的見解來度脫。已經悟得正確的見解，高明的智慧，就可以去除愚癡迷妄等等，讓有情的眾生人人各自來度脫自己。

邪曲的用正當來度脫，迷惑的用覺悟來度脫，愚癡的用智慧來度脫，凶惡的用善良來度脫，煩惱的用菩提來度脫。像上述的這些度脫，就叫做「真度」。

「煩惱無邊誓願斷」，是說從自己心中除去虛妄。

「法門無邊誓願學」，是說學習至高無上的正法。

「佛道無上誓願成」，是說時常謙卑誠心去實踐，恭敬一切事物，遠離迷惑執著，從覺悟智慧中生出最高的智慧，來滅除迷妄等等念頭，那就是自己覺悟，成就了佛道，發揮了誓願的力量。

【新繹】

此章記敘惠能在解說歸依三身佛之後，又帶領聽眾信徒唱誦，發「四弘大願」，並解釋這四大誓願的意義。

惠能帶領大家唱誦三次的四大誓願，包括：救度無數的有情眾生、斷絕無窮的人生煩惱、學習無盡的正確佛法，和完成至高無上的菩提四大心願。眾生、煩惱、佛法都無邊無量，菩提則至高無上，發願要完成，所以用「弘」來形容志向的博大，用「誓」來形容意志的堅定。

在經過也算是儀式的三次唱誦之後，惠能逐項來說明四大誓願的內容。他說「眾生無邊誓願度」的「度」，當然是救度眾生脫離苦海，免除生死輪迴之苦。但是並非靠他來度脫，而是要眾生靠自己自度。他說眾生的色身肉體之中，本來就有一種自覺的本能，可以幫助自身脫離愚癡迷妄的種種煩惱。世上固然多因色身而執迷於外在的事物，但只要能悟見本性清淨，能發覺自身原來具有自覺的本能，那麼一旦豁然開悟，一切迷妄煩惱也終將迎刃而解。這種自力完成的解脫，叫做「自性自度」，這也才是真正的解脫。

相傳佛祖釋迦牟尼在恒河邊的靈山拈花示眾，只有大弟子摩訶迦葉會心微笑，於是佛祖就把衣法傳給了他。這個故事並不是說佛祖在拈花時真有什麼神秘的佛理傳到摩訶迦葉心中，而是摩訶迦葉心中早有真如佛性，如今從佛祖的拈花動作中，忽然開悟而已。佛祖只是啟發了他，並確認他的開悟，所以開悟的主體仍在摩訶迦葉身上。惠能的說法也是如此，度脫要靠自己，不可依賴別人。

【宏一偈曰】

弘大四誓願，度眾斷邪徧。法學無上道，佛成貴無邊。

第27章

無相懺悔

今既〔一〕發四弘誓願訖〔二〕，與善知識無相懺悔❶三世罪障❷。

大師言善知識：

前念後念及今念，
念念〔三〕❸不被愚迷染，
從前惡行〔四〕，一時〔除〕，
自性若除，即是懺（悔）〔五〕。❹
前念後念及今〔六〕念，
念念不被愚癡染，
除卻從前矯雜❺心〔七〕，
永斷名為自性懺。
前念後念及今念，
念念不被疽疫染，
除卻從前疾垢〔八〕心，

自性若除即是懺。以上三唱

善知識！何名懺？悔者，終身不作；悔者，知於前非。惡業恒不離心，諸佛前口說無益。我此法門中，永斷不作，名為懺悔。

【校記】

㈠「既」，原本作「即」，敦煌本作「既」。
㈡「訖」原作「說」字，據敦煌本、國家圖書館「有」七九號寫本改。
㈢原本只一個「念」字，此據惠昕本校。
㈣原本「從前惡行」作「從何西行」，據敦煌本改。
㈤此句天寧寺本作「自性自除即是懺」，無「悔」字。似可從。
㈥此「今」字原本缺，據敦煌本加。
㈦原本「前」作「何」，據敦煌本改。「雜」字，敦煌本、惠昕本作「誑」。
㈧原本及敦煌本皆作「疾垢」，鈴木校本改作「嫉妬」。

【注釋】

❶ 無相懺悔——不著形相的懺悔。懺悔，悔過改正。懺，梵語「懺摩」的簡稱，意為請人寬恕。悔，改過，意思和「懺」相似，故古人常連言之。也有人以為懺是請求原諒，悔是自申罪狀，一輕一重，意義不同。

❷ 三世罪障——過去、現在、未來三世的罪業孽障。佛家以為前世、今世、來世的善惡因果，環環相報。前

世所造的善惡業因，即今世所感宿業之果報，而今世的行業，又成為來世果報之因。罪障，指身（行為）口（言語）意（思想）三業所犯的過失。

❸ 念念——承上文前念、後念而言，比喻短暫的時間。猶言「剎那」。佛家以為「剎那即永恆」，又常以「念念」一詞，形容生、住、異、滅的現象變化。

❹ 從前惡行一時〔除〕二句——是說短暫時間內，自性如果能夠除盡從前的惡行，也就是真正的懺悔了。

❺ 矯雜——桀傲不馴的意思。一作「矯誑」，驕傲欺詐之意。

【直譯】

現在既然發了四個弘大的誓願，再說給諸位能知善識的師友施主聽聽「無相懺悔」和「三世罪障」的道理。

大師告訴諸位能知善識的師友施主說：

前念後念以及當下的念頭交互而過，
每一個念頭都不被愚癡迷惑所執著，
從前的罪惡行為在短暫時間內消除，
自性如果能夠清除，那就是懺悔了。

前念後念以及當下的念頭交互而過，

每一個念頭都不會被愚癡迷亂累贅。
能夠除盡從前驕傲紛雜的心思念頭，
永遠斷盡的話，名稱就叫自性懺悔。

前念後念以及當下的念頭交互而過，
每一個念頭都不會被毒瘡時疫染著，
能夠除盡從前嫉妬塵污的心思念頭，
自性如果能夠清除，那就是懺悔了。以上唱誦三遍

諸位能知善識的師友施主！什麼叫做「懺悔」呢？「悔」的意思，就是終身不再動妄念；「悔」的意思，就是要明白以前所犯的過錯。惡業如果常常執著，不離開心頭，那麼在諸佛面前，口說懺悔也沒有益處。我們這個禪宗法門中，主張永遠斷盡，不動妄念，因此稱之為懺悔。

【新繹】

這一章說明「無相懺悔」和「三世罪障」的意義。

開頭的「大師言」，應該是惠能引述其他禪宗大師的說法，而非自稱。以下二章惠能皆先引大師之言，然後才說明自己的看法。至於指的是不是道信祖師或其他人，則無從確定。懺悔，是佛家保持身心清淨的一種修習方式，據說起源甚早，六朝即已有之。它原有一定的儀式規制，例

如在佛前設壇焚香、禮頌佛名、懺悔回向等等，甚至規定要偏袒右肩、右膝著地、合掌禮足等等，非常重視外在的形式儀範。可是，禪宗從四祖道信開始，主張戒、禪合一，在教義上無異是否定了戒律的形式。因為禪主內修，而戒者外在；禪是目的，而戒只是手段，因此戒禪合一的結果，自然會重禪而輕戒。惠能繼承了這個傳統，又更進一步主張自性清淨，諸法性空，不重視外在的形相，而力主於相而離相，於念而不念，念念都不能塵染。他認為心中的塵染，即妄念罪業，如果不清除，那麼在佛前舉行任何懺悔儀式，都於修行沒有益處。因此，他提倡「無相懺悔」。無相，一如上文所言，就是不執著於形相，主張懺悔不必重形式。

這一章所說的「三世罪障」，自然和「懺悔」互為因緣，互相關係。懺悔，是悔過改正的一種表現，表示自己誠心要改過，要消除累積已久的「三業」罪障。《華嚴經・普賢行願品》有一偈句云：

我昔所造諸惡業，
皆因無始貪瞋癡。
從身語意之所生，
一切我今皆懺悔。

這是說人的身之活動、口之言語、心之思想，所謂身業、口業、意業的「三業」，都常因貪瞋癡的人性弱點，難免有過失而造成罪業，成為得到善果的障礙。「三世罪障」的「三世」，指去來今，即過去、未來、現在而言。過去、未來、現在這三個時間觀念，就長者言，可以指三個世代，所謂前世、後世、今世；就短者言，可以指三個念頭，所謂前念、後念、今念。一個世代和一個念頭，猶如長久與短暫、永恒與剎那，給人距離非常遙遠的感覺，但對佛家而言，一世猶如一念，只在轉瞬之間。因此，這裡所說的「三世罪障」，和下文所說的「前念後念及今念，念念不被愚癡染」諸語，是前後互相呼應的。就是因為有這「三世罪障」，所以惠能才要帶領大家「發四弘誓願」，來斷盡煩惱，不為愚癡所執染。

「前念後念及今念」以下，以迄「自性若除即是懺」的這一大段懺文，有人以為全是七字句式，因此把第三四行「從前惡行，一時除，自性若除，即是懺悔」改作：

從前惡行一時除，
自性若除即是懺。

這樣改，順理而成章，可以接受。

【宏一偈曰】
後念改前念，懺悔知前非。我有數行淚，今朝為君揮。

第28章

三歸依戒

今既懺悔〔一〕已，與善知識受無相三歸依戒❶。大師言善知識：歸依覺，兩足尊；❷歸依正，離欲尊；❸歸依淨，眾中尊。❹從今已後，稱佛為師，更不歸依〔二〕邪迷外道。願自三寶慈悲證明❺。

善知識！惠能勸善知識歸依自心三寶〔三〕❻。佛者，覺也；法者，正也；僧者，淨也。自心歸依覺，邪迷不生，少欲知足，離財離色，名兩足尊。自心歸依正，念念無邪故，即無愛著❼，以無愛著，名離欲尊。自心歸依淨，一切塵勞妄念雖在自性，自性不染著，名眾中尊。

凡夫不〔四〕解，從日至日❽，受三歸依戒。若言歸佛，佛在何處？若不見佛，即無所歸。既無所歸，言卻是妄。

善知識！各自觀察，莫錯用意。經中只言自歸依佛，不言歸依他佛。自性不歸〔五〕無所〔六〕處❾。

【校記】

〔一〕原無「悔」字，據敦煌本加。

〔二〕據北京國家圖書館「有」七九號寫本，此「歸依」下有「餘」字。

〔三〕原本作「身三寶」，惠昕本作「自性三寶」。筆者以為對照下文屢言「自心」，此「身」字當為「自心」之誤。

〔四〕原本無「不」字，參鈴木校本補。

〔五〕北京本「歸」下有「依」字。

〔六〕惠昕本「所」下有「依」字。

【注釋】

❶ 無相三歸依戒——不拘泥於形相儀式的三種歸依戒規。三歸依，這裡指歸依於佛、法、僧三者。亦即下文中所謂「三寶」。佛，指能教導他人覺悟人生的諸佛門法師。法，指向人宣說的佛經及教法。僧，指佛門眾弟子。

❷ 歸依覺，兩足尊——是說歸依於自性的覺悟，在人、天或福、慧兩方面都具備完善，非常尊貴。覺，指三寶中的佛。兩足尊，一說是指兩條腿動物中的尊者，即佛。

❸ 歸依正，離欲尊——是說歸依於自性的正念，脫離欲望的糾葛，非常尊貴。正，指三寶中的法。

❹ 歸依淨，眾中尊——是說歸依於自性的清淨，在眾生之中，非常尊貴。淨，指三寶中的僧。

❺ 慈悲證明——同甘共苦，一起來領會印證。慈、悲原皆譯自梵語，慈愛眾生、給與快樂叫做慈；悲憫眾生、除其苦痛叫做悲。

❻ 自心三寶——原來自己的心性中就具有三寶。「自心三寶」敦博本作「身三寶」，敦煌本作「三寶」，而惠昕本以下則多改作「自性三寶」。筆者以為依敦煌本僅作「三寶」亦可，如欲改作「自性三寶」，不如

改為「自心三寶」，蓋下文屢言「自心歸依」，而「自心」二字合寫近於「身」之故。

❼ 愛著——念戀、執著。

❽ 從日至日——猶言日復一日，從彼日至今日，自今日至他日。形容時間的長久。有人改作「從日至夜」，意稍不同。

❾ 自性不歸無所處——承上文「若言歸佛，佛在何處」等句而來。是說自性若不歸佛，則無處安頓。

【直譯】

現在已經懺悔完畢，再給諸位能知善識的師友施主，講授「無相三歸依戒」。

大師告訴諸位能知善識的師友施主說：要歸依覺悟，「佛」是兩足具備的至尊；歸依正道，「法」是脫離欲念的至尊；歸依清淨，「僧」是眾生俗世的至尊。

從今天以後，要稱諸佛為老師，再也不會去歸附依從邪惡迷妄的外道。希望能從佛、法、僧三寶中，一起同甘共苦發慈悲心，來印證體認。

諸位能知善識的師友施主！我惠能奉勸諸位能知善識的師友施主，要歸依自己心性中的佛、法、僧三寶。

「佛」的意思，就是覺悟；「法」的意思，就是正道；「僧」的意思，就是清淨。

自己心性歸依了佛門的覺悟，邪惡迷妄的念頭就不會產生；減少欲望，知道滿足，脫離錢財和美色的誘惑，這就叫做「兩足尊」：兩足具備的至尊。

自己心性歸依了佛法的正道，每一個念頭都沒有邪妄事故，因此就沒有貪戀執著；也因為沒有貪戀執著，所以叫做「離欲尊」：脫離欲念的至尊。

自己心性歸依了佛僧的清淨，一切塵世的煩勞、迷妄的念頭，雖然也存在於自己的心性中，可是自己的心性卻不會被沾染黏滯，所以叫做「眾中尊」：眾生之中的至尊。

世俗一般人不了解，長久以來，天天接受「三歸依戒」。如果說是歸依佛，那麼佛在哪裡呢？照道理說，如果見不到佛，那麼就沒有地方歸依了。既然沒有地方可以歸依，那麼所說的歸依，就是虛妄的空話。

諸位能知善識的師友施主！請大家各自觀察，切莫誤解了佛經中「三歸依」的用意。佛經中只說要自己歸依佛，並沒有說要歸依自己以外的其他的佛。自己的心性不去回歸，就沒有地方安頓了。

【新繹】

這一章解釋什麼叫做「無相三歸依戒」。

「三歸依戒」，是佛門弟子初入道時，由法師傳授的戒法。它有一定的儀式，像《阿含經》就說：「於受歸戒前，先須懺悔，然後受三歸」，可見在行「三歸依」之前，要先誠心懺悔，盡除罪障，洗清塵染，然後才可依佛、依法、依僧，舉行三歸的儀式。本章開頭說：「今既懺悔已，與善知識受無相三歸依戒」，即是例證。

「大師言」，和上章一樣，應該是指惠能引述以前的法師之言，而非惠能自稱。這從下文所說的「三歸依」和「經中只言自歸依佛」等言，也可以看出來。

「歸依覺，兩足尊；歸依正，離欲尊；歸依淨，眾中尊」，這就是歷來大師所謂「三歸依」

或「三尊」。據《法華經・淨行品》第十一說：

自歸於佛，當願眾生，紹隆佛種，發無上意。
自歸於法，當願眾生，深入經藏，智慧如海。
自歸於僧，當願眾生，統理大眾，一切無礙。

《本事經》第七也說：

依佛生淨信，知兩足中尊。證無上菩提，天人等應供。
依法生淨信，知離欲中尊。證無上涅槃，寂靜常安樂。
依僧生淨信，知諸眾中尊。證無上福田，天人等應供。

《大乘義章》第十說得更明白：

歸依不同，隨境說三，所謂歸佛、歸法、歸僧。
依佛為師，故曰歸佛；憑法為藥，故名歸法；依僧為友，故稱歸僧。

可以看出來：惠能所說的「三歸依」，是真有所本的。不過，《法華經》所說的「自歸於」，

《本事經》所說的「生淨信」，都是說佛門弟子歸依三寶之後，不但自身要生淨信之心，而且也要立下普度眾生的弘願。這跟惠能把「自」字解釋為「自心」、「自性」，把外界客觀存在的三寶，化為自己心中所固有，二者蓋有不同。惠能因為主張修行在於自得自悟，不是憑靠他人而得，所以他一直強調自心、自性。傳統的修行方法，要「伏請世尊為證明」（見《首楞嚴經》三），惠能則認為應該自證自悟。也因此，他以心性中的「覺」「正」「淨」三者來配合講解「佛」「法」「僧」三寶，認為佛是自性中的覺悟，法是自性中的正道，僧是自性中的清淨。自性之中本就俱足佛、法、僧三寶，不待外求，也不必執著於外在的形相儀式。為了說明這個道理，他還這樣反問一般世俗之人：「若言歸佛，佛在何處？」佛祖既然不在眼前，要如何歸從依靠呢？可見只有向自心自性中去證悟，才可以找到心靈的安頓處。

有人以為「僧伽」的本義是僧「眾」，惠能卻解作「淨」；以為「兩足」的本義是指人天兩全、福慧圓滿，惠能卻用來解釋「離財離色」，未免可議。對惠能的這些批評，可能是忘了惠能乃向世人凡夫說法，也忘了古人認為解經無妨斷章取義的道理。

【宏一偈曰】

正覺真須淨，乃在佛法僧。無相三歸依，闇室一盞燈。

第29章

摩訶即大

今既自歸依三寶，總各各至心❶，與善知識說「摩訶般若波羅蜜」法❷。善知識雖念不解❸，惠能與說，各各聽。

「摩訶般若波羅蜜」者，西國❹梵語，唐言「大智慧彼岸到」〔一〕。此法須行，不在口念；❺口念不行，如幻如化〔二〕。修行者法身與佛等❻也。

何名「摩訶」？「摩訶」者是大，心量廣大，猶〔三〕如虛空。莫定心禪〔四〕，即落無記〔五〕，❼空能含日月星辰、大地山河〔六〕、一切草木，惡人善人、惡法善法。天堂地獄，盡在空中。世人性空❽，亦復如是。

性含萬法是大；萬法盡是自性。見一切人及非人❾、惡之與善、惡法善法，盡皆不捨，不可染著，猶〔七〕如虛空，名之為「大」。此是「摩訶行」〔八〕。

迷人口念，智者心行〔九〕。又有迷人空心不思，名之為「大」，此亦不是。心量大，不行是小。莫口空說，不修此行：非我弟子。

【校記】

〔一〕原作「彼岸到」，敦煌本同，惠昕本作「到彼岸」。

〔二〕原本作「如如化」，據惠昕本加「幻」字。

〔三〕「猶」原作「由」，據敦煌本改。

〔四〕敦煌本作「莫定心座」，鈴木校本為「若空心坐」，惠昕本作「若空心靜坐」。

〔五〕「記」，敦煌本作「既」。上二句或疑為注文混入經文。

〔六〕「河」字，敦博本、敦煌本俱誤作「何」，據北圖本改。

〔七〕「猶」原作「由」。

〔八〕原本「摩訶」下有「行」字，或疑此字當刪，或謂此字當作「衍」。

〔九〕原缺「行」字，據惠昕本加。

【注釋】

❶ 總各各至心——全都個個專心一致。

❷ 「摩訶般若波羅蜜」法——「摩訶般若波羅蜜」，梵語，意即「大智慧到達涅槃彼岸」，或譯為「大智度」。前文及本章都有詮釋文字，可供讀者參考。法，法門、教義。惠能此次登壇所講者，即《摩訶般若波羅蜜經》的要義。

❸ 雖念不解——雖然口中誦念，卻不解其意。

❹ 西國——西土，西域。指印度等地，皆在中國之西。

❺ 此法須行二句——是說《摩訶般若波羅蜜經》的法門，重在實踐，身體力行，而不只是口頭誦讀而已。

❻ 法身與佛等——是說修行者的法身，與佛的法身並無差別。法身，已見前。

❼ 莫定心禪二句——敦博本「莫定心禪，即落無記」，敦煌本作「莫定心座，即落無既」。「禪」與「座」

都是說心專注於某一對象，意思相通。「無記」是佛家用語，指對立的善惡之外那個非善非惡的部分，即模糊不清的地帶。「無既」，是說沒有止境。二者仍有相通之處，都用來形容所謂「摩訶」、所謂「虛空」，都大到無法言說。惠昕本以下，多將二句改作：「若空心靜坐，即著無記空」，把屬下讀「空」字，移於「無記」之下，然後又臆加「世界虛空」一句。此應係誤讀。「無記空」實不成詞，與上下文亦不相侔。「空」字上承「虛空」，下接「能含日月星辰」等等，應屬下讀。

❽ 世人性空——是說世人本性，亦如虛空那樣廣大無邊。

❾ 非人——非人類，指人類以外的六道眾生。

【直譯】

現在既然已經自己歸依了三寶，全都個個專心誠意，我再給諸位能知善識的師友施主，解說「摩訶般若波羅蜜」的法門。諸位能知善識的師友施主雖然口中能夠念誦，卻未必能夠了解，所以我惠能來給大家解說，個個請聽。

「摩訶般若波羅蜜」這句話，是西方天竺國的梵語，用大唐的語言來翻譯，就是「大智慧彼岸到」。這個法門，必須身體力行，而不在於口頭念誦；如果光是口頭念誦，而不去身體力行，就會如同虛幻變化的魔術一樣。修行此一法門的人，修得的法身和佛的法身是完全等同的。

什麼叫做「摩訶」呢？「摩訶」的意思就是「大」，心胸度量要廣大無邊，就像虛空——虛無的大空一般。千萬不要把心思定於一處，那樣就會落入無窮無盡的不確定之中。虛空能包含日月星辰、大地山河、一切草木、惡人善人、惡法善法；天堂地獄，都全在虛空之中。世上的人本性虛空，也同樣如此廣大無邊。

本性包含宇宙萬物的現象當然是「大」，而宇宙萬物則全都是自己本性的反映。看見宇宙間一切所有的人類以及非人類、邪惡的與善良的、惡法與善法，全都包容而不捨棄，卻也不能沾染執著，就如同虛無的大空一樣，稱它為「大」。這也就是「摩訶」的外在表現。

愚癡的人只知在口中念誦，聰慧的人卻懂得在心中修行實踐。又有些愚癡的人放空心思，什麼事都不想，而自己虛空，稱之為「大」；這樣也是不對的。心胸度量是廣大無邊，不去修行的話，就變成小格局了。千萬不要只在嘴巴裡空口說白話，如果不能修行這種實踐工夫，那就不是我們這個法門的弟子了。

【新繹】

此章以下三章，說明「摩訶般若波羅蜜」的意義、作用及其修行的門徑。

這一章先解釋「摩訶」的意義。惠能說「摩訶般若波羅蜜」就是「大智慧彼岸到」。「摩訶」的意思即「大」，是用來形容「般若」（妙智慧）的。佛的智慧大到什麼地步呢？惠能用「虛空」、「空」來形容它的無邊無際。它就像虛無的大空一樣，無所不包，上則日月星辰，下則大地山河，還有天地之間一切有形無形的物質概念，包括草木鳥獸、惡人善人、惡法善法，俱在其中。他甚至概括的說：「天堂地獄，盡在空中」。可見這個佛性的「空」，不只指形狀界限的無邊無際，而且也指內容性質的善惡有無。它可有可無，也可以在有無之外；它可善可惡，也可以在善惡之外。善惡之外的那個非善非惡的模糊地帶，佛家稱為「無記」，是無從標識計量之意。那個在有無之外的可有可無的部分，援例可以稱為「無記」，或者可以稱之為「無既」。無既，本來就有無窮無盡之意。惠能以為佛性的「空」，是虛而不實的，它包含宇宙萬有，卻不拘限於某一事物，固定於某一地區，因此它不會單屬於善、惡或無記，也不會單屬於有、無或無既。這才是真正的「虛空」。文中「莫定心禪，即落無記」，說的就是這個道理。有些學者不解其義，紛紛改字解經，甚至把屬下讀的「空」字，移於「無記」之下，而創出「無記空」一詞，然後又臆增「世界虛空」四字以接下文「能含日月星辰」等句，這真無異是庸人自擾了。也有人懷疑此二句是注文混入經文，也大可不必。

惠能不但認為佛性本「空」，無所不包，而且認為即使是一般世俗凡夫的本性也一樣。一切善惡有無，都在人人這無邊無際的「性空」之中。因此，人人內在的心性，與佛性並無差別，都極其「大」，善惡有無，「盡皆不捨」。

同時，惠能又在這裡說明了佛的另一特性，那就是「不可染著」，也就是上面諸章常常提到的不執著，不沾染，不受任何事物觀念所拘限，包括善、惡、無記等等。舉例來說，因為佛性人性都「大」到無所不包，善、惡、無記等等，俱在其中，所以人人說你好，你未必真好；人人說你壞，你未必真壞；人人說你不好不壞，你也未必不好不壞。知道你真相真心的人，只有你自己；決定你究竟是好是壞的人，也只有你自己。你肯修行，誠心向善，專心求法，那麼自然就可以得到自性中的善，清淨而不被塵染。此章說：「性含萬法是大；萬法盡是自性」，前面諸章所說：「自性若除即是懺」、「向者三身，自在法性，世人盡有，為迷不見」、「一切法盡在自性」等等，所要闡述的，也都是同樣的道理。

這無疑的是為惠能自性清淨以及禪悟在心的主張，奠定了理論的依據。所以他對禪理，重身體力行，重修行，重實踐，而不重外在形式；所以他反對「空心不思」，反對只會空口誦經、結跏趺坐而無所用心的修習方式。

《景德傳燈錄》卷四記載白居易請教鳥窠道林禪師什麼是「佛法大意」，道林告訴他：「諸惡莫作，眾善奉行。」白居易不解其意，笑稱這兩句話連三歲孩兒也懂得這麼說。道林說：「三歲孩兒雖道得，八十老人行不得！」可見三歲孩兒能說的道理，八十歲老人卻未必做得到呢！

【宏一偈曰】

般若波羅蜜，智能登彼岸。摩訶意為大，虛空自汗漫。

第30章

般若智慧

何名「般若」？「般若」是「智慧」。一(一)時中❶，念念不愚(二)❷，常行「智慧」，即名「般若行」。一念愚(三)，即「般若」絕；一念智，即「般若」生。心中常愚，我修「般若」。無形相，「智慧」性即是。

何名(四)「波羅蜜」？此是西國梵音，唐言「彼岸到」。解義離生滅❸，著境生滅起❹。如水有波浪，即是「於(五)此岸」❺；離境無生滅，如水永(六)長流❻，故即名「到彼岸」，故名「波羅蜜」。

迷人口念，智者心行。當念時有妄，有妄即非真有；念念若(七)行，是名「真有」。悟此法者，悟「般若」法，修「般若」行。不修即凡，一念修行，法身等佛。

善知識！即煩惱是菩提❼。前念迷即凡，後念悟即佛。

善知識！「摩訶般若波羅蜜」，最尊、最上、第一，無住無去無來，三世諸佛從中(八)出❽，將大智慧到彼岸，打破五陰❾煩惱塵勞。最尊、最上、第一，讚最上乘法，修行定成佛；無去無住無來往，是定慧等，不染一切法；三世諸佛從中變三毒為戒定慧❿。

【校記】

〔一〕惠昕本、西夏本「一」字下有「切」字。

〔二〕「愚」原本作「思」，據敦煌本改。

〔三〕「愚」原本作「思」，據敦煌本改。

〔四〕原本「何名」下衍「般若」二字。

〔五〕「於」字鈴木校本作「為」。

〔六〕「永」，敦煌本作「承」字。

〔七〕原本「若」下有「不」字，據敦煌本刪。

〔八〕原本「中」作「口」字，據敦煌本改。

【注釋】

❶ 一時中——這裡指在所有的時間之中。一，全、一切。

❷ 念念不愚——即上文第二十七章所謂「念念不被愚癡染」。

❸ 解義離生滅——了解道理，就能脫離生死輪迴之苦。

❹ 著境生滅起——執著於外在境相，生死輪迴之苦就會產生。

❺ 於此岸——在迷界。佛家以彼岸喻涅槃，而以此岸喻流轉生死之迷界。

❻ 水永長流——是說像平常流水一般永遠流動不停。永，恒常。此處流水借指包括煩惱、智慧在內的情智活動。

❼ 即煩惱是菩提——煩惱就是菩提。煩惱是障道的困惑，菩提是成道的覺性，二者雖相對立而實同出於一

心，不同者在於迷、悟之別而已。因此佛經常借此語說法。

❽ 三世諸佛從中出——過去、現在、未來等三世的所有諸佛，都從這裡面產生。

❾ 五陰——即「五蘊」。陰，同「蘊」。陰蔽與蘊集同義。此指色（物質）、受（感覺）、想（情欲）、行（意志）和識（判斷）等五種有為法。

❿ 變三毒為戒定慧——是說三世佛可以把貪、瞋、癡「三毒」轉變成戒、定、慧「三學」。佛家以為貪欲、瞋怒、愚癡是三種危害眾生的毒素，而以戒（持戒）、定（禪定）、慧（智慧）為三種學習修行的法門。《翻譯名義集》四：「防非止惡曰戒，息慮靜緣曰定，破惡證真曰慧。」

【直譯】

什麼叫做「般若」呢？「般若」就是「妙智慧」。在一切時間裡面，每一個念頭轉動的剎那間，都不被愚癡所染，常常持行智慧，那就叫做「般若行」——智慧的表現。一旦有個念頭愚癡，「般若」就斷絕了；一旦有個念頭聰慧，「般若」就產生了。一般人心中常被愚癡所染，所以我們要修習「般若」。它沒有形狀色相，智慧的本質就是這樣。

什麼叫做「波羅蜜」呢？這是西方天竺國的梵語，大唐的話是說「彼岸到」。了解它的意義，就脫離了生死輪迴之苦；執著於塵俗外境的人，生死起滅的輪迴之苦就會產生。就如同水面上起了波浪，那就是處在迷界的「此岸」之上；如果能夠脫離塵俗外境，沒有生死起滅的輪迴之苦，那就如同平常的流水永遠流動不停，因此就稱為可以渡到彼岸，因此稱為「波羅蜜」。

愚癡的人只知在口中念誦，智慧的人卻懂得在心中修行。當口中念誦時，心中如果有了妄念，有了妄念就不是真的擁有了；如果一個念頭接著一個念頭，隨時都能在心中修行，那才稱得上真的擁有「般若」。能夠領會這個法門的人，就是悟得了「般若」的道理，修得了「般若」的法則。不知修行的，是凡夫俗人，可是他一旦有了個念頭要修行向善，他悟道的法身，還是等同於佛陀的法身。

諸位能知善識的師友施主！就煩惱來說，它也就是菩提。前念愚癡迷惑時，還是凡夫俗人，等到後念開悟解脫時，他就變成了佛。

諸位能知善識的師友施主！「摩訶般若波羅蜜」，最尊貴，最上等，無與倫比稱第一。它從來沒有停留過，沒有過去，沒有未來。過去、現在、未來等三世諸佛都是從這裡面產生的。他們把大智慧傳到涅槃的彼岸，打破了色、受、想、行、識等五蘊所引起的煩惱和塵勞。所謂最尊貴、最上等、無與倫比稱第一，是讚美這是最上乘的法門，肯修持實踐就一定能成就佛道；所謂沒有過去、沒有停留、沒有來往，是表示定（禪定）慧（智慧）等同一體，不會執染於一切事物現象；所謂三世諸佛都從此中產生，是稱許能把貪、瞋、癡三毒，轉變為戒、定、慧三學。

【新繹】

這一章解釋什麼叫做「般若波羅蜜」。

惠能先把「般若」和「波羅蜜」這兩個梵語分開解釋，說明它們漢語的意義，從而闡述它們的作用和特性。

就「般若」而言，惠能先解釋它的意思就是「妙智慧」，即妙用無窮的大智慧，然後把它和前面諸章所說的「念念無邪故」、「念念不被愚癡染」、「一念惡，報卻千年善心；一念善，報卻千年惡滅」等等，連繫起來，說明修行實行的重要。因為「般若」無形相可求，所以只能「自性自度」，或者說「自性自除」。

就「波羅蜜」而言，惠能先解釋它就是到達彼岸的意思，然後再以流水為喻，說明「此岸」、「彼岸」所代表的意義。《楞伽經》卷一記載了佛祖釋迦牟尼的一首偈句：

凡夫無智慧，藏識如巨海。
業相猶波浪，依彼譬類通。

這就是以流水來譬類通喻死生的道理。流水能映照萬物，猶如心能映照萬相。人的心志活動不能不受外界事物現象的影響，而有善有惡，有如流水因受外在環境的影響而有平靜有波浪的不同。據《大乘義章》卷十二之六「波羅蜜」項的說法，佛家常用流水的兩岸來比喻愚癡和智慧的不同。約而言之，流轉生死為此岸，究竟涅槃為彼岸；有相為此岸，無相為彼岸；愚癡迷惑為此岸，智慧開悟為彼岸。這樣說來，此岸、彼岸之間的流水，就是「業相」，是一切情志活動、一切事物現象的總稱。這條流水是亙古長流、晝夜不捨的，也就是上文說的「道須流通」。一個人如果執著於世間外相，動了妄念，就如同巨海之中起了波浪，會阻礙人到達彼岸，而流轉於生死之中；如果能脫離世俗境相，沒有欲念，就如同水面平靜無波，可以安然渡到涅槃的彼岸。惠能說的「著境生滅起」、「離境無生滅」，就是這個意思。

希望能不執著於外相，不動妄念，脫離煩惱塵勞，超越生死輪迴的苦海，當然要修行悟道才能達到。惠能在修行悟道這方面，又特別提出了「即煩惱是菩提」的主張。這種主張初見於《佛說未曾有正法經》卷一，其他如《妙法蓮華經玄義》卷九上、《大乘義章》卷十八等等，也都曾言及。例如《諸法無行經》卷下即云：「貪欲之實性，即是佛法性；佛法之實性，亦是貪欲性」、「貪欲與菩提，是一而非二」。可見佛家認為煩惱固因貪欲而起，但菩提亦因煩惱而覺悟。二者是一體的。「不是一番寒徹骨，那得梅花撲鼻香」，香與不香，都還是在於梅花本身。認識到這一點，也才可以明白下文所說「三世諸佛從中變三毒為戒定慧」的道理。

「三毒」據《大般涅槃經》二十三的說法，是指一般人貪欲、瞋恚、愚癡三項有礙於解脫生死煩惱的因素，而戒、定、慧所謂「三學」，則是指三種追求能夠解脫生死煩惱的方法。一是阻礙，一是追求，顯係對立。小乘佛教以為二者是對立的兩面，所以特別強調「三學」戒、定、慧的重要，要以持戒來防非止惡，以禪定來息慮靜緣，以智慧來破惡證真。大乘佛教則不然，大乘佛教的如來藏思想，以為離開了菩提法性，即無他法，所以煩惱與菩提應視同為一體。配合上文所說的此岸、彼岸來說，小乘佛教認為彼岸是另外一個永恒寂靜、無限圓滿的極樂世界，而大乘佛教則主張無住涅槃，此岸彼岸之間的流水善惡兼容，或動或靜，兩岸基本上密不可分，沒有此岸，就沒有彼岸，換言之，此岸的現實塵世與彼岸的涅槃世界，本質是一致的，能脫離超越時就是涅槃，否則就還是在此岸的流離生死之中。也因此，所謂煩惱與菩提，都存乎一心，它們的不同，只在於迷、悟之別而已。

「前念迷即凡，後念悟即佛」，惠能主張的頓悟，其理論基礎就在這裡。

【宏一偈曰】

何謂般若行，念念智慧生。去住無動靜，定慧始相成。

第31章

觀照智慧

善知識！我此法門從一般若生〔一〕八萬四千智慧❶。何以故？為世人有八萬四千塵勞。若無塵勞，般若常在，不離自性。

悟此法者，即是無念，無憶〔二〕，無著❷。莫起雜妄，即自是真如性❸。用智慧觀照，於一切法不取不捨❹，即見性成佛道。

【校記】

〔一〕原本無「一般若生」四字，據惠昕本補。

〔二〕原本「憶」作「億」字，據惠昕本改。

【注釋】

❶ 從一般若生八萬四千智慧——從一個「般若」中生出極多極多的智慧。八萬四千，佛經常用語，極形容數目之多。《觀無量壽經》：「無量壽佛有八萬四千相，一一相各有八萬四千隨形好，一一好復有八萬四千光明。」

❷ 無念，無憶，無著——都是禪宗的重要教義，修成「般若波羅蜜」的重要法門。表示對於一切塵世的事物

能夠擺脫思念、回憶、執著的牽絆。上文所說「無念」即「於念而不念」等等，皆此意。

❸ 真如性——猶言清淨自性。杜絕言詮、思惟而達於空寂。

❹ 不取不捨——是說對於一切事物現象，能悟性空之理，既不起愛執之心，也不生離棄之念。

【直譯】

諸位能知善識的師友施主！我們這一法門，從一個「般若」本體中就能衍生出八萬四千種智慧。什麼原因如此呢？因為世上一般人有八萬四千種塵世的煩勞。如果沒有塵世的煩勞，「般若」這個妙智慧的本體就會永久存在，不會離開自己的心性。

領會悟得這一法門的人，就是不繫念、不追憶、不執著。千萬不要起了雜亂虛妄的念頭，這就是眾生心中的真實本性。用智慧來觀察照見，對於宇宙萬有、一切事物，既不貪戀執著，也不割捨拋棄，這就是明心見性，成就了佛道。

【新繹】

這一章，惠能為他所說的「摩訶般若波羅蜜法」，做了一個小總結。

他說：「從一般若生八萬四千智慧」，凡夫俗子可能會有疑問：「般若」不就是「智慧」嗎？為什麼一「般若」可生八萬四千「智慧」？事實上，這是再次強調「摩訶」的意義，說明「大智度」的「大」。如果真的悟得此一法門，就能產生八萬四千種人生的智慧，來對付八萬四千種塵世中的煩惱。八萬四千，極言數量之多，是佛經的常用語，也可簡稱為八萬。上文說過惠能以為人人心中原來都有佛性，但人生在世，不能不受外在事物的影響，情既動於中，則善惡愛憎之念隨之而生，很多人因此迷亂了心性，去追求種種榮華名利，也因此產生了種種的煩惱勞頓，清淨的本性被塵勞遮蔽了，久而久之，竟然不知自己心性中早就有佛性，不待外求。因而惠能要告訴大家，這個「摩訶般若波羅蜜法」。如果悟得了這一「般若」法門，就可以用來破除塵世中種種數不盡的煩勞。因此，「一般若可生八萬四千智慧」。

上面諸章節，惠能已經就「般若波羅蜜」的意義、功用，作了不少的解說，在這裡，他把它們歸納成幾句話：「般若常在，不離自性」，強調自性清淨，與佛性無別，這是本體論；「無念、無憶、無著」，強調於相而離相，於念而不念，不貪戀，不執著，這是方法論；「不取不捨」，強調不取小乘的逃世著相、自求解脫，不捨普度眾生的宏願，追求大乘的不二中道，這是宗尚論。這些可以說都是六祖惠能開講立論的要點。

【宏一偈曰】

智慧亦塵勞，八萬又四千。不取復不捨，觀照乃性全。

第32章

般若三昧

善知識！若欲入甚深法界❶，入般若三昧❷者，直須❸修般若波羅蜜行，但持《金剛般若波羅蜜經》一卷，即得見性，入般若三昧。當知此人功德無量❹。經中分明讚嘆，不能具說❺。

此是最上乘法，為大智上根人❻說。少〔一〕根智人❼若聞法，心不生信。何以故？譬如大龍，若下大雨，雨提〔二〕閻浮提〔三〕❽，如漂草葉；若下大雨，雨於大海，不增〔四〕不減。若大乘者，聞說《金剛經》，心開悟解。

故知本性自有般若〔五〕之智，自用智慧觀照，不假文字❾。譬如其雨水，不從天有，元是龍王❿於江海中將身引此水，令一切眾生，一切草木，一切有情無情⓫，悉皆蒙潤。諸水眾流，卻入大海。海納眾水，合為一體。眾生本性般若之智，亦復如是。

【校記】

〔一〕原本與敦煌本等俱作「少」，「少」「小」古通用。下同。

〔二〕「提」字，敦煌本作「衣」。今人校本多改作「於」字，未必是。
〔三〕惠昕本句下有「城邑聚落，悉皆漂流」八字。
〔四〕原本「增」作「曾」，二字古通用。
〔五〕原本「般若」誤作「本性」，據敦煌本改。

【注釋】

❶ 入甚深法界——悟得非常奧妙的法性。入，悟得、證入。法界，泛指一切事物的來源及性質分類，這裡指法性、佛性，即真如自性。《大乘止觀》：「法者，法爾故；界者，性別故。以此心體，法爾具足一切法，故言法界。」

❷ 入般若三昧——悟得「般若」的奧義真諦。六祖惠能對「般若三昧」有自己的見解，見下文。

❸ 直須——就該，會當。中古常用語。歐陽修詞：「直須看盡洛城花，始共東風容易別。」

❹ 功德無量——佛教讚頌用語。功德，行善所得的果報。惡盡曰功，善滿曰德。也有人說：「德」即「得」，修功所得，故曰功德。

❺ 不能具說——沒有辦法詳細說明，一一介紹。是說《金剛般若波羅蜜經》中，讚嘆持該經者的無量功德的文字，非常之多，無從一一引述說明。

❻ 大智上根人——有大智慧、上等稟賦的人。根，根性、稟性。上根，猶言利根。

❼ 少根智人——與上文「大智上根人」對，指缺少慧根的人。惠昕本以下諸本多改作「小根小智人」。「少」「小」古代通用。

❽ 雨提閻浮提——是說大雨提高了閻浮洲的水位，把閻浮洲漂浮起來。「提」敦煌本作「衣」，意即大雨淹蓋了閻浮洲。閻浮提，梵語。據《大智度論》三十五的記載，閻浮，樹名；提，即「洲」之意。或譯為「瞻部洲」。佛教傳說中須彌山的四大洲之一，為眾生所居，即人間。惠昕本以下諸本多改「提」為

「於」，另於句下增加「城邑聚落，悉皆漂流」八字，似可不必。

❾ 不假文字——不需要借用經論文字來證明。

❿ 龍王——群龍之王。與上文的「大龍」可以合看。佛教傳說中，龍可興雲行雨，亦可化為人形，護持佛法。

⓫ 有情無情——泛指宇宙萬物。有情，指眾生。無情，指草木之類。

【直譯】

諸位能知善識的師友施主！如果想要證悟極為奧妙的法性、證悟「般若」真諦的人，就必須修行「般若波羅蜜」的法門，只要修持《金剛般若波羅蜜經》一卷，就能夠悟見本性，證入「般若」的真諦。大家應當知道這樣的人，功德不可限量。該佛經中清清楚楚有許多讚嘆文字，這裡不能夠一一詳細引述說明。

這是最最上乘的法門，專為具有大智慧、上等稟賦的人來立說的。缺少利根智慧的人，如果聽到這種法門，心中不會產生信任的想法。什麼原因如此呢？這就好像大龍如果興雲下大雨，所下大雨可以漂浮起閻浮提的土地，就像是漂浮起草葉一般；可是如果下的大雨，雨水下在大海之中，那麼海水就仍然不增不減，沒有什麼變化。這也就好像修持大乘佛教的人，聽到別人誦解《金剛經》，就心地豁然，開悟了解了。

因此知道眾生本性之中，本來就有「般若」的智慧，自己可以用智慧來觀照自己，不需要依靠經論文字來證悟。這就好像那些大雨水，不是從天而有，而是原來大龍王在江海之中，靠自身引導這些雨水，來使一切眾生、一切草木、一切有感情沒感情的事物，全都蒙受到雨水的滋潤。所有的江水，眾多的河流，最後都流入大海之中。大海收納了所有眾多的江水河流，合而成為一個大整體。眾生本性中的「般若」的智慧，也都是如此。

【新繹】

此章和下章合在一起，可以說明持誦《金剛經》的功用。它可以幫助持誦者深入了解真如佛性的精蘊奧義，並且開悟自性，成就佛道。

此章先讚頌《金剛經》是最高至上的度人法門，說它是為大智上根之人所說的法，小智鈍根的人不容易了解。可見前者所說大智上根之人，兼指信奉大乘者，而後者則專指小乘。這一章從前者言，所以說：「若大乘者，聞說《金剛經》，心開悟解。」下一章從後者言，所以說：「少根之人，聞說此頓教……」如何如何。

然後，惠能引用佛教傳說中龍能興雲行雨的故事來作譬喻，說同樣是龍下大雨，如果下在四大洲的南方「閻浮提」，即眾生所居的人間，那麼就會氾濫成災，使整個地方漂浮起來；但如果下在大海裡，則於大海無增無減，不會有什麼變化。

這個譬喻，是借龍指《金剛經》，借雨水指所弘的法，借「閻浮提」指自利的小乘或所謂小根小智者，借「大海」指濟眾的大乘或所謂「大智上根人」。

龍在佛教傳說中，常是佛教的護法，文中特別提到龍王引水，這與《金剛經》之為佛經中的「最上乘法」，是非常恰當的比擬。文中說「龍王於江海中將身引此水，令一切眾生，一切草木，一切有情無情，悉皆蒙潤。諸水眾流，卻入大海。海納眾水，合為一體」，這一大段文字，是承接上文，說明大智上根的人，聽到《金剛經》的經文，就明白它所說的道理，「心開悟解」，了解它的好處。可是對於缺少慧根的小根小智者而言，「心不生信」，卻有如大雨下在「閻浮提」，不但沒有沾溉眾生，而且氾濫成災。然而，大雨是無處不下的，就像佛的法性是無處不在的，這也就是下一章所要闡述的論點。

在前面若干章節中，提到「大師言」一語時，筆者曾經一再強調：那應該是六祖惠能引述以前佛教經論或以前禪師的言論，而非惠能自稱。這與以前講解《六祖壇經》的學者看法頗為不同，筆者要在這裡略作交代。《壇經》既是六祖惠能所講，弟子法海所記，文中的「大師言」，按理說，應該是指惠能，但我們應該注意《壇經》的內容，實際上包含了三大部分：一是記敘惠能求法得法的經過；二是記述惠能講解「摩訶般若波羅蜜法」及「受無相戒」的部分；三是記錄惠能與聽眾信徒及其弟子討論佛法的言談行誼。第一、第三部分的「大師」，自指惠能無疑，但第二部分惠能口中的「大師言」，則應分別觀之。例如這一章開頭一段所說的：「當知此人（按：指持誦《金剛經》者）功德無量，經中分明讚嘆，不能具說。」這就是表示惠能知道哪些地方引述了《金剛經》的內容要點或其偈頌文字。郭朋的《壇經校釋》、歐文樂的《敦煌本六祖壇經校釋》等等，都曾就此從《金剛經》中舉證了一些「功德無量」的實例，說明了六祖惠能在登壇說經、闡揚佛法時，必然會引用到佛教經論或其他大師的觀點。那時候他所說的「大師言」或所謂「經中分明讚嘆」，說的是別人，而非惠能自己。這也是無庸置疑的。

【宏一偈曰】

根智有上下，大乘解聞經。譬海納眾水，龍王起滄溟。

第33章

般若頓教

少根之人❶，聞說此頓教，猶如大地草木根性自少者，若被大雨一沃❷，悉皆自倒〔一〕，不能增長。少根之人，亦復如是。有般若之智，與大智之人亦無差別，因何聞法即不悟？緣邪見障重❸，煩惱根深，猶如大雲蓋覆於日，不得風吹，日無能現。般若之智，亦無大小。為一切眾生自有迷心，外修覓佛❹，未悟自性，即是小根人。聞其頓教，不信〔二〕外修，但於自心，令自本性常起正見，一切邪見煩惱、塵勞眾生，當時盡悟❺，猶如大海納於眾流，小水大水合為一體，即是見性。

內外不住❻，來去自由，能除執心，通達無礙。心修此行，即與《般若波羅蜜經》本無差別。

【校記】

〔一〕原本「悉」作「迷」，「倒」作「到」，據敦煌本、惠昕本校改。

〔二〕「信」字，鈴木校本改作「假」，似不必。

【注釋】

❶ 少根之人——缺少慧根的人。即前一章所謂小根小智者。

❷ 沃——灌洗，淹沒。

❸ 緣邪見障重——因為邪見障蔽了般若之智，非常深重。緣，因為。

❹ 外修覓佛——依靠外在形式的修行工夫，來尋求佛法。

❺ 當時盡悟——即時完全開悟了。當時，此指即時、頓時。

❻ 內外不住——內不住於空，外不住於相；內心不執著性空，外在不執著色相。下文第四十六章惠能對法達所說的：「外迷著相，內迷著空。於相離相，於空離空，即是不迷。」意思說得更為明白。

【直譯】

缺少慧根的人，聽說了這種頓悟的教義，就如同大地上的草本，根性本來就自己缺少的，如果被大雨一旦澆灌，就全部都自己倒下了，不能再增高長大。缺少慧根的人，也就是像這個樣子。他們原有的般若之智，與大智上根的人也沒有什麼差別的，但為什麼聽到頓悟的教義卻不能開悟呢？這是因為邪見的障蔽非常深重，煩惱的根柢非常深固，就好像大片的濃雲遮蓋了太陽，沒有大風來吹散，太陽就不能再出現了。

般若的智慧，本來也沒有大小的分別。都是因為一切眾生自己有迷惑之心，想靠外在形式的修行，來尋求佛法，沒有悟見自己的心性，因此就成為小根小智的人。如果有人聽到那種頓悟的教義，不迷信外在形式的修行工夫，只在自己心中，讓自己的本性常常起動正確的見解，那麼一切因邪見而產生的煩惱、為塵勞而困頓的眾生，都會即時完全開悟，就如同大海收納了眾多的河川，不論小河流、大河流，都合為一體了。這就是悟見了本性。

內心外相都能不著迷，來往都能自由自在，能夠消除執著的念頭，流通暢達而沒有阻礙。心中修持這樣的法門，就跟《般若波羅蜜經》在基本上沒有什麼差異了。

【新繹】

此章承接上章，以雨水比喻佛法，即般若波羅蜜。上章說大智上根之人像大海，大雨之後，百川灌河入海，海納百川而成其大，有如大智上根之人一旦聽到佛法，就能豁然開悟；而此章則說小根小智之人，就像「閻浮提」上的屋舍草木，不但沒有得到雨水的滋潤，而且「根性自少」，因而「被大雨一沃，悉皆自倒，不能增長」。同樣是遇到大雨，同樣是聽到佛法，為什麼有這樣大的差異呢？

對於這樣的問題，可能有人會歸因於大智上根的人和小智小根的人，在先天上原本就有很大的不同，但惠能卻認為不然。惠能認為人的根性雖有利根、鈍根的差異，但就開悟人心性的佛法而言，卻有一個共同的目標，那就是能悟見本性。只要能悟見本性，就沒有頓漸快慢的分別。所以第十八章他就曾說：「法無頓漸，人有利鈍。迷即漸勸，悟人頓修。識自本心，是見本性。悟即元無差別，不悟即長劫輪迴。」在這一兩章中，他也再次的強調：大智小智二者雖然根性不同，但都同樣「有般若之智」。為什麼聽聞佛法時，會有悟、迷的不同，都是由於「邪見障重，煩惱根深」的緣故。

那麼，要如何消除邪見煩惱呢？惠能告訴大家，要「修般若波羅蜜行」，不過這是對大智上根人而說的頓悟之法。對於一般小智小根的世人而言，不妨「持《金剛般若波羅蜜經》一卷」，用心修行。只要最後能夠開悟參透，結果也就與前者並無差別。

【宏一偈曰】

淺根無韌性，雨沃悉自倒。小智亦如是，執迷多煩惱。

第34章

萬法一心

一切經書及文字，大小二乘、十二部經❶，皆因人置❷，因智慧性故，故然能建立。我若無智人〔一〕，一切萬法本亦不有。故知萬法，本從人興；一切經書，因人說有。

緣在人中，有愚有智。愚為小故〔二〕❸，智為大人。問迷人於智者〔三〕❹，智人與愚人說法，令使愚者悟解心開。迷人若悟心開，與大智人無別。故知不悟，即佛是眾生；一念若悟，即眾生是佛。

故知一切萬法，盡在自身心中。何不從於自心，頓見真如本性。《菩薩戒經》云：「我本源自性清淨。」❺識心見性，自成佛道。「即時豁然，還得本心。」〔四〕❻

【校記】

〔一〕此句敦煌本同，惠昕本改作「若無世人」。

〔二〕敦煌本作「少故」，惠昕本改作「小人」。

〔三〕此句敦煌本同，惠昕本改作「愚人問於智者」。

〔四〕末二句，惠昕本注明出自《淨名經》（即《維摩詰經》）。

【注釋】

❶ 十二部經——又稱「十二分教」，指小乘大乘佛教全部的經典。據《大智度論》說，一切佛經依其形式與內容，可以分為下列十二種類：一、修多羅（以散文形式講述法義之「契經」、「長行」），二、祇夜（以偈頌形式重述經義之「重頌」、「應頌」），三、伽陀（純然獨立而不依散文之「諷頌」、「孤起頌」），四、尼陀那（序說佛之說法緣由的「因緣」），五、伊帝目多伽（說諸弟子過去世因緣的經文，即「本事」），六、闍陀伽（佛說自身過去世因緣的經文，即「本生」），七、阿浮陀達摩（記佛現種種不可思議之神力，漢譯「未曾有」），八、阿波陀那（即「譬喻」），九、優波提舍（記佛與弟子等人之問答辯析，即「論議」），十、優陀那（無問法因緣而佛自說的經文，即「自說」），十一、毗佛略（闡述方正廣大的佛理，即「方廣」），十二、和伽羅那（記佛授菩薩成佛之預言，即「授記」）。前面三種為經文的體裁，後面九種皆僅依事立名。有人合之而成一頌云：「長行、重頌並授記，孤起、無問而自說，因緣、譬喻及本事，本生、方廣、未曾有，論議俱成十二名。」

❷ 皆因人置——都是依照眾生根性智慧的不同而設立的。

❸ 愚為小故——敦煌本作「愚為少故」，「小」「少」通用。是說愚人都是為了缺少智慧的緣故。

❹ 問迷人於智者——是說向智者請教愚者所以成為迷道之人的原因。惠昕本以後，多改作「迷（愚）人問於智者」，似可不必。

❺ 《菩薩戒經》云二句——《菩薩戒經》，即《梵網經》，為《梵網經・盧舍那說菩薩心地戒品第十》的部分。請參閱本書第二十一章校注部分。查今《梵網經》卷下有云：「吾今當為此大眾，重說無盡藏戒品，是一切眾生戒，本源自性清淨。」或有易「我本源自性清淨」為「戒本源自性清淨」，恐非是。

❻ 即時豁然二句——即悟見本性清淨之意。二句語出《維摩詰經・弟子品》。維摩詰，意譯即「淨名」、「無

垢」，故惠昕本等在此二句前加上「《淨名經》云」，正確無誤。至於《壇經》於此何以沒有標明出處，則不詳其故。或係抄錄者一時脫漏，抑且以為人盡皆知，不必注明，亦未可知。

【直譯】

一切經典書籍以及文字資料，大乘小乘所有的十二部佛經，都是因人而設的。因為智慧根性不同的緣故，所以才能這樣分為十二部建立起來。假設我們都是沒有智慧根性的人，那麼所有千千萬萬事物的現象，根本也就不存在了。由此可知千千萬萬事物的現象，是跟隨人的知覺而產生的；所有的佛經書籍，也都因為人的解說而存在。

因為在眾生之中，有愚癡的人，也有聰慧的人。愚癡是缺少智慧根性的，聰慧則是大智上根的人。向有智慧的人請教愚癡迷惑的人該怎麼辦，有智慧的人因此才會向愚癡迷惑的人來解經說法，使得愚癡的人能夠領悟了解，心地明朗。原先迷惑的愚者如果一旦開悟了，心地明朗，那麼就與大智上根的人沒有差別了。因此我們知道：沒有開悟前，即使是佛，也如同是眾生；一旦心念開悟了，那麼即使是眾生，也會變成了佛。

因此可以明白：一切宇宙萬有的現象，都完全在我們自己的心性之中。為什麼不從我們自身的心性之中，來即時悟見真實自在的本性呢？《菩薩戒經》說的：「我們眾生心性的本源，本來就是天生清淨無染的。」只要能夠認識初心，悟見本性，自然能成就佛道。《維摩詰經》也說：「即時豁然開悟，回復清淨的本性。」

【新繹】

這一章旨在說明一切佛教經書文字，全都為向眾生世人說法而設。人有智有愚，因而十二部經的敘述方式和內容重點，也都各有不同。但不論《金剛經》也好，《菩薩戒經》或《維摩詰經》也好，它們立論的目的，都是要告訴眾生：真如本性就在人人自身之中，只要能悟得本心，那就與佛無異了。

文中「一切經書，因人說有」等語，宜多用心體會。這是說佛經是用來認識佛法的，對學佛修道的人來說，認識佛法、成就佛道，才是真正的目標，如果有人未讀佛經，沒有透過佛教經典文字，就能參透佛法，成就佛道，那就是上文所說的大智上根人。但這樣的人非常之少，大多數的人都需要依性之所近，經過種種不同佛教經典的閱讀、聽講，透過其他智者的引導，才能認識佛法。這樣的人最容易犯的毛病，就是偏執於埋首經卷之中，或醉心於奧義之內，而忘了認識佛經的真正道理和學佛修道的真正目的。《首楞嚴經》卷二即曾有如下的指月之喻：

> 如人以手指月示人，彼人因指當應看月；若復觀指以為月體，此人豈唯亡失月輪，亦亡其指。何以故？以所標指為明月故。豈唯亡指，亦復不識明之與暗。何以故？即以指體為明月性，明暗二性無所了故。

「指」比喻佛經典籍的語言文字，「月」比喻認識佛法、成就佛道。偏偏有人看「指」不看「月」，錯認佛經是佛法本身。惠能有鑑於此，所以特別強調佛經乃因向人說法而設，並非佛法本身。真正的佛法就在人的自身心中，只可領悟，而難以言說。易言之，佛經只是幫助人開悟而已，而非等於佛法本身。

至於引用《菩薩戒經》（即《梵網經》卷下）和《維摩詰經》（即《淨名經》）來說明自性清淨的道理，惠能在前面第二十一章也已有以下的一段話：

> 善知識！見自性自淨，自修自作自性法身，自行佛行，自作自成佛道。
>
> 《維摩經》云：「即時豁然，還得本心。」《菩薩戒》云：「本源自性清淨」。

前後對照，更能體會其呼應之妙。而且拿來核對今傳《大正藏》本《梵網・菩薩戒經》的「我本盧舍那佛心地中，初發心中常所誦一戒……」、《維摩詰所說經・弟子品》的「回向阿耨多羅三藐三菩提，即時豁然，還得本心」等等文字，也可以對惠能之於佛經的「斷章取義」，有進一步的理解。

【宏一偈曰】
經書為人設，悟解在箇人。悟者自成佛，不悟墮烟塵。

善知識！我於忍和尚❶處一聞，言下大悟，頓見真如本性。是頓以教法流行後代〔一〕❷，令〔二〕學道者頓悟菩提，各自觀心，令自本性頓悟。

若能〔三〕自悟者，須覓大善知識示道見性。❸何名大善知識？解最上乘法，直示正路，是大善知識，是大因緣❹。所為化道，令得見佛。一切善法，皆因大善知識能發起❺故。

三世諸佛，十二部經，在人性中本自具有，不能自悟，須得善知識示道見性。若自悟者，不假外求善知識❻。若取❼外求善知識，望得解脫，無有是處。識自心內善知識，即得解脫。若自心邪迷，妄念顛倒，外善知識即有教授❽，汝若不得自悟，當起般若觀照，剎那間，妄念俱滅，即是自真正善知識。

一悟即至佛地，自性心地，以智慧觀照，內外明徹，識自本心。若識本心，即是解脫。既得解脫，即是般若三昧。

悟般若三昧，即是無念。

【校記】

㈠「是頓」，敦煌本作「是故」。此句後人或改作「是故將此教法流行後代」。

㈡原本「令」作「今」，據惠昕本改。

㈢「若能」，惠昕本改作「若不能」，後人多從之。未必是。

【注釋】

❶忍和尚——指五祖弘忍大師。和尚，是對僧人的尊稱。

❷是頓以教法流行後代——因此即時以此教法流傳給後代的修道者。惠能接受五祖傳授衣法後，即返嶺南，並於大庾嶺上開悟陳惠明。今人多據惠昕本等改此句為「是故將此教法流行後代」，辭意都較為明確。

❸若能自悟者二句——是說聽聞佛法即能自行悟道的人，必須找到「大善知識」來開示明心見性之道。前面第三十二章說「修般若波羅蜜行」是「最上乘法，為大智上根人說」，即指此而言。「大善知識」當然比「善知識」高，猶言大師。

❹大因緣——是說學道者所以能夠明心見性的主要原因。亦即下文所說的「化道」（即化導）。《法華經・妙莊嚴品》：「善知識者，是大因緣，所謂化導。令得見佛，發阿耨多羅三藐三菩提心。」阿耨多羅三藐三菩提，梵語，即無上菩提。

❺發起——啟發，啟動。

❻不假外求善知識——不必憑藉身外之物，例如佛經、禪師等等，去追求善知識。

❼取——選取，選擇。

❽外善知識即有教授——外在的善知識（如諸佛、佛經等等），就會有所教導傳授。外善知識，承上文「外求善知識」而言，與「識自心內善知識」相對。內善知識，應指般若之智。惠昕本等在此句下補「救不可得」一句，恐非是。蓋既「救不可得」，則應無下文「當起般若觀照，剎那間，妄念俱滅」等句。

【直譯】

諸位能知善識的師友施主！我在弘忍大師那裡，一聽「本源自性清淨」等等的佛法，言下就大徹大悟了，頓時悟見自己心中的真如本性；也因此馬上將此教法流傳給後代的人，使求佛學道的人能夠頓悟菩提，各自觀照自身的心性，讓他們從自身的心性之中去頓然開悟。

如果是能夠自己開悟的人，必須找到「大善知識」（具有大智慧、好學識的大師或經典）來開示大道，明心見性。什麼叫做「大善知識」呢？能夠悟解最高無上的法門，直接指示正確的道路，就是「大善知識」，就是最重要的因緣。它所謂教化開導的作用，使得學道者可以悟見自身的佛性。一切好的法門，都是因為「大善知識」能有所啟發的緣故。

三世諸佛所具備的智慧，十二部經所闡揚的道理，在人的心性之中，本來就自己具備擁有。不能自己悟見的話，就必須得到「善知識」來開示大道，才能明心見性。如果能自己悟見的，就不必憑藉外在的事物，追求「善知識」來開導。如果選擇外在的事物，追求「善知識」，而希望得到解脫，那就沒有可以肯定的地方了。

認識自己心中內在的「善知識」（即般若之智），就可以得到解脫。如果自己內心邪曲迷亂，虛妄的念頭是非顛倒，外在的「善知識」（諸佛、佛經等等）就會有所教導傳授。你如果不能自己開悟，就該當發動般若之智來觀照自己，在剎那之間，使虛妄的念頭全部消失，這樣才是自己真正的「善知識」。

一旦開悟，就會達到佛的最高境界。在自性清淨的心地上，用智慧來觀察照見，內心外物都很清明透徹，識得自身的本性初心。如果識得自身的本性初心，那就是解脫了。既然得到解脫，那就是「般若三昧」的境界。

悟得「般若三昧」，就是「無念」。

【新繹】

這一章進一步說明學道者有智者、愚者的不同。智者能自悟，愚者不能自悟。智者即使能自悟，終須有「大善知識」即精通最上乘佛法的大師來化導，才能開示內心中的般若之智，見性成佛。惠能所以能在弘忍大師處一聞，「言下大悟，頓見真如本性」，是因為他不但先淨心求法，而且有慧根；同樣的，陳惠明在大庾嶺聽惠能傳法，所以能「得聞，言下心開」，也是因為他不但先淨心求法，而且有慧根。即使如此，還是需要有「大善知識」來點化開示。「大善知識」可以指「最上乘法」的十二部經，也可以指精通佛法的三世諸佛。

惠能以為三世諸佛的智慧，十二部經的道理，每個人的身上心中，都早已具有這些因素種子，三世諸佛和十二部經只是開導幫助你去自己發覺悟見自己的真如本性而已，而不是把般若智慧和佛經至道，真的傳授給你，讓你由無而有。也因此，他強調「善知識」有內外之分。外善知識，是指幫助開導你悟道見性的對象，如果你「自心邪迷，妄念顛倒」，他就無從化導；內善知識，是指眾生心中的般若之智，它早已具備在人人自性之中，開悟時，只要以智慧觀照即可見性解脫，所以才是真正的善知識。而上文所說的「無念」，也才在這裡找到了源頭。

【宏一偈曰】

何謂善知識，能解上乘法。悟得本心時，經籍何須狎？

第36章

悟無念法

何名無念〔一〕？無念法者，見一切法，不著一切法〔二〕；遍一切處，不著一切處，❶常淨自性，使六賊〔三〕從六門走出❷；於六塵中不離不染，來去自由，即是般若三昧，自在解脫，名「無念行」。

莫百物不思，當令念絕，❸即是法縛❹，即名邊見❺。悟無念法者，萬法盡通。悟無念法者，見諸佛境界。悟無念頓法者，至佛位地。

【校記】

〔一〕據下句，疑此句應作「何名無念法」。

〔二〕原本無「不著一切法」五字，據敦煌本補。

〔三〕「六賊」，敦煌本同，鈴木校本改為「六識」。以不改為宜。

【注釋】

❶ 見一切法四句——就是上文「於念而不念」的意思。

❷ 使六賊從六門走出——使眼（視覺）、耳（聽覺）、鼻（嗅覺）、舌（味覺）、身（觸覺）、意（思慮）等

六識所引起的種種塵染妄想，從這六根中離開。佛家以為眼、耳等六根，容易攀緣外境，賊害本性，而生色、聲、香、味、觸、法六種境相妄念，所以稱為「六賊」，又稱「六塵」。善惡是非種種念頭，皆從六根進出，故稱「六門」。

❸ 莫百物不思二句——切莫一切事物不想，那一定會讓心念斷絕。

❹ 法縛——受法約束，即「法執」。

❺ 邊見——即偏見。片面極端的見解。

【直譯】

什麼叫做「無念（法）」呢？無念法門的意思，就是見到一切宇宙萬有的現象，卻不執著於一切宇宙萬有的現象；歷遍一切地方，卻不執著於一切地方。時常清淨自己的心性，使賊害身心的六種塵染妄念，從眼、耳、鼻、舌、身、意等六根中脫離出去，使自己的心性在六種塵染之中，既不離棄，也不染著，來去無礙，自由自在。這就是「般若三昧」，自在解脫，稱為「無念行」——於念而不念的修行。

千萬不可對任何事物都不關心，那樣一定會讓心思斷絕了，這就是為法所縛，也就稱為偏見。能夠領悟無念法門的人，對於一切宇宙萬有，一定全都通達無礙。領悟無念法門的人，一定看見三世諸佛的境界。領悟無念頓法的人，一定達到佛果的境地。

【新繹】

這一章說的是「無念法」。第一句先以「何名無念」設問，第二句即以「無念法者」開頭，可見所要闡釋的是「無念法」，而不只是「無念」。

佛家所說的「法」，泛指世間的一切事物。惠能所主張的「無念法」，是從「於念而不念」亦即「不離不染」的觀點去立論的，所以他不是主張人要閉目塞聽，不聞不問，斷絕一切思想，而是主張對世間的一切事物，都不要有偏執的想法。所謂「見一切法，不著一切法；遍一切處，不著一切處」，就是這個意思。否則，就會被所執著的事物羈絆限制，產生了偏見。這於修道來說，並無益處。能夠如此，才算懂得般若三昧，才算證得佛果。

「莫百物不思」的「莫」，是切莫、千萬不要的意思，頗見叮嚀囑咐之意。惠昕本以下，多改之為「若」。「若」是假設之辭，其實反而不如原字「莫」的強勁有力。惠昕本以下的契嵩本、宗寶本，改動原抄本，固然很多地方改得文理明暢，但也有些地方改得不好，像這個例子就是。

【宏一偈曰】
須知無念法，先從念中行。不離亦不染，有無本相生。

第37章

傳與不傳

善知識！後代得吾法者〔一〕，常見吾法身❶不離汝左右。

善知識！將❷此頓教法門，同見同行❸，發願受持❹。如是，佛教終身受持而不退者，欲入聖位，然須傳受。❺從上已來，默然而付衣法，發大誓願，不退菩提❻，即須分付❼。

若不同見解，無有志願，在在處處❽，勿妄宣傳，損彼前人，究竟無益。若愚人不解，謗此法門，百劫千生❾，斷佛種性❿。

【校記】

〔一〕原本缺「法」字，據敦煌本、惠昕本加。

【注釋】

❶ 法身——這裡不是泛指一般世俗所見的物質形象，而是指惠能悟道得法之後的真身。

❷ 將——這裡是奉、持的意思。

❸ 同見同行——一起見證，一起奉行。

❹ 發願受持——立下誓願，領受不忘。《勝鬘經‧寶窟》：「始則領受在心，曰受；終則憶而不忘，曰持。」

❺ 如是四句——是說如果能像上述這樣子，終身受持佛祖教義，而不退讓，即可傳授衣法，繼承祖師聖位。欲，將。受，同「授」。

❻ 不退菩提——堅持不讓，覺性不離。

❼ 分付——交付，給與。這裡是「傳位」的意思。

❽ 在在處處——到處，任何地方。

❾ 百劫千生——經歷千百世代劫數。比喻時間的長久。

❿ 種性——種子、根性。即根源。

【直譯】

諸位能知善識的師友施主！後代得到我法門真傳的人，一定常常看到我的法身沒有離開你的身邊。

諸位能知善識的師友施主！請修持這個頓教的法門，一起見證，一起奉行，立下宏願，領受修持。

像上述這樣子，對佛法教義終身領受修持，而不會退讓的人，將可繼承祖師的寶座，但還必須傳授衣法。從很早以來，都默默的傳授衣法信物，只要立下宏大的誓願，堅守菩提正覺，不會退讓，就一定會交代傳位。

如果有不同的見解，沒有弘法的志願，隨時隨地都不要隨便宣揚傳授，那會損及那些前代祖師，畢竟沒有好處。如果愚癡之人不了解，誹謗這一法門，那麼百劫千生、世世代代，都會斷絕了成佛的根源。

【新繹】

這一章是六祖惠能登壇說經的結束說辭，表示希望有人接受他的「無念法」，修持頓悟的法門，「同見同行，發願受持」。如果有這樣的人，「終身受持而不退」，將可繼位為祖師。雖然傳授衣法不公開，但一定會有交代。以下分兩層來說明不依法修道的人：一是對佛法有不同的見解，沒有弘法的志願，這種人不必對他多費唇舌，因為多說無益；一是不能理解佛法真諦，卻又橫加謗訕的人，這種人必定百劫千生，流轉於生死輪迴的苦海之中，永遠不能解脫。

惠昕本以下，多改易字句，如在「同見同行」上加「於」字，而「如是佛教」句也改作：「如事佛教」，並於此處斷句，像這些地方也都改得不好，有失本意。

【宏一偈曰】

衣法傳不傳，端看受持者。見解若不同，莫依法門下。

第38章

無相滅罪

大師言：善知識！聽吾說〈無相頌〉，令汝迷者罪滅。亦名〈滅罪頌〉。頌曰：

愚〔一〕人修福不修道，❶
謂言修福如〔二〕是道。
布施供養❷福無邊，
心中三業元來造〔三〕。❸

若將修福欲滅罪，
後世得福罪元在〔四〕❹。
若解向心除罪緣，
各自性中真懺悔。

若悟大〔五〕乘❺真懺悔，
除邪行正即無罪。
學道之人能自觀，

即與悟人同一例〔六〕❻。
大師❼今〔七〕傳此頓教，
願學之人同一體。
若欲當來覓本身，❽
三毒惡緣❾心裡洗。
努力修道莫悠悠❿，
忽然虛度一世休。
若遇大乘頓教法，
虔誠合掌志心⓫求。

【校記】

〔一〕原本作「遇」字，據敦煌本改。
〔二〕「如」，敦煌本作「而」。
〔三〕原作「在」，據惠昕本改作「造」。
〔四〕原作「造」，據惠昕本改作「在」。
〔五〕原本「大」作「六」，據敦煌本改。

〔六〕「例」，惠昕本改作「類」。
〔七〕「令」，敦煌本作「令」。

【注釋】

❶ 愚人修福不修道——愚癡的人只知布施設齋，修造福田，卻不知修行佛道，清淨心地。

❷ 布施供養——以慈悲之心提供財物智慧來幫助別人。佛家稱施主為「檀越」或「檀那」。

❸ 心中三業元來造——心中貪、瞋、癡三種罪業卻像原來那樣產生。三業，原指身業、口業、意業，這裡是指由它們而產生出來的三種惡念，所以惠昕本以下將此「三業」改為「三惡」。「造」原作「在」，惠昕本以下據文意改作「造」，又可與「道」字叶韻。從之。

❹ 罪元在——心中的罪業仍然像原來那樣存在著。「在」字原作「造」，惠昕本以下改作「在」，以與下文「悔」字叶韻。從之。

❺ 大乘——指大乘佛法。文中的「真懺悔」，應指無相懺悔而言。

❻ 一例——一樣，一類。

❼ 大師——這裡應指惠能以前的前代祖師。

❽ 若欲當來覓本身——如果想要將來印證自己的心性。當來，未來、將來的意思。佛家所謂「三世」或「三際」，指「去、來、今」，亦稱「已、今、當」。本身，亦即自性、本心。《頓悟入道要門論》上：「問其心似何物。答：其心不青不黃、不赤不白、不長不短、不去不來、非垢非淨、不生不滅，湛然常寂。此是本心形相也。亦是本身。本身者，即佛身也。」

❾ 三毒惡緣——即貪、瞋、癡三種造惡的因緣。

❿ 悠悠——這裡是忽悠、等閒輕視的意思。

⓫ 志心——誠心，由衷。惠昕本等改「志」為「至」，似可不必。

【直譯】

大師說道：諸位能知善識的師友施主！請聽我來解說〈無相頌〉，使你們當中迷惑的人罪業可以消除。因此又稱為〈滅罪頌〉。頌辭這樣說：

愚癡的人只修福報，不修佛道，
卻說修行福報，就像是修佛道；
布施供養他人，福德無邊無際，
可是心中三種罪業卻仍舊營造。

如果要用修行福德來滅除罪業，
後世雖得福報，罪業卻還存在；
如果懂得向心中消除罪業根由，
各自都應從自性中真誠來悔改。

如果領悟大乘教義真誠來悔改，
除邪念，行正道，就沒罪業了；
學道求法的人，若能自我觀照，
那就跟悟道的佛陀沒有分別了。

前代祖師至今流傳這頓教法門，
希望學道求法的人一起來體認；
如果想要將來能找到自我法身，
貪瞋癡三毒惡緣就要心中洗淨。

努力修行佛道，切莫等閒忽視，
否則很快就虛度了一生萬事休；
如果有幸遇上大乘頓教的法門，
就該虔誠合上十指真心來追求。

【新繹】

惠能登壇說法，即將完畢之際，再為大家解說〈無相頌〉。開頭的「大師」，自指惠能無疑。但核對下文第四十二章惠能所自作的〈無相頌〉，極有可能這一首以滅罪為主要內容的〈無相頌〉，是以前的「大師」所作。如此「大師」則未必指惠能。

這一章介紹的〈無相頌〉，內容以滅罪為主，所以也叫做〈滅罪頌〉。因為內容強調「無相」和「滅罪」，彷彿與「無相懺悔」有關，所以惠昕本以下，例如最通行的宗寶本，就將此頌改列於〈懺悔品第六〉之末，而在〈般若品第二〉中，另列「說通及心通，如日處虛空」的〈無相頌〉一首長偈。我們知道在佛教的所謂「十二部經」之中，最常見的三種經文體裁，是「契經」「應頌」和「諷頌」。「契經」是以直說的長行散文來記載經文，所以也叫「長行」；「應頌」是以偈頌的形式來重複闡述「契經」所說的教義，所以也叫「重頌」；「諷頌」則是直接以偈頌來揭示教義，不依經典散文而單獨成立，所以也叫「孤起頌」。這首無相滅罪頌，既契合以上諸章長行論敘的經說，又似孤起單獨成立的偈頌，可謂是兼有「諷頌」性質的「重頌」。

這首偈頌共二十句，每四句一偈。每偈之中，各自押韻，以便唱誦。就因為每偈之中，各自押韻，所以第四句的「心中三業元來造」，筆者據惠昕本等的「造」字，來校改敦煌諸本的「在」字，因為「造」才可以與第二句的「道」字叶韻。同樣的道理，第六句的「後世得福罪元在」，「在」字敦煌寫本原作「造」，「造」與第八句的「悔」字不能叶韻，「在」字才能與「悔」字叶韻，所以筆者據惠昕本以下三本來校改。從這些地方看，我們又可知道，惠昕本、契嵩本、宗寶本對於敦煌寫本等早期傳本的改動，有的地方作了合理的修正，改得不錯。

此頌五偈，第一偈（一至四句，以下類推）說明愚癡之人常把修德和修道混為一談，不知修得福德和滅罪悟道的功德實為二事。第二偈說明若要滅罪悟道，必須從自性中去真心懺悔。第三偈說明真心懺悔，亦即大乘教中的「無相懺悔」，若能自我觀照，即同悟道者無異。第四偈說明此自我觀照的頓悟教法，乃從前祖師所傳授，信奉者自可洗淨三毒惡緣。第五偈說明人生無常，切莫虛度此生，應誠心向佛，學此大乘頓教法門。層層推進，說理井然，用語又明白淺近，自然容易受到當時聽眾的歡迎。

【宏一偈曰】

大乘頓教法，應向自性求。滅罪真懺悔，修道莫悠悠。

第39章

達摩宗旨

大師說法了，韋使君、官僚、僧眾、道俗，讚言無盡，昔所未聞。

使君禮拜，白言❶：「和尚說法，實不思議❷。弟子當〔一〕有少疑❸，欲問和尚，望意❹和尚大慈大悲，為弟子說。」

大師言：「有疑即問，何〔二〕須再三。」

使君〔三〕：「聞法，可不如是西國第一祖達摩祖師宗旨？」〔四〕❺

大師言：「是。」

「弟子見說達摩大師代〔五〕❻，梁武帝❼問達摩：朕❽一生已來，造寺、布施、供養，有功德否？達摩答言：並無功德。武帝惆悵，遂遣達摩出境。未審此言，請和尚說。」

六祖言：「實無功德，使君勿疑達摩大師言。武帝著邪道❾，不識正法。」

使君問：「何以無功德？」

和尚言：「造寺、布施、供養，只是修福，不可將福以為功德。功德在法身，非在於福田〔六〕。自法性有功德，平直是佛性〔七〕。外行恭敬。若輕一切人，吾我不斷

❿，即自無功德。自性無功德〔八〕，法身無功德。念念行平等真心〔九〕，德即不輕。常行於敬，自修身即功，自修心即德。功德自心作，福與功德別。武帝不識正理，非祖大師有過。」

【校記】

〔一〕原本作「當」，敦煌本同，鈴木參惠昕本改作「今」字，潘重規校本作「尚」。皆通。

〔二〕原本缺「何」字，據敦煌本補。

〔三〕「使君」下省「言」「問」等字，此古文常見。

〔四〕原本「祖」作「師」字，據敦煌本改。此一整句，惠昕本作：「使君問：可不是達摩大師宗旨乎？」宗寶本作：「韋公曰：和尚所說，可不是達摩大師宗旨乎？」

〔五〕「代」字，惠昕本校改作「化」，斷句為「達摩大師化梁武帝」。

〔六〕原本缺「田」字，據敦煌本加。

〔七〕此句敦煌本作「平直是德佛性」。

〔八〕此句敦煌本作「自性虛妄」。

〔九〕「真心」或作「直心」。敦煌寫本「直」「真」不分。

【注釋】

❶ 白言——告白說。白，陳述、稟告。

❷ 實不思議——即實在不可思議。表示道理高深，思慮不到，無從議論。
❸ 當有少疑——是說聽了高深的言論之後，理當有些疑問請教。少，些許。
❹ 望意——望想。以上皆自謙之辭。
❺ 聞法，可不如是西國第一祖達摩祖師宗旨——所聽的佛法，可不就像是西土第一代祖師——達摩祖師的宗旨？這是呼應上文「實不思議」的問話。
❻ 見說達摩大師代——聽說達摩大師在世的時代。有人連下文改「代」為「化」，說是達摩度化梁武帝，看似文理較為通順，但畢竟沒有度化，故筆者以為不必改字解經。
❼ 梁武帝——蕭衍（四六四～五四九），南朝南蘭陵（今江蘇武進縣西北）人。仕齊而後篡位，為梁朝開國之主，在位四十八年。武帝，諡號。他愛好文學，崇信佛教，曾經捨身出家。世稱「皇帝菩薩」。
❽ 朕——我。秦始皇以後皇帝的自稱。
❾ 著邪道——沾染不正當的觀念。佛家常把其他宗教學說視為邪教惡道。
❿ 吾我不斷——「我執」的傲慢之心不能斷絕。吾我，即「我執」。

【直譯】

惠能大師解說頓教法門完畢，韋據刺史、官僚、僧侶、修道者及俗眾等等，讚嘆的言辭多得數不完，都說以前從未聽過這樣的妙法。

刺史韋據頂禮朝拜，稟告惠能說：「大師父所說的佛法，實在妙到不可思議。不過弟子理當有一些疑惑，想要請教大師父，祈望大師父大慈大悲，為弟子來解說。」

惠能大師說：「有疑惑就請發問，何必再三說客氣話？」

刺史韋據（問道）：「所聽的佛法，可不就像是西土第一代祖師——達摩祖師所立的宗旨嗎？」

惠能大師答道：「是。」

（刺史韋據又問：）「弟子聽說達摩大師那個時代，梁武帝曾經問過達摩說：我一生以來，建造寺院、布施財力、供養僧眾，應該有功德吧？達摩卻回答說：並沒功德可言。梁武帝感到失望，於是遣送達摩離開梁朝國境。不明白這些話的道理，請大師父解說。」

六祖惠能答道：「實在沒有功德可言，使君不要懷疑達摩大祖師的話。梁武帝染上了邪道，不了解正當的佛法。」

刺史韋據問：「為什麼會沒有功德？」

惠能大師說：「建造寺院、布施財物、供養僧眾等等，只是修行福德，不可以把福德當成是功德。功德表現在自性清淨的法身上，不是表現在世間福報的田地裡。自性法性之中才有功德，平等正直才是本心中的佛性。表現在外的行為，要出乎恭敬的內心。如果輕視所有的人，「我執」的觀念沒有斷絕，那自然沒有功德可言。自性之中沒有功德的話，法身也就沒有功德可言了。如果每一轉念的剎那之間，都能奉行平等正直之心，這樣的功德才不會輕薄。要常常修行在恭敬之中，自己修持法身就是功，自己修持本心就是德。功與德都是從自己心性中產生出來的，福德與功德本來就不相同。梁武帝不了解正當的佛法，並非始祖達摩大師的話有錯。」

【新繹】

這一章以下，是記敘六祖惠能講經完畢之後，與弟子聽眾討論法理、互相問答的部分，屬於「論議」類的經文。此章所記，是記惠能回答刺史韋據何以梁武帝沒有功德的問題。

起先，韋據請教惠能所說的佛法，是否稟承達摩祖師的宗旨。這樣問，有兩層含意，一是問惠能是否得到禪宗的正傳，二是與下面所要請教的問題有關。長久以來，大家傳說達摩祖師曾因批評梁武帝沒有功德，所以被遣送出境，韋據欲知此事的究竟。先問是否得到達摩的真傳，再引到達摩何以批評梁武帝沒有功德的問題。前後的條理非常清楚。尤其是上一章惠能所說的無相滅罪之頌，有「布施供養福無邊」「後世得福罪元在」這類的句子，更可以看出韋據的疑惑所在：梁武帝事佛至誠，常常造寺、布施、供養，為什麼達摩還要批評他沒有功德。

惠能的回答，非常明確。他認為梁武帝只是修福德，將來可以得福報，但並非從本心自性下工夫，所以無法悟見佛性法身，不能說是有什麼功德。這跟上一章的無相滅罪之頌，見解是一致的。

一般人所說的功德，泛指一切行善之後所得的果報。認為建寺、造像、布施、供養等等，都算是功德，有如在田地裡多事耕種，將來必有收穫，所以稱之為福田。甚至認為由此亦可成佛。六祖惠能認為這是把福德、福報與功德混為一談了。以上所說的建寺、布施等等，其實都只是修福德而已，將來可以得福報，但都不能說是有功德，不可能由此悟性而成佛。在惠能的理論體系中，「功德在法身，非在於福田」，「不可將福以為功德」。如果造寺、布施的人，不能「外行恭敬」，沒有「平等真心」，以為做些好事，就該得福報，因而「輕一切人，吾我不斷」，試問如此不知自修的人如何成佛呢？所以惠能於此強調：「自修身即功，自修心即德」，把功德和福德嚴格的區分出來。很明顯的可以看到，惠能所謂功德，是指人對自性清淨的證悟而言，它與福德福報不屬於同一範疇。

因此，惠能以為梁武帝只是有福德，而無功德。換句話說，他以為達摩祖師說的話有道理，不該懷疑。

至於梁武帝是否真的與達摩有此對話，並遣達摩出境，歷來說法不一，此不具論。

【宏一偈曰】
修福非功德，功德在法身。念念行於敬，達摩言諄諄。

第40章

西方淨土

使君禮拜。又問：「弟子見僧俗常念阿彌陀佛❶，願生〔一〕西方。請和尚說，得生彼否？望為破疑❷。」

大師言：「使君！聽惠能與說。世尊在舍衛城，說西方引化，❸經文分明❹。去此不遠，只為下根❺。說近〔二〕說遠〔三〕，只緣上智。❻人自〔四〕兩種，法無兩〔五〕般。迷悟有殊，見有遲疾。迷人念佛生彼，悟者自淨其心。所以佛言：隨其心淨，則佛土淨。❼

使君！東方但淨心無罪；西方心不淨有愆。迷人願生東方，兩〔六〕者所在處，並皆一種❽。心地但無不淨，西方去此不遠；心起不淨之心，念佛往生難到。除十〔七〕惡即行十萬，無八邪即過八千。❾但行真〔八〕心，到如彈〔九〕指❿。

使君！但行十善，何須更願往生？不斷十惡之心，何佛即來迎請？若悟無生頓法⓫，見西方只在剎那；不悟頓教大乘，念佛往生路遠，如何得達〔十〕？」

【校記】

〔一〕敦煌本「生」作「往生」。以下文有「得生彼否」句，足見作「生」可矣。

〔二〕「近」字，惠昕本改作「遠」。

〔三〕「遠」字，惠昕本改作「近」。

〔四〕「自」字，惠昕本改作「有」。

〔五〕原本無「兩」字，據惠昕本加。敦煌本此句作「法無不名」。

〔六〕原本「兩」誤寫作「西」。「西者」難解，故潘校本以為當補「方，悟者」三字。實則「西」應作「兩」，見下文。

〔七〕原本無「十」字，據惠昕本加。

〔八〕敦博本、敦煌本皆作「真」字，通「直」字。

〔九〕原本「彈」誤作「禪」字。

〔十〕「達」原作「但」字，據敦煌本改。

【注釋】

❶ 常念阿彌陀佛——口中或心中常常念誦「阿彌陀佛」的名號。阿彌陀佛，梵語，是西方極樂世界的教主，漢語譯為「無量壽佛」或「無量光佛」，簡稱「彌陀」。根據《佛說阿彌陀經》的記載，佛祖在舍衛國說法，曾說「過十萬億佛土」的西方，有一方淨土，稱為極樂世界。希望往生者，只要一心執持念誦「阿彌陀佛」名號，即可如願。

❷ 望為破疑——希望為我破解疑惑。

❸ 世尊在舍衛城二句——佛祖在舍衛國都城，宣說如何接引、度化眾生到西方極樂世界。舍衛城，古印度憍薩羅國的都城。相傳城中有佛祖講經的「祇樹給孤獨園」。引化，接引度化。

❹ 經文分明——佛經中記載非常明確。《觀無量壽經》：「爾時，世尊告韋提希：汝今知不？阿彌陀佛去此

不遠。汝當繫念，諦觀彼國淨業成者。」足見下句「去此不遠」一語，乃引述經文。

❺ 下根——鈍根，指悟性不佳的人。與「上智」對。

❻ 說近說遠二句——拿遠近不同的事物為例說明，都是因為上智者能夠理解的緣故。緣，因為。

❼ 隨其心淨二句——隨著他的心性清淨，因此佛土也跟著清淨了。《維摩詰經‧佛國品》：「若菩薩欲得淨土，當淨其心；隨其心淨，則佛土淨。」

❽ 並皆一種——兩者都完全一樣。

❾ 除十惡即行十萬二句——是說戒除十種惡業，就像是走了十萬里路；不犯八種邪道，就像是走過八千里。十惡：殺生、偷盜、邪淫、妄語、兩舌、惡口、綺語、貪欲、瞋恚、邪見。八邪：邪見、邪思惟、邪語、邪業、邪命、邪方便、邪念、邪定。

❿ 到如彈指——到達西方極樂世界，快得像一彈指頃。彈指，彈一彈指頭，比喻時間的短暫。

⓫ 無生頓法——無生無滅的頓悟教法。

【直譯】

刺史韋據頂禮行拜。又問道：「弟子看到僧人和俗眾都常念誦阿彌陀佛的法號，希望能夠往生西方極樂世界。請大師父解說，真的可以往生那個地方嗎？希望為我點破疑問。」

惠能大師答道：「使君！請聽我惠能來跟你解說。世尊在舍衛國都城，曾經宣講開示過到西方樂土的接引度化的事情，經文中的記載非常清楚。經文說的『去此不遠』，那只是對鈍根下智的人開示來說的。說西方近或說西方遠，那也都是因為利根上智的人能夠了解的緣故。人的根性利鈍，本來就有兩種，但佛法卻沒有兩樣。癡迷和覺悟有所不同，悟見的時間也有快慢的差別。癡迷的人念佛，希望往生西方，覺悟的人卻只管自己清淨他的心性。所以佛祖才說：隨著他的心性清淨，佛土也跟著清淨了。

「使君！即使在東方，只要清淨心性就不會有罪過；在西方，如果心性不清淨，也一樣會有差錯。癡迷的人希望往生西方，其實東方西方這兩者的所在地，都完全是一個樣子。心地只要沒有不清淨，西方就去此不遠；但如果心中起了不清淨的念頭，那麼念佛希望往生，也難以到達。戒掉十種惡業，就如同走過了十萬里的長途；不犯八種邪道，就如同行走了八千里路。只要真心正道而行，到達西方極樂世界，就會快得如在一彈指的頃刻之間。

「使君！只要奉行十種善業，哪裡需要更求往生西方呢？不能斷絕十種惡業的念頭，還有什麼佛會來歡迎接引？如果能夠悟得無生無滅的頓悟法門，那麼見到西方淨土，只在剎那之間；如果不能悟得頓教法門、大乘佛法，那麼念佛希望往生西方的路途就非常遙遠，怎麼能夠到達呢？」

【新繹】

這一章和上一章一樣，記敘惠能回答韋據的問題。

韋據問：有人說常念「阿彌陀佛」，即可往生西方極樂世界，不知是真是假。惠能的答覆是：樂土是在自己的心中，光是念佛，不能達成願望。若能斷除惡行邪念，所謂西方淨土才會出現在你的眼前。

所謂「西方極樂世界」或「西方淨土」，是佛教「淨土宗」的理想世界。據《佛說阿彌陀經》說，在遙遠的西方，有個極樂世界，教主名叫「阿彌陀佛」。他光明無量，普照十方；他的壽命及人民也無量無邊，而且他非常慈悲，即使是一生造惡的凡夫，只要肯一心不亂，念誦「阿彌陀佛」的名號，都可在其人命終之時接引往生。淨土宗在唐代因道綽、善導等大師弘揚提倡，曾興盛一時。韋據有此一問，也反映了當時的時代風尚。

惠能以為西方淨土「去此不遠」的理論，是為鈍根下智的人而說，不過是為了方便設教而已。基本上，惠能所標榜的自修自悟、見性成佛，和淨土思想的接引度化，是背道而馳的。因此他認為所謂淨土或樂土，都是由自性是否清淨來決定。自性清淨，眼前即是樂土；自性不清淨，就無所謂西方極樂世界。他呼喚「使君」三次，都用《維摩詰經》來引申其說。第一次是引用《維摩詰經・佛國品》，說明「欲得淨土，當淨其心」的唯心道理；第二次是應用《維摩詰經・佛道品》，說明能去除「十不善道」及「八邪法」，即如入煩惱大海而得一切智寶，雖在東方，亦去西方不遠。第三次是化用《維摩詰經・方便品》，說明法身因果的道理，勸人捨穢而取淨，以智慧得證無生無滅的道理，所謂「得無生忍」。「無生」，是無生無滅的簡稱。「忍」，是一種「堪受不退」的慧性。

【宏一偈曰】

佛法本一種，迷悟各有殊。西方實不遠，淨土只須臾。

第41章

淨土眞諦

六祖言：「惠能與使君移西方剎那間，目前便見。使君願見否？」

使君禮拜：「若此得見，何須往生？願和尚慈悲，為現西方，大善。」

大師言：「一時❶見西方，無疑即散。」

大眾愕然，莫知何事。

大師曰：

大眾大眾作意聽，世人自色身是城，眼耳鼻舌身，即是城門。外有五㈡門，內有意門。心即是地，性即是王。性在王在，性去王無。性在身心存，性去身壞。

佛是自性作，莫向身求。自性迷，佛即是眾生；自性悟，眾生即是佛。慈悲即是「觀音」❷，「喜捨」名為「勢至」❸；能淨是「釋迦」❹，平直即是「彌勒」❺。

人我即是「須彌」❻，邪心即是海水。煩惱即是波浪，毒心即是惡龍，塵勞即是魚鱉，虛妄即是鬼神，三毒即是地獄，愚癡即是畜生。十善即是天堂。無人我〔二〕，須彌自倒〔三〕；除邪心，海水竭；煩惱無，波浪滅；毒害除，魚龍絕。自心地上覺性如來，施大智慧光明，照耀六門清淨❼，照破六欲諸〔四〕天❽，下照三毒若除，地獄一時消滅。內外明徹，不異西方。不作此修，如何到彼？

座下聞說，讚聲徹天，應是迷人了然便見。使君禮拜，讚言：「善哉！善哉！普願法界眾生，聞者一時悟解。」

【校記】

〔一〕原本作「六」，據惠昕本改。

〔二〕原本作「我人」，參惠昕本校。

〔三〕原本「倒」作「到」，據敦煌本改。

〔四〕原本缺「諸」字，據敦煌本補。

【注釋】

❶ 一時——這裡是一時間、即時的意思。

❷ 觀音——一稱觀世音。「西方三聖」之一。既稱「菩薩」，也稱為「過去佛」。《法華經・觀世音普門品》：「苦惱眾生，一心稱名，菩薩即時觀其音聲，皆得解脫，以是名觀世音。」他與阿彌陀佛、大勢至菩薩，合稱「西方三聖」。

❸ 勢至——即大勢至菩薩。法相騎獅仗劍，代表喜樂平等。與觀世音菩薩，為阿彌陀佛左右脇侍。

❹ 釋迦——釋迦牟尼佛的簡稱。佛祖名號之一。

❺ 彌勒——即彌勒菩薩。彌勒，梵語，中文譯為「慈氏」；名「阿逸多」，中文譯為「無能勝」。他是佛祖的未來繼位人，所以又稱為「未來佛」或「彌勒佛」。

❻ 人我即是「須彌」——心中有人、我之分，那就是須彌高山。須彌，梵語，中文譯為「妙高」。須彌山是印度神話中的中央大山，高聳大海層雲之中，難以攀越。這裡是比喻聖道的障礙。

❼ 六門清淨——即六根清淨。六根，已見前。

❽ 六欲諸天——六欲原指由六根所產生的六種欲望，這裡則是六欲天的簡稱。六欲天是欲界的六重天，名稱分別為：四大王天（以人間五十歲為一晝夜）、三十三天（又名忉利天，以人間百歲為一晝夜）、夜摩天（以人間二百歲為一晝夜）、兜率天（以人間四百歲為一晝夜）、化自在天（以人間八百歲為一晝夜）、他化自在天（以人間一千六百歲為一晝夜）。除四大王天在須彌山的半腹之外，其他諸天都在須彌山頂上及上空。

【直譯】

六祖惠能說：「惠能想給使君搬來西方極樂世界，在剎那之間，眼前就能看到。使君願意一見嗎？」

刺史韋據頂禮膜拜：「如果就此可以看見，那何必等到往生以後呢！希望大師父慈悲為懷，為我們呈現西方極樂世界。太好了！」

惠能大師說：「很快就可以看到西方極樂世界了。沒有疑問的話，我們就要散會了。」

大家都很訝異的樣子，不知道發生了什麼事。

惠能大師說了：

大家大家注意聽，世人自己的肉身像座城；
眼、耳、鼻、舌、身，這些器官都像城門。
外面的城門有五道，裡面還有個心意門牆，
心意就像是土地，自性就像是統治的君王。
自性在君王就在，自性沒了君王也就滅亡。
自性在身心就在，自性沒了身體也就敗亡。

成佛是自性的作用，千萬不要向肉身尋索。
自性如果迷失了，佛也就變成像眾生一樣，
自性如果覺悟了，眾生也就像是變成了佛。
慈悲為懷就是觀音，喜樂能捨就是大勢至；
能夠清淨就是釋迦，平等真誠就是彌勒佛。

有人我分別即須彌障礙，邪心即茫茫大海；
煩惱就是狂波怒浪，狠毒心腸即兇惡龍王。
塵勞就是吃人的魚鱉，虛妄就是牛鬼蛇神；

貪瞋癡三毒就是地獄，愚蠢癡迷就是畜生。
身口意三業中所做的十善，就是極樂世界。
沒有人我的區分，須彌山的障礙自然瓦解；
斷除了邪惡之心，茫茫的海水自然會枯竭；
煩惱如果沒有了，狂波怒浪自然就會消滅；
毒害一旦消除了，魚鱉惡龍自然也都斷絕。

從自己心地上覺悟佛性，施放大光明智慧，
照耀得六根城門都清淨，照破六重天欲界，
往下更照得三毒都除盡，地獄剎那間消滅。
裡裡外外都光明透澈，無異西方極樂世界。
不作這方面的修行，如何到得了那個世界？

講座下的眾人聽了演說之後，讚歎的聲音響徹雲天。應該是所有迷惑的人，都清清楚楚的發現了西方極樂世界。

刺史韋據頂禮膜拜，讚歎的說：「太好了！太好了！謹此普遍祝願一切有為、無為的法界眾生，聽到這道理都能即時開悟解脫。」

【新繹】

上一章記刺史韋據問往生西方淨土的問題，惠能答以「隨其心淨，則佛土淨」，意思是說真正的淨土，包括西方極樂世界，其實都在自己的心性之中。自性清淨，則無處不是淨土。這一章惠能就此申述，宣說西方淨土在剎那之間，就可以呈現在諸位面前。然後在大家的驚訝、期待之下，唱誦了一大段似偈非偈的長文。

除了前序和結語之外，中間這一大段似偈非偈的長篇文字，依其內容，可分為四段：

第一段說世人的六根，就像城門，眼耳鼻舌身在外，心則在內。然後把心比喻為地，把自性之中所固有的佛性比喻為統治的君王。佛性在，即自性能夠清淨，才有成佛的可能。

第二段和第三段都應用須彌山的神話傳說，用一些譬喻來說明人的生死苦樂，都與自性的善惡修持有關。

根據《雜阿含經》、《長阿含經》等等的說法，須彌山為世界中心，周圍有高山大海環繞。須彌山中香木繁茂，奇鳥和鳴，諸鬼神住於其間。山四面有四大天王宮殿，皆金玉所砌。山頂則有三十三天宮，為帝釋天所居住之處。周圍的高山大海各有八個，山海之間即人間與地獄所在。山海外緣有弗婆提、瞿陀尼、閻浮提、鬱單越四洲。南洲閻浮提即眾生所居，上文曾提及。這原是印度的神話傳說，佛教興起後，卻沿用之，做為宇宙觀的立論基礎。他們以為宇宙是由無數的世界所構成，一千個世界稱為一小千世界，一千個小千世界稱為一中千世界，一千個中千世界才稱為一大千世界。這小千、中千、大千世界，合稱為三千大千世界。每一個世界，都有一個須彌山，山的上下周圍都包括天宮、人間和地獄，這就是所謂「欲界」。佛教以為世間就是三界，即欲界、色界、無色界。欲界有六道：天道、人道、阿修羅道、畜生道、餓鬼道、地獄道；欲界又有六天：四大王天、三十三天、夜摩天、兜率天、化自在天、他化自在天。四大王天在山腹，三十三天在山頂，夜摩天以上，更在三十三天之上。欲界中的一切事物，都還不免有情欲淫念；如果沒有情欲淫念，那就是所謂「色界」（只有形體而無情欲）或「無色界」（連形體都沒有）了。就因為還有情欲淫念，所以欲界中的眾生都不免有煩惱，有痛苦，希望得到解脫，嚮往阿彌陀佛的西方極樂淨土。救苦救難的觀世音菩薩，能慈（給予眾生快樂）能悲（解除眾生痛苦），智慧光明的大勢至菩薩，能喜（喜眾生幸福）能捨（願眾生平等），他們都願意普度眾生，一起以慈、悲、喜、捨這四無量心，和笑口常開的彌勒佛協助眾生超越欲界諸天，到達梵天所在，換句話說，就是到達須彌山頂，一起前往西方極樂世界。

懂得這些道理，回頭來看第二段的「慈悲即是『觀音』」等等，和第三段的「毒害除，魚龍絕」等等，就很容易了解這是比較善惡的修持，說明自性清淨的重要。「人我即是『須彌』」，和「無人我，須彌自倒」二整句，是第二、三兩段文字的分水嶺。前者說自性不清淨，常有「人我執」的執迷不悟，就會自尋煩惱；後者說一旦沒有「人我執」，那麼邪念頓消，痛苦即除。「須彌自倒」，是說障礙自然解除，這一句敦博本原作「須彌自到」，意思是說能夠不分人我，沒有這種偏執之心，那麼須彌山的三十三天外的梵天所在，自然也可到達。可見作「須彌自到」也講得通的，只是對照上下文句，沒有敦煌本的「須彌自倒」好。《景德傳燈錄》卷七說有僧問：「道在何處？」興善惟寬禪師答道：「只在目前。」又問：「我何不見？」禪師又答：「汝有我故，所以不見。」此僧說：「我有我故即不見，和尚見否？」師答：「有汝有我，展轉不見。」此僧曰：「無我無汝，還見否？」師曰：「無汝無我，阿誰求見。」可見一旦有了人我之分，禪教中人就以為無足論道了。

第四段呼應第一段，說明只有從自性清淨上修行，才可以六根清淨，破除六欲，去除三毒，遠離地獄，得到解脫。能夠如此，即無異於往生西方極樂世界矣。後面結語中所謂「應是迷人了然便見」，道理亦應在此無疑。

【宏一偈曰】

剎那見西方，只在此心房。佛是自性作，行善即天堂。

第42章 無相修行

大師言：「善知識！若欲修行，在家亦得❶，不由在寺。在寺不修，如西方心惡之人。在家若修行，如東方人修善。但願自家修清淨，即是西方。」

使君問：「和尚，在家如何修？願為指授。」

大師言：「善知識！惠能與道俗作〈無相頌〉，盡誦〔一〕取。依此修行，常與惠能說〔二〕一處無別。」

頌曰：

說通及心通❷，如日處虛空，
惟傳頓教法，出世破邪宗。
教即無頓漸，迷悟有遲疾，❸
若學頓法門，愚人不可悉。〔三〕
說即雖萬般，合理還歸一，
煩惱闇宅中，常須生慧日。❹

邪來因煩惱，正來煩惱除〔四〕，
邪正悉不用❺，清淨至無餘。

菩提本清淨，起心即是妄，
淨性於妄中，但正除三障。❻

世間若修道，一切盡不妨，
常現在己過〔五〕❼，與道即相當。

色類❽自有道，離道別覓道，
覓道不見道，到頭還自懊。

若欲覓真道，行正即是道，
自若無正心，暗行不見道。

若真修道人，不見世間過〔六〕，
若見世間非，自非卻是左。

他非我不罪，我非自有罪，

但自去非心，打破煩惱碎。

若欲化愚人，事須有方便❾，

勿令破彼疑〔七〕❿，即是菩提見〔八〕。

法元〔九〕在世間，於世出世間，

勿離世間上，外求出世間。

邪見在世間，正見出世間，

邪正悉〔十〕打卻，菩提性宛然〔十一〕⓫。

此但是頓教，亦名為大乘〔十二〕⓬，

迷來經累劫⓭，悟即剎那間。

大師言：「善知識！汝等盡誦取此偈〔十三〕。依此偈修行，去惠能千里，常在能邊。依此不修，對面千里〔十四〕遠。各各自修，法不相待。眾人且散，惠能歸漕溪山⓮。眾生若有大疑，來彼山間，為汝破疑，同見佛性。」

合座官僚道俗，禮拜和尚，無不嗟嘆：「善哉大悟，昔所未聞。嶺南有福，生佛在此，誰能得知。」一時盡散。

【校記】

〔一〕原本缺「盡誦」二字，據敦煌本補。

〔二〕「說」字，敦煌本無。或為贅字。

〔三〕「愚」原本作「遇」字，「悉」原本作「迷」字，據惠昕本改。

〔四〕敦博本、敦煌本俱同，惠昕本則改作「邪來煩惱至，正來煩惱除」。不必改。

〔五〕「現」，惠昕本改為「見」。

〔六〕「過」，原本作「遇」字，敦煌本作「愚」字。

〔七〕「破彼」，惠昕本改作「彼有」。

〔八〕「見」，通「現」字。惠昕本改作「現」。

〔九〕原本「元」通「原」。

〔十〕原本「悉」作「迷」，據敦煌本改。

〔十一〕原本缺此五字，據惠昕本補加。

〔十二〕此句惠昕本作「亦名大法船」。「船」與「間」押韻，似較可取。

〔十三〕原本無「此偈」二字，據敦煌本補。

〔十四〕原本「千里」上有「底」字，據敦煌本刪。

【注釋】

❶ 在家亦得——在家裡修行也可以。得，宜、可以。

❷ 說通及心通——原指聞法通悟和自性通悟。說通，又稱「教通」，是指依靠聽大善知識演說經文佛法，得到開示而悟得宗旨。心通，又稱「宗通」，是說遠離言說文字妄想，不須依靠他人的講解，就能自己開

悟。但據《宗鏡錄》卷二十九引《法華經》之言，說通及心通，應是說「宗說俱通」，不但能自覺，而且能覺人。

❸ 教即無頓漸二句——是說在教理上雖無頓悟、漸修的差別，但人的悟性卻有快慢的不同，因而有迷有悟。

❹ 煩惱闇宅中二句——煩惱有如處在暗室之中，常須出現智慧的陽光來照耀。

❺ 邪正悉不用——邪念正念完全都不用。表示超越正邪。

❻ 淨性於妄中二句——在妄念中清淨自性，只要端正，即可掃除身口意三業所引起的三種障礙。三障，指煩惱障（即貪瞋癡之惑）、業障（即十惡等之業）、報障（地獄、惡鬼、畜生等之苦報）。

❼ 常現在己過——常不隱瞞自己的過錯。有人改句作「常見在己過」，說常常看見自己的過錯。意思其實一樣。現、見古通用。

❽ 色類——各色各類。此指眾生萬物。

❾ 事須有方便——必須要有權宜變通的方法。事須，是須、必須。方，方法。便，便宜，即才合適之意。

❿ 勿令破彼疑——切莫說是破解了他的疑問。此與上文「不見世間過」「他非我不罪」等句意旨相承。或改句作「勿令彼有疑」，似不必。

⓫ 宛然——依然清晰可見的樣子。

⓬ 亦名為大乘——惠昕本改作「亦名大法船」。「船」與「間」可押韻。大法船，即大乘。

⓭ 劫——佛教的時間觀念。比喻很長很長的時間。

⓮ 漕溪山——即曹溪山。見前。敦煌寫本此章以下，「曹溪山」多作「漕溪山」。以下如係經文或引文，「漕」字不改，其他一律改作「曹」。

【直譯】

惠能大師說：「諸位能知善識的師友施主！如果想要修行，在家裡也可以，不見得要在寺院。在寺院而不修行，那就如同身在西方淨土，而心存惡念的人。在家裡如果肯修行，那就如同身在東方的人，能修持善行。但願諸位在自己家裡修得清淨，那也就是西方極樂世界了。」

刺史問道：「大師父！在家裡要如何修行呢？希望能為大家指點傳授。」

惠能大師說：「諸位能知善識的師友施主！我惠能給道友俗眾作了一首〈無相頌〉，請大家都能念誦著。依照它來修行，那就如同常跟惠能所說的道理在一起一般，沒有差別。」

頌詞是這樣說的：

能夠聞法悟道，又能自性通悟，
就如同太陽處在寥闊的太空中；
只有傳承這個頓悟教義的法門，
才能超脫世俗，破除異教邪宗。

佛理雖然沒有頓悟漸修的不同，
但迷惑或開悟卻有快慢的差異；
如果要學習這見性成佛的法門，
恐怕愚癡的人不可能完全知悉。

佛法說來雖有千種萬般那樣多，

但契合佛理的卻還是歸於一樣；
煩惱就如同處在黑暗宅院之中，
時常需要出現光明智慧的太陽。

邪念產生是因為有煩惱的緣故，
一旦正念出現，煩惱就會消除；
邪念正念如果能夠全都不起動，
那麼清淨就會到達完善的地步。

菩提覺悟本來就來自清淨本性，
如果起動種種念頭，就是虛妄；
清淨的本性雖然處在虛妄之中，
但只要端正心念即可掃除三障。

世間眾生如果肯虔誠修行佛法，
一切的虛妄障礙，完全不相妨；
常常呈現不隱瞞自己身上過失，
那麼與佛道的境界就庶幾相當。

眾生形形色色，各自有其正道，
離開正道，就別另外尋找他道；
尋找他道，不會見到真正的道，
到頭來，才發現還是自尋懊惱。

如果誠心想要尋找那真正的道，
自己心性行為端正，就是正道；
自己本身假若沒有正直的心地，
那就如同暗中行路，不見正道。

如果是真正的修行佛道的人們，
就不要去呈現世間眾人的過錯；
假若呈現世間眾人的種種錯誤，
那麼自己的錯誤說不定更偏頗。

別人的錯誤，我們不要去怪罪，
我們自己的錯誤，要自認有罪；
只要我們自己肯去除錯誤想法，

就可以將一切煩惱都踏破打碎。

假若想要度化那些愚癡的人們，
就必須要有變通的辦法才方便；
切莫叫人先去破除他們的疑問，
那就要讓心中的佛性自己呈現。

佛法本來就在於人世眾生之間，
雖然存在世間，卻又超脫世間；
求法切莫離開這人世眾生上面，
向其他地方尋找如何脫離世間。

邪惡見解常在於人世眾生之間，
正當見解常脫離人世眾生之間；
只有把那邪正見解都一齊打破，
菩提清淨的本性才能清晰依然。

這裡說的只是頓悟教義的法門，

也可以稱為大乘頓教的大法船；
眾生有迷惑以來已經歷劫長久，
可是一旦開悟，卻只在頃刻間。

惠能大師說：「諸位能知善識的師友施主！你們大家都要念誦記住這首長偈。能依照這首長偈來修行，那麼即使離開惠能有千里之遠，也好像常在惠能身邊。假如雖依此偈卻不切實修行，那麼即使面對面，也有如隔千里之遠。箇箇自己修行，佛法是不會等待人的。大家暫且散去吧，我惠能也將回去曹溪山了。大家以後如有大疑問，來那座山寺裡，我會為你破解疑難，一起悟見真如佛性。」

所有座上的官吏僚屬、僧道俗眾，都一起禮拜大師，沒有不這樣讚美感歎的：「太完美了！這大徹大悟，是從前所未曾聽聞過的妙法。我們嶺南人有福氣，生了活佛在這裡！誰能想得到呢？」

一時之間，大家也就散去了。

【新繹】

從後面的一兩段文字看，這一章是惠能應韶州刺史韋據之請，在大梵寺法會上講摩訶般若波羅蜜法的最後紀錄。本書第一章說的：「刺史遂令門人僧法海集記」，法海所集記的《六祖壇經》內容，以及惠能與刺史的討論，本來應該到此為止。以後的所有章節，當出於法海等門人甚且是後人的補記。這也是從《壇經》的最後兩三章可以明顯看出來的。

這一章最主要的內容，當然是惠能向大家介紹他為道俗所作的〈無相頌〉。特別強調此〈無相頌〉為他所自「作」，蓋用來表示與前面第三十八章的〈無相頌〉（即〈滅罪頌〉）有所不同。此為五言長偈，彼為七言長偈，這是形式句式上的不同；此言頓悟，彼言滅罪，這是內容旨意上的不同。筆者以為更值得注意的是，雖然同名〈無相頌〉，但這首五言長偈是惠能所「作」，而那首七言長偈，則是惠能所「說」。「說」是「講解」之意，從其頌詞中的「大師今傳此頓教，願學之人同一體」等句觀之，那首無相滅罪之頌，應是惠能引述前人之作。惠昕本以下，像最通行的宗寶本，將此七言長偈的無相滅罪之頌，保留在〈懺悔品第六〉之末，而將五言長偈的無相頓悟之頌，移前置於〈般若品第二〉之末，顯然也已看出二者的不同。

一偈四句，這一章的無相頓悟之頌，共十四偈五十六句，篇幅頗長。依其內容旨趣及先後次序，惠能所作的這首長偈，要點簡述如下：一、頓悟教法，說通、心通；二、人有智、愚，法無頓、漸；三、眾說紛紜，理則一貫；四、邪念正念，皆須清淨；五、性本清淨，起念即妄；六、修道世間，常思己過；七、離道覓道，自尋懊惱；八、欲覓真道，先須正心；九、修道之人，不論人非；十、反躬自者，心無煩惱；十一、度化愚人，在悟佛性；十二、法在世間，勿離現實；十三、邪正盡去，才見菩提；十四、頓教之道，開悟在即。總而言之，與上面其他各章所說的一些重點：頓教在悟，悟見本性，本性清淨，清淨即道，所謂於相而離相，於念而不念等等，莫不相證相契。

其中需要加以補充說明的，筆者以為是下列兩點：第一是「說通及心通」的問題。對禪宗而言，「藉教悟宗」是學者常常提到的一個論點，但在詮釋上，則見解頗不一致。例如《楞伽經》卷三即說：「說通」（即教通）是「說九部種種教法」，「隨順眾生，如應說法，令得度脫」，易言之，即講授佛典經義來教化大眾；「宗通」（即「心通」）則是「遠離言說文字妄想」，「降伏一切外道眾魔，緣自覺趣光明暉發」，易言之，就是悟見本性，通達堂奧之旨。前者是覺他，後者是自覺。因此歷來學者多就「藉教悟宗」之二義來解釋二者的不同。實則惠能此句所說的不是「說通」與「心通」，而是統攝二者的「說通及心通」，「及」是「兼及」「並包」之意。筆者這樣解說，是有依據的。

《宗鏡錄》卷二十九即曾引用《法華經》之言，說能「說通」而不能「宗通」者，猶如烏雲之遮蔽日光；能「宗通」而又能「說通」者，則如白日之處於虛空。這種說法，正與本章此句之下的「如日處虛空」，完全契合無間。足見惠能該處所言，是指既能「說通」又能「心通」的人。改「宗通」為「心通」，尤見他對自性禪悟的重視。

第二點要補充說明的是，惠能這首無相頓悟長偈，是回答刺史韋據的提問，說是供不出家的「在家」人自修用的。「在家」的人過家庭生活，社會關係複雜，塵染垢念自然難免，所以偈中對正念邪念、世間出世間，也著墨較多，比較切合一般群眾的現實生活。四祖道信開始強調「入道安心要方便」，五祖弘忍在《楞伽經》之外，特別重視《金剛經》，這對於佛法的弘揚、心性的探索，應該都給了六祖惠能很大的啟示。所以，他在「說通」之外，認為還須兼顧「心通」，在聽講摩訶般若波羅蜜經義之外，認為還要兼顧自修自悟，奉行實踐。這無異是告訴信徒，成佛與否，在於他們自己，而非止於讀經念經。也無異是為禪宗開啟了更大的方便之門，讓更多的群眾更樂於接近奉行。

【宏一偈曰】菩提本清淨，正心破邪宗。誦取無相頌，修行在從容。

第43章

傳宗依約

大師往〔一〕漕溪山，韶、廣二州行化❶四十餘年。若論門人，僧之與俗，約有三十、五千〔二〕，❷說不可盡；若論宗旨，傳授《壇經》，以此為約〔三〕❸。若不得《壇經》，即無稟受。須知法處〔四〕❹、年月日、姓名，遍〔五〕相付囑❺。無《壇經》稟承，非南宗弟子也。

未得稟承者，雖說頓教法，未知根本，終〔六〕不免諍❻。但得法者，只勸修行。諍是勝負之心，與佛道違背。

【校記】

〔一〕「往」字，今人多改作「住」，實無必要。

〔二〕「三十五千」，敦煌本作「三五千人」。前者指僧三十、俗眾五千，不誤。

〔三〕原本「約」字似「幼」字，參敦煌本「以此為衣（依）約」改。

〔四〕此句惠昕本改作「所付須知去處」。

〔五〕「遍」字，敦煌本同，惠昕本改作「遞」。

〔六〕「終」字原作「修」字，據惠昕本改。

【注釋】

❶行化——行教度化。

❷僧之與俗二句——是說門人的總數，僧徒與俗家子弟約各三十與五千左右。《景德傳燈錄》卷五稱其得法門人有「印宗等三十三人」可證。敦煌本「三十五千」句作「三五千人」，總數一樣，但語意反而模糊了。

❸約——依循約束。即依據。敦煌本作「依約」，意同。

❹須知法處——必須確認傳授《壇經》的地點。

❺遍相付囑——一個一個全都彼此互相遞交囑咐。惠昕本以下改「遍」為「遞」，似乎改得比原來更為精確。

❻終不免諍——終究免不了爭論。

【直譯】

惠能大師前往曹溪山，在韶州、廣州這兩個州郡行教度化眾生，長達四十多年。若論門徒人數，僧人之與俗家弟子，約有三十和五千之譜，要說是說不完的。若論宗門要旨，就要傳授這部《壇經》，以此做為傳法的依據。

假使沒有得到《壇經》，就表示沒有得到師承傳授。必須確認傳授《壇經》法物的地點、年月日、姓名，一個一個互相授受囑咐。沒有《壇經》的師承傳授，那就不是南宗惠能的弟子了。沒有得到師承傳授的人，即使宣說頓教法門，因為不了解本門的基本道理，終究免不了會引起爭論。但是得到師承傳授的人，也只能勉力奉行，不用多說。爭論必然有勝負的念頭，與佛道是相違背的。

【新繹】

此章記敘惠能的門人，傳法都以《壇經》為依據。

惠能原本不是韶州人，卻常住曹溪山，所以說他「往」或「住」曹溪山，其實都不成問題。他在韶州、廣州等地行教度化四十餘年，後人卻稱其教門為「曹溪禪」，可見曹溪山就是他的開宗所在地。他的門人有多少呢？敦博本說是：「僧之與俗，約有三十、五千」，意思本來很明白，出家僧徒約三十人，俗家弟子約五千人；「說不可盡」，是說無法一一介紹。《景德傳燈錄》卷五說他的門弟子「得法者，除印宗等三十三人，各化一方，標為正嗣。其外藏名匿跡者，不可勝記。」所謂得法正嗣三十三人，正與上述僧徒「約有三十」之數合。所以，頗有些學者常據敦煌本的「三五千人」來改「三十、五千」，未必確當。

根據此章的記載，惠能以後之傳付正嗣，是以《壇經》為依據，代替原來的袈裟和心法。可以說，惠能所要傳授的心法，已經把要點都記在這本《壇經》裡了。但所傳付的對象，即受法者，必須記明授受的地點、日期和姓名，否則就不算數。如果沒有這些程序和紀錄，就「非南宗弟子也」，即使這些人也會說頓悟教法，畢竟是冒牌貨，易起爭議。修道者重在修行，是不應該在口舌間爭是非的。

文中有云：「無《壇經》稟承，非南宗弟子也。」從這兩句話我們也可以推知：這一章所記文字，必在《壇經》成書之後，而且必在禪分南北二宗之後。

《壇經》何時成書，雖然不能確定，但從上文「行化四十餘年」以及此章以下所記，其必成於惠能晚年或死後無疑。惠能死於唐玄宗先天二年（七一三），而禪宗之分為「南能北秀」二宗，據宗密〈禪門師資承襲圖〉的說法，是在唐玄宗天寶初年（七四二）。換句話說，《壇經》之成書，即使在惠能生前已有法海的集記稿本，到他死後，都還應該常有補作或追記。最後一章有云：「此《壇經》，法海上座集。上座無常，付同學道際；道際無常，付門人悟真；悟真在嶺南漕溪山法興寺，見今傳授此法。」由此足可證明，此章以下，未必是《壇經》的最原始面目。拿惠昕本、契嵩本、宗寶本來對照敦煌寫本，增刪改動的地方是明顯易見的。宗寶本還自跋說它在「訛者正之，略者詳之」之外，「復增入弟子請益機緣」。敦煌寫本記惠能師徒的問答，請益門人只有法達、智常、志誠和神會等四人，而宗寶本等則增至十幾人。求全而失實，未必是好事。相同的道理，敦煌寫本和法海所集記的最原始《壇經》本子，究竟存在著什麼樣的關係呢？

不管如何，文中既然說：沒有《壇經》的稟承者，「非南宗弟子也」。那麼，有這段文字的本子，理當出現在唐玄宗天寶年間以後。至於何時傳入敦煌，敦煌寫本的依據是什麼，就不得而知了。

【宏一偈曰】

行化四十年，壇經為依約。南宗弟子在，囑付無差錯。

第44章

南能北秀

世人盡傳南宗能北宗秀〔一〕❶，未知根本事由❷。且秀禪師於南荊府當陽縣〔二〕玉泉寺❸住持修行，惠能大師於韶州城東三十五里漕溪山住❹。法即一宗，人有南北，因此便立南北。何以頓漸？法即一種❺，見有遲疾，見遲即漸，見疾即頓。法無頓漸，人有利鈍，故名漸頓。

【校記】

〔一〕原本作「南宗能比秀」，敦煌本同，此據惠昕本校補。

〔二〕「當陽縣」，敦博本作「堂楊懸」，敦煌本作「堂陽縣」，皆音近而誤。

【注釋】

❶ 南宗能北宗秀——南宗惠能，北宗神秀。或稱「南能北秀」。

❷ 事由——事情的原委、緣由。

❸ 南荊府當陽縣玉泉寺——南荊府，南都荊州江陵府的省稱。當陽縣，今湖北當陽市。玉泉寺，在當陽城西

玉泉山東麓，始建於東漢建安年間，神秀在唐代儀鳳年間，曾任該寺住持。

❹ 住——這裡是「住持修行」的省稱。因為上句已說「住持修行」，故此僅寫一「住」字以概其餘，這也是敦煌寫本的書寫習慣。

❺ 一種——一個，一樣。

【直譯】

世人都傳言禪宗有南方的惠能和北方的神秀，其實這是不知道事情的根本原委。況且神秀禪師在南都荊州江陵府的當陽縣玉泉寺住持修行，惠能大師在韶州城東三十五里的曹溪山住持修行。禪宗教法本來就是一個宗門，只是傳法的人有南方北方的不同，因此便立了南北兩個宗派。

那麼又為什麼有頓悟漸修的分別呢？禪悟方法本來就是一種，只是悟見的時間有快慢的不同。悟見慢的，就是漸修；悟見快的，就是頓悟。禪悟方法本身沒有頓悟漸修的分別，只是因為人的悟性有利根鈍根的差異，所以才稱為漸修、頓悟。

【新繹】

這一章是解釋禪宗為什麼從六祖開始，就宗分南北，悟分頓漸。

根據這一章的論述，我們可以知道，惠能告訴法海等人的，基本上並不贊成有這樣的區分，所以他們才批評這是「不知根本事由」。根本事由，即下面的兩段論述文字。

就佛法本身而言，南宗惠能和北宗神秀所要傳述的，目標都是一致的，並無不同。所以有所謂南宗北宗之分，不過是因為他們所弘法的地區有南北的不同而已。

就見性悟道而言，頓悟漸修的分別，只是說明悟見時間的早晚，和根器悟性的快慢，並非說明他們所悟見的道，有什麼不同。道只有一個，方法儘管有所不同，目的卻是一樣的。

【宏一偈曰】

都道分南北，見道無不同。根器有利鈍，頓漸本相容。

第45章

志誠問法

神秀師常見人說惠能法疾❶，直旨見路〔一〕❷。秀師遂喚門人僧志誠曰：「汝聰明多智。汝與吾至漕溪山❸，到惠能所禮拜，但聽，莫言吾使汝來。所聽得意旨，記取卻來與吾說，看惠能見解，與吾誰疾遲。汝第一早來❹，勿令吾怪。」

志誠奉使歡喜，遂行。半月中間，即至漕溪山，見惠能和尚，禮拜即聽，不言來處。志誠聞法，言下便悟〔二〕，即啟〔三〕本心，起立即禮拜，白言：「和尚，弟子從玉泉寺來。秀師處，不得啟〔四〕悟。聞和尚說，便啟〔五〕本心。和尚慈悲，願當教示。」

惠能大師曰：「汝從彼來，應是細作❺。」

志誠曰：「不是。」

六祖曰：「何以不是？」

志誠曰：「未說時即是，說了即不是。」

六祖言：「煩惱即是菩提❻，亦復如是。」

大師謂志誠曰：「吾聞汝禪師教人，唯傳戒定慧❼。汝和尚教人戒定慧如何？當為吾說。」

志誠曰：「秀和尚言戒定慧，諸惡不作名為戒，諸善奉行名為慧，自淨其意名為定。此即名為戒定慧。彼作如是說，不知和尚所見如何？」

惠能和尚答曰：「此說不可思議。惠能所見又別。」

志誠問：「何以別？」

惠能答曰：「見有遲疾。」

志誠請和尚說所見戒定慧。

大師言：「如汝聽吾說〔六〕，看吾所見處：心地無疑非自性戒〔七〕，心地無亂是自性定，心地無癡是自性慧〔八〕。」

大師言：「汝師戒定慧勸小根智人，吾戒定慧勸上智人。得悟，自亦不立戒定慧❽。〔九〕」

志誠言：「請大師說，不立如何？」

大師言：「自性無非無亂無癡，念念般若觀照，當離法相〔十〕，有何可立？自性頓修，立有〔十一〕漸次，所以不立。」

志誠禮拜，便不離漕溪山，即為門人〔十二〕，不離大師左右。

【校記】

〔一〕此句惠昕本作「直指見性」。旨、指古通用。

〔二〕原本「悟」作「吾」字，據敦煌本改。下不贅。

〔三〕、〔四〕、〔五〕原本皆作「啟」，敦煌本皆作「契」。啟、契二字可通。

〔六〕句首「如」字，敦博本、敦煌本、北圖本俱有之。或以為衍字，恐非是。

〔七〕此句敦煌本「性」作「姓」，惠昕本則刪去「疑」字。

〔八〕「無亂」、「無癡」下，原各有一「是」字，惠昕本俱刪。

〔九〕惠昕本改此二句為「得悟自性，亦不立戒定慧」。

〔十〕原本「法」下有「照」字，參敦煌本改。惠昕本作「常離法相」。

〔十一〕原本作「立有」，敦煌本同，惠昕本改作「亦無」。

〔十二〕原本缺「門」字，據敦煌本加。

【注釋】

❶ 法疾——是說頓悟的修行方法比較快。

❷ 直旨見路——直陳宗旨，明示方向。惠昕本改作「直指見性」，是說直指人心，悟見本性。

❸ 汝與吾至漕溪山——你替我到曹溪山。與，為、助。

❹ 第一早來——最要緊的是你早點回來。

❺ 細作——間諜，奸細。

❻ 煩惱即是菩提——煩惱與覺悟的現象雖有不同，但二者的本質卻一致。這裡用來暗示「細作即是禪師」之意。

❼ 唯傳戒定慧——是說神秀教人，只是傳授戒定慧的道理。戒者防非止惡，定者息慮靜緣，慧者破惑證真。一般以為由戒生定，由定生慧，三者在修行次序的先後上，有循序漸次而進的關係。

❽ 不立戒定慧——不標舉戒定慧循序漸進的修行方法。

【直譯】

神秀禪師常聽見人說：「惠能修行的方法快，可以直指本心，明示門徑。」神秀禪師於是召喚門下僧徒志誠來，說：「你一向聰明多智。你幫我往曹溪山，到惠能道場那兒去禮拜。只管聽講，千萬不要說是我派你來的。把你所聽到的大意要旨，記住回來跟我說，看看惠能的見解，與我比較，誰快誰慢。你最要緊的要盡早回來，不要讓我操心。」

志誠奉命很高興，於是就出發了。在半個月的時間內，就到了曹溪山，謁見惠能禪師。禮拜後就在座下聽講佛法，不說來自何處。志誠一聽惠能所講的佛法，言下立即開悟，馬上啟發本心自性，於是起立又隨即頂禮膜拜，這樣稟告說：「大師父！弟子是從玉泉寺來的。在神秀禪師那兒，一直得不到開悟。現在聽大師說法，卻馬上啟發了本心自性。請大師父大發慈悲，希望當面給予教導開示。」

惠能大師說：「你從他那邊來，應該算是間諜。」

志誠說：「不對！」

六祖惠能說：「為什麼不對？」

志誠說：「還未說明時就是間諜，說明了就不是了。」

六祖說道：「前人說煩惱即是菩提，也就是像這個樣子了。」

於是惠能大師告訴志誠說：「我聽說你們的禪師教導別人，只傳授戒定慧的修行方法。你的大師父教導別人的戒定慧，究竟是怎樣的呢？你得為我說說。」

志誠說：「神秀師父所說的戒定慧，是：所有的惡念都不會起動，就稱為戒；所有善行都遵照實踐，就稱為慧；自己清淨自己的心意，就稱為定。他是作如此解釋的，卻不知大師父你的看法怎麼樣？」

惠能大師答道：「這種說法不可思議。我惠能的見解又有所不同。」

志誠問：「為什麼會有不同？」

惠能答道：「悟見的時間有慢有快。」

志誠請求惠能大師解釋他所悟見的戒定慧。

惠能大師說：「就像你聽到我剛才所說的佛法，看看我所悟見的道理：心地沒有疑惑，是自性的戒律；心地沒有紛亂，是自性的禪定；心地沒有癡迷，是自性的智慧。」

惠能大師又說：「你師父的戒定慧，是用來勸導下根小智的人，我的戒定慧是用來勸導上根大智的人。只要能夠開悟，自然也可以不標舉戒定慧的先後修行次序。」

志誠說：「懇請大師父說說不立修行次序會怎麼樣？」

惠能大師說：「自己的心地沒有不對，沒有紛亂，沒有癡迷，每一個念頭轉念間都有般若智慧觀照，當然可以脫離一切事物的形相，又有什麼需要標舉確立的呢？自己的心地應該頓悟修行，如果標舉確立，就有了漸悟修行的次序，因此不標舉確立。」

志誠頂禮膜拜，就此不再離開曹溪山，即時成了六祖惠能的人，不再離開惠能大師的身邊左右。

【新繹】

此章記敘北宗神秀指派門人志誠來曹溪山，了解惠能頓悟教法的實際情況。沒有想到，志誠聽了惠能說法之後，言下便悟，心悅誠服，自願拜為弟子。同時透過惠能與志誠的對話，說明神秀與惠能對戒定慧的不同看法。

從本章的記敘中，可見法海等人寫作此段文字別有用意：一是藉此說明神秀不如惠能，不論是弘揚佛法或開示弟子，顯然神秀都較為遜色。二是比較南宗與北宗、惠能與神秀在修行方面，對戒定慧詮釋上的不同。北宗神秀重在勸導鈍根人，所以主張漸悟漸次，南宗惠能則重在開導利根人，所以主張頓悟頓修。這是上章所謂利鈍、所謂頓漸的進一步說明。

道原《景德傳燈錄》卷五說志誠是「吉州太和人」，當有所據，但記載志誠「不言來處」在惠能講座下聽講時，卻不是志誠「言下便悟」自動起立承認的，而是出於六祖惠能的公開示眾：「今有盜法之人，潛在此會」，才逼得志誠出來禮拜，具陳其事。惠昕本以下，契嵩本、宗寶本等等，不但因襲了道原的說法，而且還加入了敦煌寫本所沒有的一些對話。例如：

（惠能）師曰：「汝師若為示眾？」

（志誠）對曰：「常指誨大眾，住心觀淨，長坐不臥。」

（惠能）師曰：「住心觀淨，是病非禪。長坐拘身，於理何益？聽吾偈曰：生來坐不臥，死去臥不坐。一具臭骨頭，何為立功課？」

對照來看，敦煌寫本是取相比較，頂多有爭勝之意，契嵩本、宗寶本等，則已是惠能在指責攻擊神秀了。更何況把惠能寫得像無所不知的神仙一般，未必合乎情理。就此而論，敦煌寫本的時代較早，可能較近《壇經》原意；後來諸傳本所臆改增加的字句，雖然看似文理通順，實則反而畫蛇添足了。例如敦煌寫本「心地無疑非自性戒」以下三整句，惠昕本以下諸本多改作：「心地無非自性戒」等七言句；敦煌寫本「得悟，自亦不立戒定慧」二句，惠昕本以下諸本多改作：「得悟自性，亦不立戒定慧」；敦煌寫本「立有漸次」，惠昕本以下諸本多改作：「亦無漸次」。這些改動的地方，乍看之下，都似乎改得比原來通順，但仔細思考，原文本來就講得通，何必多此一舉？神秀主張「諸惡不作，諸善奉行」，循序漸次，以求精進，這是佛祖大弟子阿難所揭示的修行要旨，並沒有錯；惠能提出自性自悟，認為真正的證悟解脫，並不一定要經過這種由戒生定、由定生慧的漸修工夫，這就是南宗頓教的法門，也當然沒有錯。上一章說：「法即一種，見有遲疾。見遲即漸，見疾即頓」，本章說：「見有遲疾」，說的都是這個道理。

【宏一偈曰】

常聞大德道，煩惱即菩提。原來戒定慧，都由自性推。

第46章

法達轉經

又有〔一〕一僧名法達，常〔二〕誦《妙法蓮華經》❶，七年心迷，不知正法之處。來至漕溪山禮拜，問大師言：「弟子常誦《妙法蓮華經》〔三〕，七年心迷，不知正法之處。經上有疑〔四〕，大師智慧廣大，願為除疑。」

大師言：「法達！法即甚達，汝心不達。經上無癡❷，汝心自邪，而求正法。吾心正定，即是持經。❸吾一生已來，不識文字。汝將❹《法華經》來，對吾讀一遍，吾聞即知。」

法達取經，對大師讀一遍。六祖聞已，即識佛意，便與〔五〕法達說《法華經》。六祖言：「法達！《法華經》無多語，七卷盡是譬喻〔六〕因緣。如來廣說三乘，只為世人根鈍。❺經文分明，無有餘乘，唯有一佛乘❻。」

大師（言）：「法達！汝聽一佛乘，莫求二佛乘，迷〔七〕卻汝性。經中何處是一佛乘？吾與汝說。經云：諸佛世尊，唯以一大事因緣故，出現於世。❼已上十六字是正法〔八〕。此〔九〕法如何解？此法如何修？汝聽吾說。人心不思，本源空寂，離卻邪見，即一大事因緣。內外不迷，即離兩邊。❽外迷著相，內迷著空。於相離相，於空離空，即是不迷[十]。若悟[十一]此法，一念心開，出現於世。心開何物？開佛知見。佛猶覺也，分為四門：開覺知見，示覺知見[十二]，悟覺知見，入覺知見。開、示、悟、入上[十三]一處入❾，即覺知見，見自本性，即得出世。」

大師言：「法達！吾常願一切世人心地，常自開佛知見，莫開眾生知見。世人心[十四]，愚迷造惡，自開眾生知見；世人心正，起智慧觀照，自開佛知見。莫開眾生知見。開佛知見，即出世。」

大師言：「法達！此是《法華經》一乘法[十五]。向下分三❿，為迷人故。汝但依一佛乘。」

大師言：「法達！心行轉《法華》，不行《法華》轉；⓫心正轉《法華》，心邪《法華》轉；開佛知見轉《法華》，開眾生知見被《法華》轉。」

大師言：「努力依法修行，即是轉經⓬。」

法達一聞[十六]，言下大悟，涕淚悲泣，白言：「和尚，實未曾轉《法華》，七年被[十七]《法華》轉。已後轉《法華》，念念修行佛行。」

大師言：「即佛行是佛。」⓭

其時聽人，無不悟者。

【校記】

(一) 原本無「有」字，據敦煌本補。原本亦通，唯加「有」字更順暢。

(二) 原本作「當」字，據敦煌本改。

(三) 原本缺「蓮」字，據敦煌本補。

(四) 原本作「癡」字，敦煌本同，惠昕本改作「疑」，並於下文增入「汝心自疑」一句。

(五) 原本「與」作「已」字，敦煌本作「汝」字。俱為「與」之同音假借。

(六) 原本「喻」作「如」字，據敦煌本改。

(七) 原本「迷」下有「即」字，據敦煌本刪。

(八) 「已上十六字是正法」是原本上固有的，用小字寫。

(九) 原本缺「此」字，參惠昕本加。

(十) 此句惠昕本作「即是內外不迷」。

(十一) 原本及敦煌本「悟」皆作「吾」字。

(十二) 原本缺「示覺知見」四字，據敦煌本加。

(十三) 「上」字惠昕本改作「從」。

(十四) 「心」字下，惠昕本加「邪」字。實則「世人心，愚迷造惡」承上文「世人心地」而來，不須加「邪」字。

(十五) 原本「是」作「事」，「華」作「達」。

(十六) 原本作「法達聞」，據敦煌本補「一」字。

(十七) 原本「被」作「彼」字，據敦煌本改。

【注釋】

❶《妙法蓮華經》——簡稱《法華經》或《妙法華經》，是大乘佛教的重要經典。蓮華即蓮花，以此比喻該

經的潔白無瑕。全書共二十八品，採用詩偈、譬喻等形式技巧，敘寫佛祖出世乃至開導眾生智慧的因緣，並闡述眾生皆可成佛，聲聞、緣覺、菩薩三乘歸於一佛乘的道理。漢譯本有六種，今存三種，其中以後秦鳩摩羅什所譯者最為通行。

❷ 經上無癡——佛經經文沒有令人癡迷的文字。此句與下句「汝心自邪」對。蓋先心邪而後讀經才會有癡迷處。惠昕本以下各本，多據上文有「經上有疑」句，而改此句為「經上無疑」，另增「汝心自疑」一句。如此「汝心自疑」又與下句「汝心自邪」犯重，故不取。

❸ 吾心正定二句——是說只要我的心念端正不亂，那就與持經誦讀者沒有差別。

❹ 將——這裡是持、拿的意思。

❺ 如來廣說三乘二句——是說因為世人根性遲鈍，所以佛教廣說三乘法門。乘，原指交通工具。三乘，指聲聞乘（阿羅漢）、緣覺乘（辟支佛）和菩薩乘，這是佛教三種普度眾生脫離生死苦海、到達涅槃彼岸的交通工具。《法華經》將此三乘比喻為羊車、鹿車和牛車。車乘有大有小，用以代表佛教大乘和小乘在教義上的不同。《法華經》本來就是一部調和大乘、小乘教義的佛典。

❻ 唯有一佛乘——只有一個令人成佛的教化方法。是說上述的三乘，其實只是一個大佛乘。《法華經・方便品》：「諸佛如來，以方便力，於一佛乘，分別說三。」

❼ 諸佛世尊三句——此三句十六字，見於《法華經・方便品》。一大事，指開示傳布佛法智慧之事，通常指生死大事。

❽ 內外不迷二句——內心不執迷於萬法皆空，外境不執迷於形相塵染，也就是不偏執一端的意思。兩邊，事物的兩個極端。

❾ 上一處入——從上述開、示等處證入涅槃。

❿ 向下分三——為了方便向下智鈍根的人說法，所以分為三乘。

⓫ 心行轉《法華》二句——是說誠心修行，就能應用《法華經》而得益處，否則，會反而被《法華經》轉得昏頭昏腦。佛教以為度眾生有如轉法輪，故云。

⓬ 轉經——轉讀佛經。諷誦經文，歌讚則用梵音。

⓭ 即佛行是佛——即時就地奉行佛法就等於成佛。

【直譯】

又有一位僧人名叫法達，經常誦讀《妙法蓮華經》，已經七年了，心中還是迷惑，不知正當的佛法在哪裡。他來到曹溪山，請教惠能大師說：「弟子經常誦讀《妙法蓮華經》，七年來心中還是迷惑不解，不知正法的所在。經書上有些疑義，大師智慧廣大，盼望為我解除疑問。」

惠能大師說：「法達！佛法是非常廣達的，只是你的心地不廣達。經書上沒有什麼令人癡迷的文字，是你的心地自己有邪念，卻還想追求正當的佛法。我的心正當篤定，就等於是持經誦讀了。我一生以來，不懂什麼文字。你去拿《法華經》來，對著我讀一遍，我一聽就明白。」

法達拿來經書，對著惠能大師誦讀一遍。六祖惠能聽完，立刻了解佛祖旨意，便馬上給法達講解《法華經》。

六祖惠能說：「法達！《法華經》沒有多少言論的，七卷全是譬喻形容和因緣故事。如來佛到處演說聲聞、緣覺和菩薩的三乘法門，都只是因為世人根性遲鈍的緣故。經文上說得很清楚，沒有其他的法門了，只有一個佛乘。」

惠能大師又說：「法達！你該聽唯一的一個可以令人成佛的法門，切莫去追求另外的兩個佛乘，那樣會迷失掉你的本性。經書中哪個地方是講一個佛乘的呢？我來跟你說。《法華經・方便品》上這樣寫：『諸佛世尊，唯以一大事因緣故，出現於世。』（以上十六個字是正法）

「這個正法要如何解釋呢？這個正法要如何修行呢？你聽我說。人的本心能不動念，自性能空寂清淨，完全棄絕邪見，這就是一個開示佛法智慧的大因緣。內心外在都不執迷，就能擺脫兩個極端的對立。外迷執著於形相，內迷執著於空無。如果能夠在形相上卻超越形相，在空無中卻超越空無，那才是真正的不執迷。

「若能悟得此法，一念之間本心就豁然開悟，出現在世間了。本心開悟，是指什麼東西呢？就是開啟了諸佛的知見——開悟了佛性即本心的智慧，照見了諸法的實相。『佛』就等於『覺』呀，可以分為四個門類：開覺的知見、示覺的知見、悟覺的知見、入覺的知見。開、示、悟、入這四覺，如能從上面的一兩個覺處證入，都算是覺性的知見，可以悟見自己的本性，可以超越這世間的限制。」

惠能大師說：「法達！我時常希望所有世人的心地，常能自己開悟諸佛的知見，切莫開啟眾生的知見。如果世人的心愚癡迷惑，常起惡念，就會自己開啟眾生的知見之門；如果世人心存正念，念念都能起動般若智慧觀照自己，那當然是自己開悟了諸佛的知見之門了。千萬不可開啟眾生的知見之門。開悟了諸佛的知見之門，即可超脫世間的限制。」

惠能大師說：「法達！這上述的話，就是《法華經》一個佛乘的法門。向下智鈍根的人分成三乘來譬喻，那是為了教導愚迷之人的緣故。你只需依從一個佛乘來修行。」

惠能大師說：「法達！誠心修行，就能善加運用《法華經》，不誠心奉行就會反而被《法華經》弄得昏頭轉向；心地端正就可以轉動《法華經》，心地邪惡就反而會被《法華經》弄得團團轉；能開悟諸佛的知見，就可以轉動《法華經》，只開啟眾生知見的，就會被《法華經》轉。」

惠能大師說：「努力依法修行，這就是所謂轉經。」

法達一聽，言下就恍然大悟，感動得流淚哭泣，這樣告白說：「大師父！我實在從未轉動過《法華經》的智慧，七年來都是被《法華經》弄得團團轉。以後我會轉動《法華經》了，在念念之間都要修行佛法。」

惠能大師說：「能即時依佛法修行，就等於是佛了。」

當時在場聽法的人，沒有不感悟的。

【新繹】

此章記敘惠能為法達講解《法華經》，開悟法達的經過。《法華經》有十卷本，有七卷本。前者為西晉竺法護所譯，題為《正法華經》，後者為後秦鳩摩羅什所譯，題為《妙法蓮華經》，即本章所說的《法華經》。

據《景德傳燈錄》卷五可知，法達是「洪州豐城人」（今江西豐城市）。七歲出家，常誦《法華經》。來見惠能之初，頭不至地，被惠能呵斥後，才悔過向覺。惠昕本以下，契嵩本、宗寶本等皆據此增易文字，寫進《壇經》之中。跟上章一樣，經過核對，可以確定惠昕本以下，往往在敦煌寫本的基礎之上來增訂改易。有些地方改得不錯，像「法達取經，對大師讀一遍」底下，敦煌寫本接下去只說「六祖聞已，即識佛意」，可是宗寶等本則增入「法達即高聲念經，至〈方便品〉，師曰止」數句。這樣的增訂是比較合理的，因為《妙法蓮華經》七卷本數萬字，誦讀一遍，恐怕時間太長，讀至二十八品的第二品〈方便品〉時就停，討論其中「一大事因緣」的問題，應該是比較合理的安排。至於改得不理想的地方，像把「經上無癡」改為「經上無疑」，再補加「汝心自疑」，實際上是多此一舉了。

《法華經》七卷二十八品中，用了很多譬喻、因緣的文字，來闡述眾生皆可成佛的道理，其中像〈譬喻品〉的「火宅喻」、〈信解品〉的「窮子喻」、〈藥草喻品〉的「藥草喻」、〈授記品〉的「衣珠喻」、〈化城喻品〉的「化城喻」、〈安樂行品〉的「髻珠喻」、〈如來壽量品〉的「醫子喻」等等，都是著名的例子。譬喻多，增加了故事的趣味性，但對一般所謂鈍根的讀者或聽眾而言，說不定也同時增加了理解上的難度。

在這一大段的論述文字中，所謂常誦經書與不識文字、汝心自邪與吾心正定、外迷與內迷、眾生知見與佛覺知見、轉法華與被法華轉，等等，都是用對舉的方法來進行討論的，這與《法華經》的多用譬喻，正好相應。宗寶本等把「火宅喻」的羊車、鹿車、牛車，都插入經文之中，當然是增加了因緣故事的趣味性，但對於一般讀者了解「一乘法，向下分三」的道理是否有幫助，則真的是「如人飲水，冷暖自知」了。

【宏一偈曰】

七年法華轉，心迷法華經。如今轉法華，心正法華靈。

第47章

智常問乘

時有一僧名智常，來漕溪山禮拜和尚，問四乘法義❶。

智常問和尚曰：「佛說三乘，又言最上乘。弟子不解，望為教示。」

惠能大師曰：「汝自身心見〔一〕，莫著外法相。❷元無四乘法。人心量四等❸，法有四乘。見聞讀誦是小乘；悟法〔二〕解義是中乘；依法修行是大乘；萬法盡通，萬行俱備，一切不離染〔三〕❹，但離法相，作無所得，是最上乘。最上乘是行義，不在口諍。汝須自修，莫問吾也。」

【校記】

〔一〕此句敦煌本同，惠昕本作「汝向自身見」，契嵩本、宗寶本作「汝觀自本心」。實則意同，可不改。

〔二〕原本缺「法」字，敦煌本同，據惠昕本補。

〔三〕此句敦煌本作「一切無離」，惠昕本作「一切不染」，鈴木校本為「一切無雜」，楊校本以為校作「一切不離」為宜。筆者以為不離染，即不離不染，亦即於相離相之意，原意可通，不須改動。

【注釋】

❶ 四乘法義——四乘的法門和意義。四乘，是指聲聞、緣覺、菩薩三乘之外，再加佛乘。有人以為聲聞乘是聽聞佛聲而悟道，故稱之為小乘；緣覺乘是以自己智力而悟道，稱之為中乘；菩薩乘是憫念眾生，度化一切，稱之為大乘。超越菩薩乘的最上乘，就稱之為佛乘。惠能的意思是：三乘都是為迷人而設的方便法門，「最上乘」的佛乘才是法義的究竟。

❷ 汝自身心見三句——你自己在心中悟見本性，切莫執著於身外的法相。法相，即萬有的現象，與「法性」對。

❸ 人心量四等——人心估量有四種不同的等級。

❹ 一切不離染——一切不離不染，即「於相而離相」之意。

【直譯】

當時有一個僧人名叫智常，來曹溪山禮拜惠能大師，請教四乘教法的法門和道理。

智常問大師說：「佛陀說有三乘，卻又說有最上乘。弟子不解其義，希望能為我教導開示。」

惠能大師說：「你自己在心中悟見本性即可，切莫執著於身外任何事物的現象。本來就沒有四乘法門的。因為人心估量可以分為四個等級，所以佛法才有所謂四乘。見、聞、讀、誦，是小乘；悟法、解義，是中乘；依法修行，是大乘；所有的萬物現象都能通曉，所有的修持作為都能具備，一切不離棄不染著，只是超越事物的表象，有所作為卻無貪得之心，這就是最上乘。最上乘是實踐道理，不在口舌上爭論。你該自己好好修行，別再問我了。」

【新繹】

此章記惠能告訴智常有關四乘的道理。聲聞、緣覺、菩薩等三乘之說，上章及前文皆已有所論述。此章的所謂四乘，即在三乘之上，加上「佛乘」一等。佛法至高無上，所以又稱佛乘為最上乘。智常畢竟智慧平常，以為菩薩乘已能「利益天人，度脫一切」（見《法華經・譬喻品》），為什麼還有比它更高一等的佛乘呢？所以有此一問。

惠能的答覆，其實是他「無相」之說的另一番說明。上一章惠能告訴法達說：「此是《法華經》一乘法，向下分三，為迷人故。」此章就此衍申，說聲聞、緣覺、菩薩三乘，都只是為迷人說法而已，真正的成佛之道只有一個，那就是「一乘法」，也就是本章所說的「最上乘」。最上乘的佛法，重在「於相而離相」，重在誠心奉行。用《法華經・譬喻品》的「火宅」來做譬喻，火宅比喻世間，孩子比喻眾生，長者比喻佛祖。三緣只是長者誘導孩子離開火宅，出來搭乘的羊車、鹿車、牛車而已。真正要孩子們搭乘的，載他們離開的，其實是另外一輛大白牛車，那才是可以脫離苦難的交通工具。也就是「最上乘」。因此，三緣只是方便之計，說說而已，修行之人真正要身體力行的，應是「一佛乘」。

惠能所說的四乘，由交通工具而運用到佛法本身來。他說小乘是「見聞讀誦」，中乘是「悟法解義」，大乘是「依法修行」，最上乘則是「萬法盡通，萬行俱備，一切不離染」，換言之，即「但離法相，作無所得」，即「於相而離相」。上一章說的「於相離相，於空離空」，也與此契若鍼芥。

【宏一偈曰】

乘有大中小，復有最上乘。貴在自修行，管他有幾層。

第48章

神會悟禪

又有一僧名神會，南陽〔一〕人❶也。至漕溪山禮拜，問言：「和尚坐禪，見不見？」

大師起，把打❷神會三下，卻問神會：「吾打汝，痛不痛？」

神會答言：「亦痛亦不痛。」

六祖言曰：「吾亦見亦不見。」

神會又問大師：「何以亦見亦不見？」

大師言：「吾亦見（者），常見自過患❸，故云亦見；亦不見者，不見天地人過罪❹，所以亦見亦不見也。汝亦痛亦不痛如何？」

神會答曰：「若不痛，即同無情木石；若痛，即同凡夫〔二〕，即起於恨。」

大師言：「神會，向前見不見是兩邊❺，痛不痛是生滅❻。汝自性且不見，敢來弄人！」

神會禮拜，禮拜更不言〔三〕。大師言：「汝心迷不見，問善知識覓路。汝心悟自見，依法修行。汝自迷不見自心，卻來問惠能見否。吾不自知，代汝迷不得。汝若自見，代得我迷？見否？吾不自知〔四〕。何不自修，問吾見否〔五〕？」

神會作禮，便為門人，不離漕溪山中，常在左右。

【校記】

〔一〕敦博本原作「南楊」，據敦煌本改。契嵩本、宗寶本則作「襄陽」。

〔二〕原本無「夫」字，據惠昕本加。

〔三〕敦博本、敦煌本皆如此。惠昕本則刪「禮拜」二字，而於「不」字下加「敢」字，比原本文字通暢，但文意無別。

〔四〕敦煌本無此「見否吾不自知」六字，其他各本亦多刪去。實則原意可通，唯文字質樸耳。

〔五〕「問吾見否」句上，惠昕本補加「乃」字。文氣較足。

【注釋】

❶ 南陽人——據《宋高僧傳》卷八及《景德傳燈錄》卷五，神會應為襄陽人，俗姓高。敦煌寫本說他是南陽人，可能是因為他曾任南陽龍興寺住持之故。

❷ 把打——用手捉著打。

❸ 自過患——自身的過失罪惡。

❹ 天地人過罪——自身以外一切宇宙眾生的過失罪惡。

❺ 向前見不見是兩邊——前面所說的「見」與「不見」，都是各執一端的偏見。兩邊指事物客觀對立的兩個極端，皆偏頗而非中道。向前，一說是惠能叫神會走向前去。

❻ 痛不痛是生滅——是說被打的痛或不痛，是主觀感受的一有一無、一生一滅的問題。與「見不見是兩邊」

性質不同。

【直譯】

又有一個僧人，名叫神會，他是南陽人。他來曹溪山禮拜惠能大師，問道：「大師父坐禪時，是看得見或看不見？」

惠能大師起身，捉住神會打了三幾下，反問神會：「我打你，痛或不痛？」

神會答道：「也痛也不痛。」

六祖惠能說：「那麼我也看得見也看不見。」

神會又問大師：「為什麼也看得見也看不見？」

惠能大師說：「我也看得見，是因為常常見得到自己的過失罪惡，所以說是也看得見；而所謂看不見，是因為見不到宇宙眾生中他人的過失罪惡，所以也看得見也看不見呀。你說的也痛也不痛，又是怎麼樣？」

神會答道：「如果不痛，那就如同沒有感情的草木土石；如果痛，那就如同一般俗眾，心中就會生出恨意。」

惠能大師說：「神會！前面所說的見不見，是事物正反有無對立的兩個極端，而痛不痛卻是主觀感受上一有一無、一生一滅的問題。你自己的心性都尚且未曾悟見，竟然敢來捉弄別人！」

神會頂禮膜拜，再頂禮膜拜，不敢說話。

惠能大師說：「你心性迷惑不曾悟見，應該去請教那些能知善識的人尋找出路。如果你心中覺得自己悟見本性了，那麼依照大乘佛法修行即是。你自身迷惑，還不能悟見自己本心，卻反而來問我惠能悟見了沒有？我無從自己判斷，想取代你的迷惑也辦不到。你如果自性悟見了，又豈能取代我心中的迷惑？悟見了本性沒有，我是無法自己判斷的。你為什麼不自己好好修行，卻反而來問我看得見或看不見？」

神會行禮，於是成為門下弟子，不再離開曹溪山中，常在惠能左右身邊。

【新繹】

此章記惠能與神會討論本性悟見的問題。

神會是惠能十大弟子之一，也是南宗荷澤禪的祖師。據今人考證，他生於武則天光宅元年（六八四），卒於肅宗乾元元年（七五八）以後。湖北襄陽人，俗姓高。初學儒道，後出家為僧。曾謁見神秀，後拜惠能為師。惠能去世後，曾任南陽龍興寺住持，故又有人說他是南陽人。唐玄宗開元、天寶年間，弘揚曹溪頓教，曾奉詔入內道場，對南宗禪法的發展，貢獻很大。後住洛陽荷澤寺，故世稱荷澤大師。唐德宗貞元十二年（七九六），被尊為禪宗七祖。

此章記神會初來禮拜惠能的情形。神會在謁見惠能之前，已讀過儒家道家的一些典籍，也曾去見過神秀求法，所以他的問題，已非經書上的疑義，而是坐禪時的悟道之法。一般而言，坐禪時須結跏趺坐，端身澄慮，雙目微張，心則專注一處，因此神會問惠能坐禪時「見不見」的問題，是一個比較尖銳而難以回答的問題。你要說是「見」，卻明明已入禪定，實際上是視若無睹；你要說是「不見」，卻明明雙目未閉，必然有見於某一對象。神會提出這樣的問題，表示他對修行已有一定程度的體會。也因此，六祖惠能不攖其鋒，反而對神會把打了三幾下，問他「痛不痛」，用旁敲側擊的方式來開導他。

「見」與「不見」是客觀事物對立的兩端，是有形相可求的，不論是「見」或「不見」，那個事物對象是依然存在的；「痛」與「不痛」則是主觀的感受，它們因緣和合，一生一滅，當你覺得「痛」時就痛，覺得「不痛」時就不痛，二者之間不能假借，不能取代。

惠能所以會說：「見不見是兩邊，痛不痛是生滅」，是為了說明二者的性質不同。所以會說：「吾不自知，代汝迷不得。汝若自見，代得我迷？」也是為了說明「個人吃飯個人飽，自家修行自家得」的道理。

坐禪時見或不見呢？惠能以為不能執著於形相上的見與不見，而應該注意到修行悟道的本身，所以他回答說：「亦見亦不見」。見者為自身的過錯，不見者乃自身之外他人的罪失。他為什麼批評神會「若不痛，即同無情木石，若痛，即同凡夫」的說法呢？那是因為神會還執著於無情有情、凡夫不凡夫的緣故。前面第四十二章〈無相頌〉所說的：「若真修道人，不見世間過；若見世間非，自非卻是左。」「他非我不罪，我非自有罪；但自去非心，打破煩惱碎。」就是同樣的道理。修行悟道，是靠自修，是必須講求「於念而不念」、「於相而離相」的。

宗寶本記敘本章有關的文字，見於〈頓漸品〉，前後都有補加的情節。對照來看，是承襲契嵩本而來，顯然是在敦煌寫本的基礎上加工而成。

【宏一偈曰】

打汝痛不痛，亦痛亦不痛。何謂見不見，盡是亂起鬨。

第49章

三科法門

大師遂喚門人法海、志誠、法達、智常、智通、志徹、志道、法珍、法如、神會。

大師言：

汝等十弟子近前。汝等不同餘人。吾滅度❶後，汝各為一方師〔一〕❷。吾教汝說法〔二〕，不失本宗：舉三科法門，動三十六對，出沒即離兩邊❸。說一切法，莫離於性相❹。若有人問法，出語盡雙，皆取法對❺，來去相因❻，究竟二法盡除，更無去處。

三科法門者：蔭〔三〕、界、入。❼蔭是五蔭，界是十八界，入是十二入〔四〕。

何名五蔭？色蔭、受蔭、想蔭、行蔭、識蔭是。

何名十八界？六塵、六門、六識。❽

何名十二入？外六塵、中六門。

何名六塵？色、聲、香、味、觸、法是。

何名六門？眼、耳、鼻、舌、身、意是。

法性起六識❾：眼識、耳識、鼻識、舌識、身識、意識；六門、六塵。

自性含萬法❿，名為「含〔五〕藏識」。思量即轉識，生六識，出六門、六塵，是〔六〕三六十八。

由自性，邪起十八邪，含自性十八正〔七〕⓫。合〔八〕⓬惡用即眾生，善用即佛。

【校記】

〔一〕「師」，敦煌本作「頭」。宗師、頭領，意同。
〔二〕原無「法」字，據敦煌本補。
〔三〕「蔭」字或作「陰」，二字通用。
〔四〕原本「界」、「入」下各無「是」字，參敦煌本、惠昕本加。
〔五〕「含」，原本作「合」字，據敦煌本改。
〔六〕原無此「是」字，據敦煌本加。
〔七〕此句惠昕本改作「自性若正，起十八正」。
〔八〕「合」，敦煌本作「含」，楊校本據惠昕本改作「若」。

【注釋】

❶ 滅度——梵語「涅槃」的漢譯，或作「圓寂」、「入滅」，皆指僧人死亡。

❷ 汝各為一方師——你們每一位各將成為一方的宗師。汝是「汝等」的簡稱，因強調「各為一方師」，故稱汝。佛家以四面四隅加上下為十方，一方為十方之一。

❸ 出沒即離兩邊——是說一有出入動靜，就要脫離事物的兩個極端而守住中道，不要偏執任何一方。

❹ 莫離於性相——不可離開本性和形相。本性內隱，是諸法（宇宙萬有）之體；形相外顯，則為諸法之象。

❺ 皆取法對——都要採取上述三科法門和三十六對的法門。一說偏重三十六對法，取其對立關係，故惠昕本以下，多改此句為「皆取對法」。

❻ 來去相因——有來才有去，有去才有來。來去二者是相因相生的。下文第五十一章所說的明、暗亦是。

❼ 蔭界入——即下文所說的五蔭、十八界和十二入。五蔭，即色、受、想、行、識等五蘊，又作五陰、五聚、五眾。蔭、蘊皆有「類聚」之意。十八界，一作十八持，指十八種法界的類別。界，種類。十二入，一作十二處。入，指六門（感官）與六塵（外物）接觸時所生的知覺。例如眼能見色，故稱「眼入」等等。

❽ 六塵六門六識——即十八界。六塵，指色、聲、香、味、觸、法等六種容易受塵染的外境，又稱六境。六門，指眼、耳、鼻、舌、身、意等六種感官，此為六塵所入之門，故稱六門，亦稱六根。六識，即六根接觸六塵時所生的知覺意識。

❾ 法性起六識——自性引起六識。自性乃萬法不變的實體，用於有情，稱為自性；通於無情，稱為法性；就成佛之因性言，稱為佛性。

❿ 自性含萬法——自性之中，即包含一切善惡因果淨染的種子，所以才能因緣而生一切法。

⓫ 邪起十八邪二句——是說自性含萬法，有善惡淨染等相對立之因子，若起邪念，則十八界皆邪，但即使如此，自性中之正善因子並未泯滅。

⓬ 合——應該，合當。

【直譯】

惠能大師於是召喚門下弟子：法海、志誠、法達、智常、智通、志徹、志道、法珍、法如、神會。

惠能大師說：

你們十位弟子靠近座前來。你們不同於其他的人。我去世之後，你們將各自成為領導一方的宗師。我教導你們解說佛法，不可違背本宗的宗旨：標舉三科法門、運用三十六對，出入動靜即應離開正反兩個極端。解說一切事物現象，切勿離開實質和形相兩個層面。如果有人請教佛法，說出的話語都要成雙配對，完全採用三科法門和三十六對的分類對立觀念，往復來回，相因相生，最後還要把這兩種法門觀念全都除去，再也沒有爭論的空間。

所謂三科法門，是指蔭、界、入這三科。蔭是五蔭，界是十八界，入是十二入。

什麼叫五蔭呢？色蔭、受蔭、想蔭、行蔭、識蔭五項就是。

什麼叫做十八界呢？六塵、六門、六識就是。

什麼叫做十二入呢？外邊的六塵加上裡面的六門就是。

什麼叫做六塵呢？色、聲、香、味、觸、法六項就是。

什麼叫做六門呢？眼、耳、鼻、舌、身、意六者即是。

一切萬物眾生的自性，產生六識：眼識、耳識、鼻識、舌識、身識、意識；也產生六門、六塵。

自性之中包含一切萬物眾生的善惡淨染因子，因此稱為「含藏識」。心意轉動思量時，就是在轉動意識，會產生六識，出現六根的感官機能和六塵的外境對象。這三個六項加起來就是十八界。

一切都是由於自性產生的。邪念一起動，十八界都變成邪惡了，但裡面還是包含藏有十八界的正念。應該說是動用惡法的是一般俗眾，動用善法的就成了佛。

【新繹】

以下三章所記，都是惠能對他十大弟子的囑咐之言。

宗教思想家喜歡標榜門下有幾大弟子，禪宗也不例外。五祖弘忍門下，已有十大弟子之目，六祖惠能是否想如法泡製，或者是出於《壇經》纂輯傳抄者刻意的安排，已不得而知。從敦博本看，神會名列第十，而且名號前空了一格，這是古人對師長表示尊重的一種書寫習慣，因此有人據此推測敦博本的系統，應該是出自神會的弟子所傳。這是合理的推測。

據《景德傳燈錄》和《傳法正宗記》等書的記載，惠能的法嗣弟子，可考者有四十三人。在所謂十大弟子之中，除前面諸章所提到的五位之外，智通、志徹、志道三人，《景德傳燈錄》卷五都還有小傳，法珍、法如二人則生平不詳。其中寫志徹，說他本名張行昌，江西人，少任俠，還說禪宗「自南北分化，二宗主雖無彼我，而徒侶競起愛憎」，志徹即曾受北宗門人之囑，行刺惠能。想不到「祖舒頸而就，行昌揮刃者三，都無所損」，反而感化具戒出了家。故事富於傳奇的色彩，也富於教化的意義。所以惠昕本以下，像宗寶本就將志徹等人的這些資料都加進《壇經》之中，所謂「復增入弟子請益機緣，庶幾學者得盡曹溪之旨」。

這一章最主要的是記惠能對「三科法門」的闡述。「三科法門」和「三十六對」是惠能教導十大弟子的兩大要項。在他所列舉的三科中，五蔭、十八界、十二入的各科項目都有明白的交代，明顯可以看出來，都與六根（六門）、六識、六塵的和合因緣有關。就有情眾生而言，先須有眼耳鼻舌身意等六根之實體，具有所謂六識的各器官之功能識覺，而後接觸色聲香味觸法等等無情事物的所謂六塵，才會產生十八界或十二入的種種反應，也才會產生色受想行識等等五蔭的作用。可是，在論述中，或許由於傳抄的錯誤，有些文字前後次序錯雜了，因而予人費解之感。

例如：在「何名六塵」「何名六門」之後，按例應有「何名六識」來介紹六識是哪些，可是不但沒有，反而夾雜在「法性起六識」與「六門、六塵」之間。本來，「法性起六識」與「自性含萬法」是相對而言的，如此一夾雜，就顯得文理不順了。又例如：後面的一段文字，要說明自性之中，含藏著善惡淨染等等互相矛盾對立的因子，在轉識思量之際，若起邪念，則所有十八界的作用全都變成邪惡；若起正念，則所有十八界的作用亦全都化為正善。此即所謂「惡用即眾生，善用即佛」。可是，由於文句過於質樸，稍嫌滯澀，因此「由自性邪起十八邪含自性十八正含惡用即眾生善用即佛」這一段二十四個字的文句，歷來就有種種不同的讀法。像惠昕本大概覺得難解，乾脆將「含自性十八正」一句改作「自性若正，起十八正」。像這些地方，都是我們在校讀《壇經》各種版本時常會碰到的問題。

【宏一偈曰】

門下十弟子，各為一方師。法門有三科，萬法盡屬之。

第50章 三十六對

用由何等？由自性對外境無情，對有五〔一〕：天與地對，日與月對，暗與明對，陰與陽對，水與火對。

語與言對、法與相對〔二〕，有十二對：有為無為對❶，有色無色對❷，有相無相對，有漏❸無漏對，色與空對，動與靜〔三〕對，清與濁對，凡〔四〕與聖對，僧與俗對，老與少〔五〕對，〔六〕長與短對，高與下對。

自性居起用對〔七〕❹，有十九對：邪與正對，癡與慧對，愚與智對，亂與定〔八〕對，戒與非對❺，直與曲對，實與虛對，嶮與平對，煩惱與菩提對，慈與害對，喜與瞋〔九〕對，捨與慳對，進與退對，生與滅對，常與無常對，法身與色身對，化身與報身對，體與用對，性與相對。

有情與無親對❻。〔十〕言語與法相對，有十二對；內外境有無，五對。三身有三對〔十一〕，都合成三十六對也。

【校記】

(一)原本「對有五」無「對」字，據敦煌本補。

(二)「語與言對、法與相對」，惠昕本改作「法相語言」，鈴木校本改作「語言法相對」。所列項目不盡相同。

(三)原本「靜」作「淨」字，二字敦煌寫本通用。

(四)原本「凡」作「亂」字，據敦煌本改。

(五)原本「少」作「小」字，參惠昕本改。

(六)敦煌本在「老與少對」之後有「大大與少少對」，實成十三對。當為抄寫者涉上句原作「老與小對」而妄增。當刪。

(七)此句敦煌本同，大乘寺本、宗寶本皆無「居」字。

(八)原本「定」作「空」字，據敦煌本改。

(九)原本「瞋」作「順」字，據惠昕本改。

(十)「無親」即「無情」。敦煌寫本「親」「情」通用。此句當屬下讀，否則為二十對。惠昕本、契嵩本、宗寶本皆無此句。

(十一)「三身有三對」，今校讀者為配合三十六對之數，多參前面文句改作「自性居起用有十九對」。

【注釋】

❶有為無為對——有為與無為配成一對。有為，指一切有因緣造作者，反之則為無為。對，不僅講相對，而且講相成。

❷有色無色對——有物質形體的（色蘊）與沒有物質形體的（受、想、行、識等四蘊），配成一對。

❸有漏——有煩惱的。佛家以為世間一切法，盡皆塵勞；能脫離煩惱，即稱無漏。

❹自性居起用對——自性清靜及起動時運用的配對。居，靜止、休息，有清淨之意。與「起」對。用，即動

用之意。觀下文十九對中，有正有邪，有生有滅等等，可見「居」字非衍字。蓋自性之中有善惡正邪，亦有生滅動靜。

❺ 戒與非對——猶言是與非配對。戒，改正。

❻ 有情與無親對——是說有情感的眾生和沒有偏私之心的事物可以配對。此句蓋總括以上「自性居起用對」的十九對而言，不在十九對之中。

【直譯】

動用三十六對，要由哪些東西來發起呢？要由自性來配對外境無情的事物。配對有五種：天與地對、日與月對、暗與明對、陰與陽對、水與火對。

語與言對、法與相對，有十二種配對：有作為與無作為對、有物質與無物質對、有形相與無形相對、有煩惱與無煩惱對、色與空對、動與靜對、清與濁對、凡與聖對、僧與俗對、老與少對、長與短對、高與下對。

自性清淨與起動所使用的配對，有十九種對法：邪與正對、癡與慧對、愚與智對、亂與定對、是與非對、直與曲對、實與虛對、險峻與平坦對、煩惱與菩提對、慈愛與傷害對、喜歡與生氣對、施捨與吝嗇對、進與退對、生與滅對、恒常與無常對、法身與肉身對、化身與報身對、本體與作用對、內心與外貌對。

有情的眾生與無情的事物配對。言語與法相配對，有十二種對法；自性外境有情無情，有五種對法。另外法身、化身、報身等三身，有三種對法。全都合起來，就成為三十六對了。

【新繹】

此章承接上章，說明三十六對的實際內容。文章中說「外境無情對」有五種，「語言法相對」有十二種，「自性居起用對」有十九對，正好合乎三十六的數目，可見這些數目字並非泛舉。但最後幾句所說的數目字，所謂「十二對」、「五對」、「三身有三對」，加起來怎麼算，都與三十六之數不合。為什麼這樣寫，原因不詳。歷來校讀者為配合「三十六對」之說，多將「三身有三對」一句，逕自改作：「自性（居）起用對，有十九對」，實際上這是臆改，並沒有確實的根據，不可靠。

筆者個人以為：前面所列的三十六對，確定無疑，自可採信。後面所列的「言語與法相對」十二對，也前後一致，不成問題。「內外境有無，五對」與「由自性對外境無情」的五對，以乎也可等同。只有「有情與無親對」這一句是沒著落的，筆者以為它應即對應上文的「自性居起用對」。上章說：「自性含萬法」，自性之中兼有善惡正邪淨染等等的因子，一旦思量轉識時，就會出現在六識六門六塵十八界中，因此一起邪念，十八界都會隨之變成邪惡，亦即所謂「惡用即眾生」。眾生有情，所以容易被六塵所染而起偏執之心；如果起了善念，則十八界皆善，此即所謂「善用即佛」。佛者覺也，覺知本性清淨，雖然明白「天道無親，常與善人」的道理，卻不會為其所限。此章所說的「自性居起用」、「有情與無親」的對法，應皆即指此而言。據文中說，這些對法共有十九對。因此和上述的「十二對」「五對」加起來，還是合乎三十六之數。

至於「三身有三對」，指的應是「法身與色身對，化身與報身對」二句，意思不是說法身、化身、報身這三身共有三對，而是說它們三者都各自需要動用三十六對。因為它們本來就在「自性居起用對」的十九對之中，而且它們也不是真的有三個配對。

研究中國古代駢文韻文的人看了此章之後，應該特別有感觸。中國古代韻文，特別重視字句的冶鍊和詞性的對仗，原來都與佛經的翻譯轉讀有密切的關係。就近體詩而言，初唐律體詩的興起，也應該與此章言「對」的風氣有關。據印順《中國禪宗史》說，這三十六對是佛經上所未見的，如果是的話，那就應是惠能所新創的說法了。

【宏一偈曰】

三十六對法，出沒離兩邊。自性對外境，對對相牽連。

第51章

離相離空

此三十六對法，能〔一〕用通一切經，出入即離兩邊。

如何自性起用三十六對？共人言語，出外於離相〔二〕，入內於離空〔三〕。❶著空則惟長無明❷，著相惟邪見〔四〕。謗法，直言「不用文字」。既云「不用文字」，人不合言語；言語即是文字。自性上說空，正語言本性不空。❸迷自惑，語言除故〔五〕。❹

暗不自暗，以明故暗；暗不自暗，以明變暗。以暗現明，來去相因。〔六〕三十六對，亦復如是。

【校記】

〔一〕「能」字，敦煌本作「解」。二字可通用。

〔二〕此句敦煌本同，惠昕本作「外於相離相」。

〔三〕此句敦煌本作「入內於空離空」，惠昕本作「內於空離空」。

〔四〕此句惠昕本作「若全著相，即長邪見」。

〔五〕原本「自性上說空正語言本性不空迷自惑語言除故」十九字，與敦煌本全同，惠昕本無。鈴木校本為：「自性上說空正語言，本性不空迷自惑，語言除故。」楊校本云：「從此大段內容看，是講中道和不二法門的，要求『出語盡雙』，『出入即離兩邊』，把握空有相即不二的道理，對語言文字也應這樣，既講語言性空，又要承認其性不空，如看到語言空的方面而要人『不用文字』，廢除語言，也是一種迷惑。」

(六) 以上六句，敦煌本同。楊校本云：「鈴木在校注中說，其中的第二句『暗不自暗』『恐當作「明不自明，以暗故明」』。是對的。但鈴木沒有校改正文。從下面的『以明變暗，以暗現明』來看，把正文校改為『明不自明，以暗故明』是符合原意的。敦煌本、敦博本是同本異抄本，原本有錯訛（其中有不少明顯錯誤），致使此二本存在同樣的錯。」

宏一按，敦煌寫本無誤。

【注釋】

❶ 出外於離相二句——是說與人說話討論時，話說出去，對外境要於相離相，不偏執；話聽進去，在內心要於空離空，不虛無。簡而言之，是說要明辨是非虛實，既不偏執一端，亦不虛言空談。

❷ 無明——不聰明，愚昧。

❸ 自性上說空二句——是說在自性上主張「性空」的人，當他用語言文字在討論「性空」時，正表示本性不空。

❹ 迷自惑二句——是說自己所以會迷惑，是由於主張語言文字要滅除的緣故。

【直譯】

這三十六種配對法，能夠利用來融會貫通一切經典，動靜出入就可以脫離兩個極端的偏執。

要如何從自己本性中起用這三十六種對法呢？跟大家說話討論時，話說出口，對於外在的事物現象，要能脫離形相而不偏執一端；話聽進去，要在內心裡不固執成見，虛心卻不空談。落於空談就更增加愚昧無知，偏執形相也只是助長邪見惡念。

誹謗佛法的人，一向強調「不用文字」。既然「不用文字」，那麼人就不應該言語了。言語，就是文字。自性上主張性空的人，正可從他討論的語言中，證明本性不空。所以會執迷自惑，都是因為語言斷絕的緣故。

黑暗不是自己黑暗的，是因為有光明對照，所以才顯得黑暗；黑暗不是自己黑暗的，因為有光明相映，所以才變得黑暗。用黑暗來凸顯光明，來回正反之間，相依相成。三十六對的用法，也都是如此這般。

【新繹】

此章承接前二章，記述惠能對十大弟子的囑咐之言，特別集中在「動三十六對，出沒即離兩邊」的論點上。

上一章列明三十六對的內容項目，主要有「外境無情對」、「語言法相對」、「自性居起用對」三大類，涉及了宇宙萬有與個人、語言文字與法相、自性清淨與動念等等的問題。惠能先教導弟子明白什麼是「三科法門」，然後再傳授「三十六對」，用意應該是希望弟子了解，一切宇宙萬物是既矛盾對立，而又調和統一的。三十六對，就是在這個基礎上建立起來的類別。上自宇宙天地，下至現實生活，無所不包。能夠了解並善加利用它們的話，就可以萬法盡通，萬行俱備。而要認識了解，卻又不能不透過語言文字來做媒介。

禪宗向來主張直指人心，不立文字。也就是此章所說的「不用文字」。這裡的「文字」，包括語言，所以文中特別強調：「言語即是文字」。因為它們都是表情達意的工具，都是傳遞信息的符號。雖然文難以盡言，言難以盡意，像佛教中的真如、法性等等，就很難用語言文字來曲盡形容，但是，要傳道解惑，卻又不能不藉之來表達和傳授。因此，惠能從對立、配對的觀點，來提出他的新看法。他認為是可以「不用文字」，但不可執著於此，該用文字的時候，還是要用，只是不可偏執一端，固執己見。更重要的是，要懂得「出入即離兩邊」，「莫離於性相」，卻又於相離相，於空離空。

所謂兩邊，是指一切事物的兩端，從天地日月到體用性相，從陰陽明暗到正邪愚智，通常是兩兩相對的，可以找到相對相反的對象。一般人的看法，兩邊一正一反，互相矛盾對立。此端善則彼端惡，此邊是則彼邊非，所以理當擇其一端而固守之，此即所謂擇善而固執。可是惠能不這樣看，他以為這樣仍是偏執一端，不能全面看待問題，也就不能用中道來調和矛盾對立。所以他舉明暗為例，說沒有明也就沒有暗，明暗二者是相對相反又相生相滅的。宇宙萬有的道理莫不如此，而這個道理是可以從自性起用三十六對的方法來推知的，有天就有地，有日就有月……有體就有用，有性就有相。一切都要透過語言文字來說明傳授，所以不可片面排斥語言文字在學道證道中的功用。

【宏一偈曰】
出外貴離相，入內貴離空。自性雖云空，語言卻不空。

第52章 法宗壇經

大師言：「十弟子！已後傳法，遞相教授一卷《壇經》，不失本宗。不稟受《壇經》，非我宗旨。❶如今得了，遞代流行。得遇《壇經》者，如見吾親授。」

十僧得教授已，寫為《壇經》，遞代流行。得者必當見性。

【注釋】

❶ 不稟受《壇經》二句——沒有傳承授受《壇經》這本書的，所說禪法就不是本門宗旨。可見從此以後，《壇經》是南宗傳法的信物。

【直譯】

惠能大師說：「十位弟子！以後傳法，一個接著一個教導傳授這一本《壇經》，就不會違背本門宗旨。如果不是稟承接受《壇經》觀點的，就不是我們禪宗的旨意。現在你們已經得到了，應當一代接著一代流傳下去。能夠接觸到《壇經》的人，就如同看見我親自傳授一般。」

這十位門徒得到大師教導傳授完畢之後，就寫成了這本《壇經》，一代接著一代流傳後世。

得到的人一定可以悟見本性。

【新繹】

此章是記惠能在對十大弟子「舉三科法門」和「動三十六對」之後，又傳授《壇經》給他們，做為傳法的依據。從此，《壇經》這本書就取代了袈裟，成為南宗傳法的信物了。第四十三章曾說：「若不得《壇經》，即無稟受。須知法處、年月日、姓名，遍相付囑。無《壇經》稟承，非南宗弟子也。」這些話，與此章可以互相參看。

有人以為從本書第四十三章以下，都是後人假託之詞，也有人以為這是惠能的弟子或再傳弟子為了標榜《壇經》的重要，所作的宣傳。不管如何，《壇經》在惠能死後，真的是「遞代」流行，迄今而不衰。

【宏一偈曰】

傳法十弟子，壇經為宗旨。遞代相稟受，如見六祖已。

第53章

眞假動靜

大師先天二年八月三日滅度〔一〕❶。七月八日喚門人告別。大師先天元年於新州國恩寺造塔〔二〕❷，至先天二年七月告別。

大師言：「汝眾近前。吾至八月，欲離世間，汝等有疑早問，為汝破疑，當令迷者盡〔三〕，使汝安樂。吾若去後，無人教汝。」

法海等眾僧聞已，涕淚悲泣。唯有神會不動，亦不悲泣。

六祖言：「神會小僧，卻得善等〔四〕❸，毀譽不動。餘者不得，數年山中，更修何道！汝今悲泣，更有〔五〕阿誰❹？憂吾不知去處？吾〔六〕若不知去處，終不別汝。汝等悲泣，即不知吾去處；若知去處，即不悲泣。

「性無生滅〔七〕，無去無來。汝等盡坐，吾與汝一偈：〈真假動靜〔八〕偈〉。汝等盡誦取，見此偈，意與吾同。依此修行，不失宗旨。」

僧眾禮拜，請大師留偈，敬心受持。

偈曰：

一切無有真，不以見於真，

若見於真者，是見盡非真。
若能自有真，離假即心真，
自心不離假，無真何處真？
有性〔九〕即解動，無情即無動，❺
若修不動行，同無情不動。
若見真不動，動上有不動，
不動是不動，無情無佛種。
能善分別相，第一義不動，
若悟作此見，則是真如用。
報諸學道者，努力須用意，
莫於大乘門，卻執生死智。
前頭人相應，即共論佛義，
若實不相應，合掌禮勸善。

此教本無諍〔十〕，若道〔十一〕失道意，

執迷諍法門〔十二〕，自性入生死。

眾僧既聞，識大師意，更不敢諍，依法修行。一時禮拜，即知大師不久住世。

【校記】

〔一〕原本無「師」字和「滅度」二字，據敦煌本補。

〔二〕原本「新」作「蘄」，「恩」作「因」，參敦煌本、惠昕本校。

〔三〕原本「令」作「今」字，據敦煌本改。「盡」字下疑脫「悟」字。

〔四〕「善等」，敦煌本同，惠昕本作「善不善等」。

〔五〕「有」，敦煌本作「者」，惠昕本改作「憂」。有、憂同音相假。

〔六〕「吾」字，敦博本、敦煌本皆作「在」字，據惠昕本改。

〔七〕此句敦煌本作「性聽無生無滅」。聽，去聲，任憑之意。有人改「聽」為「體」，似不必。

〔八〕原本「靜」作「淨」字，敦煌本同。

〔九〕「有性」，敦煌本同，惠昕本改作「有情」。

〔十〕原本「諍」作「淨」字，據敦煌本改。

〔十一〕「若道」，敦煌本作「無諍」。

〔十二〕原本「諍」作「淨」字。

【注釋】

❶ 先天二年八月三日滅度——或云惠能卒於開元元年（七一三）。查唐玄宗先天二年十二月，始改元為開元元年。惠能是年八月死，應為先天二年無誤。滅度，與圓寂、涅槃、無常、往生同義。

❷ 先天元年於新州國恩寺造塔——是說先天元年（七一二）八月以後，在新州（今廣東新興縣）國恩寺（六祖惠能故居所改建）建塔，預留埋骨藏身之所。先天元年八月以前稱延和元年，至八月始改元先天。

❸ 卻得善等——卻反而有優等的表現。「善等」，敦煌寫本皆如此，惠昕本則改作「善不善等」，意思是說神會雖是小和尚，卻能將好與不好的事情視為一事，而不動心。可備一說。

❹ 更有阿誰——更有何人。「有」，惠昕本作「憂」，語意更明確。

❺ 有性即解動二句——二句互文見義。是說有性有情就會心動，反之，則不然。

【直譯】

惠能大師在唐玄宗先天二年八月三日去世。七月八日召喚門下弟子告別。大師先在先天元年在新州國恩寺建造墓塔，到先天二年七月才召集門下弟子來告別。

惠能大師說：

「你們眾人都靠近前來！我到八月，就要離開世間了。你們如有疑惑，儘早提問。我會為你們破除疑難，必定使迷惑的問題完全除盡，讓你們身心安樂。我一旦離開以後，就沒有人教導你們了。」

法海等眾多門徒聽了，都流下淚水悲聲哭泣。只有神會不動聲色，也不悲聲哭泣。

六祖說：

「神會雖是小和尚，卻能有好表現，毀譽都不動心。其餘的人都做不到，不知道這幾年在曹溪山中，修了什麼道！你們現在悲聲哭泣，難道還有何人使得你們如此嗎？是憂傷我不知去處何在嗎？我如果不知道去處何在，就一定不會告別你們的。你們眾人悲聲哭泣，就是因為不知道我去處吧？如果知道去處何在，就不會悲泣了。

「佛性是無所謂生成或消滅的，也沒有過去或未來。你們眾人都坐下來，我送給你們一首偈頌：〈真假動靜偈〉。你們眾人都要記誦起來，可以看出這首偈頌，旨趣跟我一樣。依照此偈修行，就不會違背本門宗旨。」

僧徒眾人頂禮膜拜，請惠能大師留下偈頌，以誠敬的心來接受修持。偈頌是這樣說的：

一切宇宙萬物都沒有真實的，
不要以為所見的就一定真實；
如果所見的就以為全是真的，
那就是他所見的全都不真實。

如果能夠自己身上有真實心，
脫離了虛妄，就是心地真實；
要是自己的心地不脫離虛妄，

沒有真實心，哪裡還有真實？

有性有情的眾生就懂得動心，
無性無情的木石就不會動心；
如果修行的是不動心的佛法，
那就如同無情木石不會動心。

如果遇見真正不動心的佛法，
在該動心上面還有不動的心；
不動的心就像是木石不會動，
沒有感情也就沒有成佛的因。

能夠善於分別各種因緣境相，
又須堅持最高的原則不動搖；
如果開悟了，能作如此見解，
那也就是真如的作用太奇妙。

奉告諸位學習佛法大道的人，

努力精進，更要專心用得對；
千萬不要在大乘教的法門中，
還執著於生死輪迴的小智慧。

前頭的人如果論道能相投契，
就跟他一起討論佛法的真諦；
如果彼此實在不能相契相合，
那就合掌行禮向他表達善意。

這些教法本就沒有什麼爭議，
如果有爭議就有違佛道本意；
執迷不悟卻還爭論法門的人，
他的本性會落入生死輪迴裡。

眾僧聽了以後，都能體會大師的意思，更不敢有所爭議，依法修行就是。同時禮拜，都知道大師時間不久了，在這人世間。

【新繹】

此章記敘惠能在死前不久，召集門人告別，並傳授〈真假動靜偈〉。時間是在唐玄宗先天二年七月八日，地點是在新州國恩寺。

惠能自料此身將死，所以在先天元年就建造墓塔，並在完成之後，召喚門人前來告別。法海等人知悉後，所謂「死生亦大矣」，無不涕淚悲泣，這是情理之常，但神會一人卻似乎不為所動。對此，惠能稱讚神會能勘破生死而責備其餘門人修道無成，不能忘情。因為就佛家而言，如果真的修道成佛，證悟了真如本性，那麼離開世間，正是斷盡輪迴，進入涅槃，這不但不應悲傷，反而應該高興才對。涕淚悲泣的弟子，顯然不知惠能死後的去處，是在涅槃彼岸，所以才會因失去導師而悲泣。就惠能而言，他有信心「知吾去處」，即不為離開人世而悲傷，又覺得已留下《壇經》一卷，以後「得遇《壇經》者，如見吾親授」，剩下來最重要的，是完全看弟子們自己如何修持奉行，所以門下弟子也不應該因以後不能見面而悲傷哭泣。相較之下，神會不動聲色，亦不悲泣，反而像是已擺脫三障、勘破生死，因而稱讚他說：「神會小僧，卻得善等，毀譽不動。」

說神會是「小僧」，那應是指其年輩而言，前面列述惠能的十大弟子，神會居末，可能就是這個意思。近代有些學者彙考各種資料，推定神會這時已四十幾歲，至少也已二十六歲，不該稱為「小僧」，事實上沒有必要。從惠能稱許的口氣或與法海等入門早的弟子相比，稱神會為「小僧」，絕無輕視之意。說神會「得善等」，即優於其他弟子的意思，敦博本和敦煌本都作「得善等」，應該是對的；惠昕本以下把它改作「得善不善等」，意思是說神會已能脫離善與不善對立的層面來看待問題，道理沒錯，但這樣的講法未免求之過深了。所謂「毀譽不動」，揆諸當時眾僧悲泣的場面，應該是有人責備神會之「不動，亦不悲泣」有違人之常情，因而惠能發言及之。現在多將它與「得善不善等」合看，恐怕都是求之過深而落入理障了。

不過，有人從此章惠能之獨許神會，以及前面列述十大弟子時，於神會名號之前空格示敬的格式，去推測《壇經》的流傳，可能與神會一系有密切的關係，這倒是一個值得再作進一步研討的課題。

至於〈真假動靜偈〉，是惠能自作或引述前人作品，不得而知。至於內容，筆者已經逐字逐句加以直譯，應當對讀者的涵泳玩味有一定的幫助，這裡就不再贅述了。

【宏一偈曰】

六祖滅度前，真假動靜偈。教人識有無，論道辨生滅。

第54章

一花五葉

上座法海向前言：「大師，大師去後，衣法當付何人？」

大師言：「法即付了，汝不須問。吾滅後二十餘年，邪法撩〔一〕亂❶，惑我宗旨。有人出來，不惜身命，定佛教是非，豎立宗旨，即是吾正法。衣不合傳。汝不信，吾與誦先代五祖〈傳衣付法頌〉〔二〕。若據第一祖達摩〔三〕頌意，即不合傳衣。聽吾與汝誦〔四〕。」頌曰：

第一祖達摩和尚頌曰：

吾本來東土〔五〕，傳教救迷情，❷
一花開五葉❸，結果自然成。

第二祖慧可和尚頌曰：

本來緣有地，從地種花生，
當來元無地，花從何處生。

第三祖僧璨和尚頌曰：

花種須因地，地上種花生，
花種無生性，於地亦無生。

第四祖道信和尚頌曰：

花種有生性，因地種花生，
先緣不和合，一切盡無生。

第五祖弘忍和尚頌曰：

有情來下種，無情花即生，
無情又無種，心地亦無生。〔六〕

第六祖惠能和尚頌曰：

心地含情種，法雨即花生，〔七〕
自悟花情種，菩提果自成。

能大師言：「汝等聽吾作二頌，取達摩和尚頌意。汝迷人依此〔八〕頌修行，必當見性。」

第一頌曰〔九〕：

心地邪花放，五葉逐根隨，
共造無明業，見被業風吹〔十〕。

第二頌曰：

心地正花放，五葉逐根隨，
共修般若慧，當來佛菩提。〔十一〕

六祖說偈已了，放眾生散。門人出外思惟，即知大師不久住世。

【校記】

〔一〕原本「撩」作「遼」字，據惠昕本改。「撩」今或作「繚」。

〔二〕「頌」原本作「誦」字，敦煌本同，據惠昕本改。

〔三〕「達摩」原本作「達磨」，為與前面第三十九章「西國第一祖達摩祖師」及後面第五十五章「南天竺國王子第三太子菩提達摩」等一致，皆改「磨」為「摩」。下同。

(四)原本無「誦」字。敦煌本作「聽五與汝頌」，「五」應作「吾」，「頌」應作「誦」。

(五)原本作「吾大來唐國」，敦煌本同，此據惠昕本改作「吾本來東土」。契嵩本、宗寶本更改作「吾本來茲土」。達摩於北魏時來中國，不得預知後來有「唐」，故知此非達摩原作，或經後人改動。

(六)二祖至五祖頌詞，惠昕本以下三本俱無。

(七)以上二句，原本「含」作「舍」，「花」作「化」，據敦煌本改。

(八)原本「此」作「法」字，據敦煌本改。

(九)原本缺「曰」字，下一頌也缺「曰」字，皆據敦煌本加。

(十)原本二「業」字皆作「葉」。

(十一)以上惠能所作二頌，惠昕本以下三本俱無。

【注釋】

❶ 邪法撩亂——邪法會出來挑撥作亂。有人以為「撩亂」當作「繚亂」，即紛亂之意。實則二者用法不同。

❷ 吾本來東土二句——是說達摩東來的本意，是為了傳播佛法，解救愚癡的眾生。首句敦煌寫本原作「吾大來唐國」，不通。達摩來中國是在北魏、齊梁之際，豈知後世有「唐」，故知此非原作，或曾經後人改動。

❸ 一花開五葉——一花綻放，五葉相隨。葉，也可指花瓣，五葉即五瓣。用葉瓣襯托花開來比喻禪教在中國的開展。葉，又有世、代之意，因此五葉亦可指五個世代。有人以為一花指達摩，五葉指二祖慧可以迄六祖惠能；也有人以為花指禪宗，五葉指惠能以前的五位祖師；更有人以為五葉是指後來禪宗的溈仰、臨濟、曹洞、雲門、法眼等五家宗派。

【直譯】

上座法海走向惠能座前說：「大師父！大師父離開以後，傳法的袈裟和心法應當交給哪一個人？」

惠能大師說：「心法即將傳授，你不必問了。我寂滅後二十多年，邪法會起來挑撥，造成紛亂，干擾本門宗旨。有人會挺身出來，不惜身家性命，論定佛教的是非，樹立正宗大義，就是我們禪宗所傳的正法。袈裟是不應該再傳下去了。你不相信的話，我來給你唱誦先前幾代五位祖師的〈傳衣付法頌〉。如果依照第一代祖師達摩偈頌的本意，就不應該再傳袈裟了。來聽我給你唱誦吧。」

頌詞如下：

第一代祖師達摩和尚的頌詞這樣說：

我最初來到東方所謂中土的原因，
是宣揚佛教來救迷惑的有情眾生；
就像一朵花開，有五瓣花葉陪襯，
所結的果實，是自然而然的形成。

第二代祖師慧可和尚的頌詞這樣說：

本來就是因為有土地種植的因緣，
所以才在土地上種花，使之成長；
如果當初就原本沒有種植的土地，
請問所開的花朵，又從何處綻放？

第三代祖師僧燦和尚的頌詞這樣說：

花的種植，必須因應土地的環境，
在適當的土地上種花才能夠成長；
如果花種的本身沒有成長的本性，
那麼種在土地上也不會有花綻放。

第四代祖師道信和尚的頌詞這樣說：

花種的本身，各有其天生的本性，
因應土地的環境，種花才能成長；
要是開花之前的因緣不能相和合，
那麼一切免談，花完全不會綻放。

第五代祖師弘忍和尚的頌詞這樣說：

有感情的眾生肯來播下花的種子，
那麼沒有感情的花木也都會成長；
如果沒有感情，又沒有花的種子，
那麼空有心地，也沒有花葉開展。

第六代祖師惠能和尚的頌詞這樣說：

心地上如果帶有感情又播下花種，
佛法就會像時雨普霑，使花繁生；
如能自悟花和感情、種子的關係，
那麼菩提的果實也就會自然長成。

惠能大師說：「你們眾人聽我作兩首偈頌，取的是達摩和尚頌詞的旨意。你們之中愚癡的人，若依照這二頌來修行，必定會悟見本性。」

第一首頌詞這樣說：

心地上如果任憑邪惡的花朵綻放，
五瓣花葉就會隨著根蒂到處流轉；
共同造就了無明煩惱的種種作用，
眼看著被那罪惡的風吹得團團轉。

第二首頌詞這樣說：

心地上如果正善的花朵到處綻放，
五瓣花葉就會隨著根蒂到處開展；
共同修成了般若至高無上的智慧，
將來為佛性菩提證得一個好榜樣。

六祖惠能解說偈頌完畢以後，就讓僧徒眾生散去。門下弟子走出講堂外面想想，就知道惠能大師不會太久了，在這人世間。

【新繹】

這一章承接上文，記法海在惠能死前，問衣法當付何人。因為惠能曾從五祖弘忍處，得到衣法的傳授，成為禪宗正統的標記，所以法海有此一問。惠能的回答是：「法即付了」，「衣不合傳」。

對照此章上下文，「法即付了」應與下文說二十幾年後，有人出來定佛教是非一事有關。印順《中國禪宗史》第五章第五節云：

> 這明顯是暗示神會，於開元二十年（七三二）頃，在滑臺大雲寺，召開定南宗宗旨大會的事。《神會語錄》作「我滅度後四十年外」。《壇經》大乘寺本作「有南陽人出來……，即是吾法弘於河洛，此教大行」，更明顯的暗示神會在洛陽提倡南宗，這分明是荷澤門下所附益的。

易言之，「法即付了」這句話，是暗示六祖惠能將傳位給神會。印順以為這是荷澤宗神會門下，為了推尊神會所作的附益之辭。這是合理的推測。印順更指出來，這與前面第四十九章惠能要十大弟子在他滅度之後「各為一方師」的付囑之言，也是前後矛盾的。由此可見，《壇經》的傳本中，確實存在神會一系所增益附會的痕跡。

至於「衣不合傳」，則與下面的〈傳衣付法頌〉有關。惠昕本以下，契嵩本、宗寶本都一樣沒有二祖至五祖的四首頌詞，也沒有惠能取達摩之意所作的兩首頌詞，這究竟意味著所據傳本不同，或者覺察此乃後人增益，故予以刪去，原因不得而知。但從頌詞看，達摩意在傳教修行，以救迷情，與袈裟誠然無關。如果惠能認為：以袈裟做為傳位信物之一，容易引起繼承人之間的爭奪，加上考慮讓十大弟子「各為一方師」，並世弘法，不再直指單傳，把秘傳的頓悟心法全放在

《壇經》一卷之中，「得遇《壇經》者，如見吾親授」，如此一來，也就真的無所謂傳不傳衣法的問題了。

【宏一偈曰】

一花開五葉，其意竟如何？種花須有地，葉瓣不在多。

第55章

禪宗世系

六祖後至八月三日，食後❶，大師言：「汝等著㈠位❷坐，吾今共汝等別。」

法海問言：「此頓教法傳受，從上已來至今幾代？」

六祖言：「初，傳受七佛❸，釋迦牟尼佛第七，大迦葉第八，阿難第九，末田㈡地第十，商那和修第十一，優婆鞠多第十二，提多迦第十三，佛陀難提第十四，佛陀密㈢多第十五，脇比丘第十六，富那奢第十七，馬鳴第十八❹，毗羅長者㈣第十九，龍樹第二十❺，迦那提婆第二十一，羅睺羅第二十二，僧伽那提第二十三，僧伽耶㈤舍第二十四，鳩摩羅馱第二十五，闍耶多第二十六，婆修盤多第二十七，摩拏羅第二十八，鶴勒那第二十九，師子比丘第三十，舍那婆斯第三十一，優婆崛多第三十二，僧伽羅第三十三，須婆蜜多第三十四，南天竺國王子第三太子菩提達摩第三十五❻，唐國僧慧可第三十六，僧璨第三十七，道信第三十八，弘忍第三十九，惠能自身㈥當今受法第四十。」

大師言：「今日已後，遞相傳受，須有依約，莫失宗旨。」

【校記】

〔一〕「著」，原本作「若」，敦煌本作「善」，據惠昕本改。

〔二〕「田」，原本與敦煌本皆作「因」字，據惠昕本改。

〔三〕「密」，敦煌本作「蜜」。此譯音。

〔四〕「毗羅長者」，敦煌本同，鈴木據惠昕本校為「毗羅尊者」。為保持原貌，此名似以不改為宜。

〔五〕「耶」，原本作「挪」，敦煌本作「那」。挪、那，譯音。

〔六〕「自身」，原本作「自今」，據敦煌本改。

【注釋】

❶ 食後——古代僧侶多日中一食，過午不食。因此「食後」應指中午前、正餐之後的時間。

❷ 著位——固定的座位。

❸ 七佛——佛家以「劫」做為計算時間的單位，每一劫的時間都很長很長，約等於一座山自然消失而夷為平地那麼久。據《賢劫千佛名經》等書記載，當今世界處於三劫中的「賢劫」時代，將有千佛出世。過去已有七佛出現，第一位是毘婆尸佛，第七位是釋迦牟尼。

❹ 馬鳴第十八——馬鳴是第十八位。梵名 Aśvaghoṣa，約生當西元一〇〇年初期。博習三藏，通內外典，是印度禪宗的祖師，也是佛教史上著名的詩人。

❺ 龍樹第二十——龍樹是第二十位。梵名 Nāgārjuna，與馬鳴一樣博學多識，同稱菩薩。他是印度大乘佛教中觀學派的創始人。

❻ 菩提達摩第三十五——達摩祖師是第三十五位。這是包括賢劫前七佛的算法，如果扣去賢劫七佛不算，他就是第二十八代。

【直譯】

六祖惠能後來到了八月三日，大家用過正餐之後，大師說：「你們大家都在原來地方坐下來，我今天要與你們眾人告別。」

法海問道：「我們這個頓教法門的傳授，從上古以來到現在是第幾代了？」

六祖說：「起先，傳承了七位佛陀，釋迦牟尼是第七位，大迦葉第八位，阿難第九位，末田地第十位，商那和修第十一位，優婆鞠多第十二位，提多迦第十三位，佛陀難提第十四位，佛陀密多第十五位，脇比丘第十六位，富那奢第十七位，馬鳴第十八位，毗羅長者第十九位，龍樹第二十位，迦那提婆第二十一位，羅睺羅第二十二位，僧迦那提第二十三位，僧迦耶舍第二十四位，鳩摩羅馱第二十五位，闍耶多第二十六位，婆修盤多第二十七位，摩拏羅第二十八位，鶴勒那第二十九位，師子比丘第三十位，舍那婆斯第三十一位，優婆崛多第三十二位，僧伽羅第三十三位，須婆蜜多第三十四位，南天竺國王子第三太子菩提達摩第三十五位，唐國僧慧可第三十六位，僧璨第三十七位，道信第三十八位，弘忍第三十九位，惠能我自己，當今受法，是第四十代。」

大師說：「今天以後，這些世系要一個接著一個傳遞下去，必須有所依循約束，切莫違背本門宗旨。」

【新繹】

這一章介紹禪宗頓教的世系法統。

依照本章所述，自大迦葉（即摩訶迦葉）至菩提達摩，共二十八代，此即所謂西天二十八祖；若自菩提達摩算起，至惠能，共計六代，此即所謂東土六祖。核對惠昕本以下各本，大同小異，不同者只是音譯漢字略有差異、西天二十八祖的若干順序稍有調整而已。

這個法統，對於頓教法門的後世繼位人來說，非常重要，但對於一般僧眾信徒而言，所謂西天二十八祖，除了其中一些比較常見的，例如大迦葉、阿難、馬鳴、龍樹等人之外，恐怕大家所知，極為有限。《寶林傳》、《祖堂集》、《宗鏡錄》乃至契嵩《傳法正宗記》所立的世系，恐怕只被當做文獻資料。法海會在惠能死前提出這個問題，也正表示惠能生前很少談到這方面的事情。

【宏一偈曰】
頓教論世系，釋迦列第七。如從東傳計，達摩居第一。

第56章

衆生即佛

法海又白〔一〕：「大師今去，留付何法，今後代人如何見佛？」

六祖言：「汝聽！後代迷人，但識眾生，即能見佛；若不識眾生，覓佛萬劫❶，不可得也。吾今教汝識眾生見佛，更留〈見真佛解脫頌〉。迷即不見佛，悟者即見。」

「法海願聞，代代流傳，世世不絕。」

六祖言：「汝聽！吾與汝說。後代世人，若欲覓佛，但識眾生，即能識佛，即緣有眾生。離眾生，無佛心。」

迷即佛眾生，悟即眾生佛。
愚癡佛眾生，智慧眾生佛。
心嶮佛眾生❷，平等眾生佛。
一生心若嶮，佛在眾生心〔二〕。❸
一念悟若平，即眾生自佛。
我心自有佛，自佛是真佛。

自若無佛心，向何處求佛。

【校記】

〔一〕原本「白」作「自」，據敦煌本改。

〔二〕此句敦煌本作「佛在眾生中」。以上二句，疑非此頌原有。

【注釋】

❶ 覓佛萬劫——是說在曠古萬劫之中，尋找佛陀。萬劫，比喻時間的極為久遠。這句話也同時用來比喻渺不可尋。

❷ 心嶮佛眾生——心地險詐的話，佛也變成一般俗人。嶮，通「險」，敦煌本作「劍」。像山一樣險峻，像劍一般危險。二字音義可通。第五十章「三十六對」中說「嶮與平對」，可參。

❸ 一生心若嶮二句——一旦所生的心念像山一樣的險峻，那麼佛心與眾生之心就沒有差別。眾生心，指眾生之初心本性，皆有佛體，否則向何處求佛。見《大乘起信論》。「嶮」與「心」可叶韻。敦煌本二句作「一生心若劍，佛在眾生中」，「劍」與「中」不叶韻。偈頌每四句一偈，此二句恐非原作所有。

【直譯】

法海又稟告說：「大師如今離開，將留交什麼法門，使後代的人知道如何悟見佛陀？」

六祖惠能說：「你聽著！後代迷惑的人，只要識得眾生，也就能見得到佛；如果不能識得眾生，那麼想要見得到佛，即使經過千萬劫的漫長時間，也不能找得到呀！我現在教你如何識得眾生、悟見佛性的道理，再留下一首〈見真佛解脫頌〉。執迷不悟的話，就不能見到佛；悟得的人就見得到。」

（法海說：）「法海願意聆聽，代代流傳，世世不絕。」

六祖惠能說：「你聽著！我給你說。後代的世俗之人，如果想要見佛，只要識得眾生，就能夠識得佛的，這都是因為有眾生心的緣故。離開眾生，就沒有佛心了。」

執迷不悟，那就使佛變成了眾生，
能夠了悟，那就使眾生變成了佛；
愚癡的話，那就使佛變成了眾生，
智慧的話，那就使眾生變成了佛。

心地險詐，那就使佛變成了眾生，
心地平坦，那就使眾生變成了佛；
一旦產生了惡念，像山一樣險峻，
那麼佛性就會收藏在眾生的本心；
一旦心念開悟了，像地一樣平坦，
那麼即使是眾生，也會變成了佛。

我們大家的心中，本來就有佛性，
自己心中的佛性，才是真的佛性；
自己的心中，如果原來沒有佛心，
那麼請問還能向哪裡去尋求佛性？

【新繹】

這一章透過法海和惠能的問答，說明佛心即眾生心的道理，同時說明了大乘佛教普度眾生的宏願。

就前者言，惠能再三強調「但識眾生，即能見佛」，結論是：「離眾生，無佛心」。可見學佛修道，不是做個自了漢而已，還要解救眾生脫離苦海。就後者言，法海之問「大師今去，留付何法」，重點是在「令後代人如何見佛」。見佛，也就是解脫的意思，所以惠能留下〈見真佛解脫頌〉給大家參悟。這首偈頌比較短，只有三偈，文字比較質樸，其中「一生心若嶮，佛在眾生心」二句，從前後文及叶韻看，應非原作所有，可能是後人羼入的批注文字。

【宏一偈曰】

如欲見真佛，先須識眾生。我心自有佛，心與眾生平。

第57章 自性眞佛

大師言：「汝等門人好住❶，吾留一頌，名〈自性見真佛解脫頌〉。後代迷人識此頌意〔一〕，即見自心自性真佛〔二〕。與汝此頌，吾共汝別。」頌曰：

真如淨性是真佛，
邪見三毒是真魔；
邪見之人魔在舍，
正見之人佛即過❷。

性中邪見三毒生，
即是魔王來住舍；
正見忽除三毒心，
魔變成佛真無假。

化身報身及法身〔三〕，
三身元本是一身；

若向身中覓自見，
即是成佛菩提因。

本從化身生淨性，
淨性常在化身中。
性使化身行正道，
當來圓滿真無窮。

婬性本身〔四〕淨性因❸，
除婬即無淨性身。
性中但自離〔五〕五欲❹，
見性剎那即是真。

今生若悟頓教門，
悟即眼前見世尊❺。
若欲修行求覓佛，
不知何處欲覓真。

若能身中自有真〔六〕，
有真即是成佛因。
自不求真外覓佛，
去覓總是大癡人。

頓教法者是西流❻，
救度世人須自修。
今報〔七〕世間學道者，
不於此是大悠悠〔八〕❼。

【校記】

〔一〕此句原本作「後代迷門此頌意」，敦煌本其中的「代」作「伐」字。「門」或為「聞」之誤。今據惠昕本校改。

〔二〕原本在「即」前有一「意」字，應為衍字。

〔三〕原本「法」作「淨」，敦煌本同，據惠昕本改。「淨身」可通，因為法身清淨，故不必改。

〔四〕「身」字，敦煌本同，惠昕本改作「是」。以下句有「淨性身」，故不改為宜。

〔五〕原本「離」作「欲」，據敦煌本改。

〔六〕此句敦煌本同，惠昕本作「若能心中自見真」。從下句「有真即是成佛因」看，以不改為宜。

〔七〕「報」，原本作「保」，敦煌本同，據惠昕本改。

〔八〕此句敦煌本同，鈴木參惠昕本的「不於此見大悠悠」，改「是」為「見」字。楊校本云：此之「悠悠」與前面〈無相頌〉中的「努力修道莫悠悠」的「悠悠」相同，意為悠閑，漫不經心。然而，如把「悠悠」解釋為悠謬、鄙俗，如《晉書・王導傳》：「悠悠之談，宜絕智者之口。」則可改「於」為「語」，全句則為「不語此是大悠悠」。

【注釋】

❶好住——好好保重。古人離別時，出行者對送行者說的常用語。

❷佛即過——佛就像是過客。過，經過、過訪。

❸婬性本身淨性因——淫欲本身，就是成就淨性的因緣。婬，同「淫」，指男女情欲。淨性，佛性。上文第五十一章以明、暗為喻，說明明、暗二者相生相成，有明才有暗，有暗才有明，這裡說婬性與淨性同為一體，都有「煩惱即是菩提」、「即菩提即煩惱」之意。

❹性中但自離五欲——本性之中，只是自己貪戀五欲而已。五欲，指色、聲、香、味、觸五種塵境所引起的欲望。敦煌本「欲五欲」作「離五欲」，意義似更明確。

❺世尊——釋迦牟尼的名號之一。

❻西流——由西土而流傳中國。

❼大悠悠——太悠閒懶散了。大，同「太」。

【直譯】

惠能大師說：「你們諸位徒弟好好保重了！我留下一首偈頌，名稱是〈自性見真佛解脫頌〉。

後代迷惑的人，識得此頌旨趣的話，就可以悟見自心自性中的真佛。送給你們此一偈頌，我要和你們告別了。」

頌辭這樣說：

真實如常的清淨本性，才是真佛，
邪見和貪瞋癡三毒，才是真惡魔；
邪見的人，就如同惡魔住在屋裡，
正見的人，就好像真佛常相經過。

自性中生出邪見，三毒隨即產生，
那也就是魔王來住在邪見者的家；
心存正見，將很快除去三毒之心，
惡魔變成真佛，真的一點也不假。

化身、報身以及畢竟清淨的法身，
這自心中的三身佛原來就是一身；
如果能向自身中去尋求自己悟見，
那也就是成就佛果的菩提的內因。

本來就是從化身中生出清淨本性，
清淨的本性也常存在於化身之中；
清淨的本性使化身能夠推行正道，
將來必然功德圓滿，真無量無窮。

淫欲性體本身就具有淨性的因素，
除去了淫性也就失去了淨性因素；
自性之中只是淫性自己貪戀五欲，
一旦悟見本性，剎那間即是真如。

今生如果能夠悟見那頓教的法門，
一旦開悟了，眼前就會出現世尊；
如果想要修行，卻向身外求找佛，
真不知道還能到哪裡去尋找真身。

如果能在自身之中自有真如本性，
自有真如本性，即是成佛的內因；
自己不求真如淨性，卻向外求佛，

去向外求佛的，都是太愚癡的人。

頓教的法門是從西土流傳進來的，

想要救度世人，還必須先能自修；

如今奉告世間所有學習佛道的人，

不在這上面肯定，那就太過忽悠。

【新繹】

這一章記惠能所傳授的〈自性見真佛解脫頌〉。上一章〈見真佛解脫頌〉，是為後代人如何見佛而發，這一章則不只是為後代迷人而發，而且也提供法海等門人體悟自性中真佛的方法。前一章以佛之智慧與眾生之愚癡相對，這一章則以正見與邪見相對，以身中見真與身外求佛相對，並結合了上文所提到的三毒、五欲、三身等等，用偈頌的形式，來說明大乘頓教法門的要旨。

【宏一偈曰】

自性見真佛，脫身火宅中。欲知清淨理，三身總相同。

第58章 六祖禪寂

大師說偈已了，遂〔一〕告門人曰：「汝等好住，今共汝別。吾去已後，莫作世情悲泣，而受人弔問〔二〕、錢帛❶，著孝衣❷，即非聖法〔三〕，非我弟子。如吾在日一種❸，一時端坐，但無動無靜，無生無滅，無去無來，無是無非，無住無往〔四〕，坦然寂靜，即是大道。吾去已〔五〕後，但依法修行，共吾在日一種。吾若在世，汝違教法，吾住無益。」

大師言〔六〕此語已，夜至三更，奄然遷化❹。大師春秋❺七十有六〔七〕。

【校記】

〔一〕「遂」原作「道」，據敦煌本改。

〔二〕原本與敦煌本「問」皆作「門」字。

〔三〕此句敦煌本同，鈴木據惠昕本改「聖」為「正」字。

〔四〕原本無「無往」二字，敦煌本同，今據惠昕本補。

〔五〕原本無「已」字，據敦煌本補。

〔六〕原本「言」作「云」，敦煌本同。惠昕本：「大師言訖，夜至三更。」此參惠昕本校。

〔七〕原本作「七十省六」，據敦煌本改。

【注釋】

❶ 受人弔問、錢帛——是說自己死後，門人不可接受人家的哀弔慰問，或致贈的禮金財物。弔，祭死者；問，慰親屬。

❷ 著孝衣——穿著守孝的麻衣或喪服。古代中國風俗如此，今則各地不一，或存或廢。

❸ 如吾在日一種——像我在世時一樣。

❹ 奄然遷化——遽然死去。佛家以為得道者死後將登涅槃彼岸，所以稱遷化。遷化，與圓寂、滅度、往生等等皆同義。

❺ 春秋——這裡是行年、享年的意思。

【直譯】

惠能大師解說偈頌完畢之後，就告訴門下弟子說：「你們大家好好保重，現在要和你們訣別了。我離開以後，你們千萬不可做出世俗人情悲泣的樣子，例如接受人家的弔喪慰問、金錢財物，或者穿著守孝的喪服等等，那樣就不是真正的佛法，也不是我門下的弟子了。要像我在世的時候一樣，大家同時端身正坐，只要求無動無靜，無生無滅，無去無來，無是無非，無住無往，一片安然靜寂，這才是佛法大道。我離開以後，只要依法修行，和我在世時一樣即可。我若在世時，你們違背教法，我留下來也無益處。」

惠能大師說了這些話以後，夜到三更時分，就忽然滅度往生了。大師享年七十又六歲。

【新繹】

這一章記惠能臨終之夜，對弟子的告誡之辭。從這些告誡之辭看，惠能要門下弟子排除傳統民間的那種世情俗套，因為那樣的話，就表示沒有證悟佛道了。但從「一時端坐」等句看，他生前也常與弟子端坐修行，並沒有完全排斥坐禪。

在告誡之辭的後面，契嵩本、宗寶本又為惠能增加了一首「兀兀不修善，騰騰不造惡。寂寂斷見聞，蕩蕩心無著」的偈句。臨終之前，惠能是否真的如此喜歡唱偈，恐怕是見仁見智的問題。

【宏一偈曰】

六祖禪寂時，教人莫悲泣。奄忽隨物化，從容傳秘笈。

第59章 滅度紀事

大師滅度之日，寺內異香氳氳〔一〕❶，數日不散；山崩地動，林木變白，日月無光，風雲失色。

八月三日滅度，至十一月迎和尚神座〔二〕於漕溪山❷，葬於龍龕❸之內。白光出現，直上衝天，三日始散。

韶州刺史韋據〔三〕立碑，至今供養。

【校記】

〔一〕原本作「異年日氛氛」，敦煌本作「異香氳氳」，惠昕本作「異香氛氳」。此從敦煌本。

〔二〕「座」原作「坐」字，據敦煌本改。

〔三〕「據」字，敦煌本作「處」，大乘寺本則作「韋璩」。

【注釋】

❶ 氳氳——氣味濃烈的意思。

❷ 迎和尚神座於漕溪山——是說從新州國恩寺迎接六祖的神座，回到曹溪山安葬。神座，指安置肉身的龕

座。

❸龍龕——佛龕的美稱。龕，嵌有佛像的石室或僧人的木棺。

【直譯】

惠能大師去世的那一天，新州國恩寺中，奇異的香氣非常濃烈，很多天都沒消散。山崩地動，樹木都變成白色，日月沒有光芒，風雲失去色彩。

八月三日去世，到十一月才迎接惠能大師的神座到曹溪山，安葬在龍龕之中。白光出現，直接上衝天空，三幾天後才散去。

韶州刺史韋據所立的墓碑，到現在還在供養。

【新繹】

這一章記惠能去世時的天地異象，以及死後歸葬、立碑的經過。

古人為了強調偉人不同於凡人，所以對其出生或去世都有很多奇異的傳說。這一章所記惠能去世時的情形，正亦如此。其中，比較值得注意的是，「八月三日滅度，至十一月迎和尚神座於漕溪山」、「韶州刺史韋據立碑，至今供養」等句。茲引《曹溪大師別傳》（見《續藏經》第二編乙第十九套第五冊）有關文字如下：

曹溪門人，迎大師全身歸曹溪。其時，首領不肯放，欲留國恩寺起塔供養。時門人僧崇一等，見刺史理論，方還曹溪。……

大師在日，受戒、開法、度人三十六年，先天二年壬子歲滅度。至唐建中二年，計當七十一年。其年，眾請上足弟子行滔守所傳衣、經。

三十五年，有殿中侍御史韋據為大師立碑。後北宗俗弟子武平一，開元七年磨卻韋據碑文，自著武平一文。

根據上述資料，可知先天二年十一月，惠能之歸葬曹溪，是由於門人崇一等人的極力爭取。《別傳》說惠能於「先天二年壬子歲滅度」，到「建中二年，計當七十一年」，算法不太準確。玄宗先天二年（七一三）到德宗建中二年（七八一），不會是七十一年。年代雖然算得不準確，但說到了德宗建中二年，才公推行滔來守護六祖惠能的袈裟和《壇經》，應有所據而非憑空杜撰。

至於韋據為惠能立碑之事，《別傳》說的「三十五年」，應是承上文的大師「度人三十六年」而言，指的是先天元年。唐高宗儀鳳元年（六七六），惠能開始在廣州法性寺宣講東山法門，不久回到曹溪寶林寺，又因韶州刺史韋據之請，在大梵寺演說佛法。《別傳》說他開法度人三十六年，也正好與先天元年（七一二）合。這一年惠能在新州國恩寺造塔，已預示即將離世，韋據此時為他立碑，正合常理。先天元年韋據所立的碑，到了開元七年（七一九），被北宗俗家弟子武平一磨去碑文。此事亦見於獨孤沛的〈菩提達摩南宗定是非論〉，當非虛構。我們不但由此可以想見惠能死後不久，南北宗之間就開始尖銳對立，而且也可以從「韶州刺史」到「殿中侍御史」職稱的不同，推知韋據幾年間的宦途升遷。《壇經》說韋據所立的碑，「至今供養」，尋繹語意，此章所記，當在開元七年以前。即使是後人的偽托、補記，也還可謂合乎情理。

【宏一偈曰】
六祖滅度日，寺內香氤氳。天地多異象，今古留奇聞。

第60章 壇經傳承

此《壇經》，法海上座集。上座無常❶，付同學道際〔一〕❷；道際無常，付門人悟真；悟真〔二〕在嶺南漕溪山法興寺，見今傳受此法〔三〕❸。

如付此法，須得上根智，深信佛法，立於大悲，持此經以為稟承，於今不絕。

和尚❹本是韶州曲江縣〔四〕人也。

如來入涅槃，法教流東土，
共傳無住〔心〕〔五〕❺，即我心無住。
此真菩薩說，真實示行喻〔六〕❻，
唯教大智人，示旨於凡度❼。

誓修行，遭難不退，遇苦能忍，福德深厚，方授此法。如根性〔七〕不堪，材〔八〕量不得，雖求此法，違立不得者，不得妄付《壇經》。❽告諸同道者，令知密意〔九〕。

【校記】

〔一〕「際」，敦煌本作「漈」。

〔二〕原本不重此「悟真」二字，據敦煌本補。

〔三〕此句敦煌本同，「現」與「見」，「授」與「受」，古俱通用。

〔四〕「縣」，原本與敦煌本俱作「懸」字。縣即懸之本字。此句以下，應是後人對法海《壇經》所作之追述補記。

〔五〕錄校本以為敦煌寫本「無住」下脫「心」字，楊校本則以為脫「法」字。

〔六〕此句敦煌本作「真示行實喻」。錄校本以為「示」或為「亦」之誤。

〔七〕「根性」，敦博本原作「眼」，此據敦煌本改。

〔八〕「材」，原本及敦煌本俱作「林」。

〔九〕原本作「令智蜜意」，敦煌本作「令諸蜜意」。據文意改。

【注釋】

❶ 無常——不得恒常，即死亡。

❷ 付同學道際——交給同學道際。古代稱同門、同社為同學。道際，敦煌本「際」作「漈」。

❸ 見今傳受此法——現在正在傳授此《壇經》法門。

❹ 和尚——這裡指法海，故云韶州曲江縣人。此章應為悟真或其門徒所記。

❺ 共傳無住心——遞相傳授無所執著的心法。指頓悟之教。〈頓悟入道要門論〉卷上：「心若起去時，即莫隨去，去心自絕；若住時，亦莫隨往，住心自絕。即無住心，即是住無住處也。」〈荷澤大師顯宗記〉：「自世尊滅後，西天二十八祖共傳無住之心，同說如來知見。」

❻ 真實示行喻——真理實義，教人如何奉行、悟解。鄧文寬《敦博本禪籍錄校》及其所校注的《敦煌壇經讀

本》，皆以為「示」或為「亦」字之訛，「行」或為「辟」字之訛，故將此句改作「真實亦譬喻」，可備一說。

❼ 示旨於凡度——示其宗旨大意給塵世間度濟眾生的人。是說頓悟之教，只能說與想度濟眾生的大智者，如根性鈍下，材量不足，則不傳授。此句以上八句，斷為二偈。

❽ 違立不得者二句——對於違背頓教所立宗旨，不得其門而入的人，不可以輕易傳授《壇經》給他。結語的「密意」，即指此而言。

【直譯】

這一部《壇經》，是法海上座彙輯而成。法海上座去世後，交給同學道際。道際去世之後，才傳給門人悟真。悟真在嶺南的曹溪山法興寺，目前正在傳授此一法門。

如想傳付此一法門，必須要他具有上根高智，深信佛法，站在普度眾生的大悲立場，敬持這部經書來做為稟承的信物，從今天起，不斷絕這種信念。

法海和尚，本來就是韶州曲江縣人啊。

如來佛祖進入了所謂涅槃的彼岸，
佛法頓教從此流傳到了東方中土；
遞相傳授無所執著的無住的法門，
就使我們的心念，無去而又無住。

這些都是真正的菩薩所說的道理，
真實道理顯示了如何去奉行悟解；
只能用來教導那些上根大智的人，
顯示宗旨大義給世間普度眾生者。

發下誓願修持奉行，即使遭遇困難也不退避，碰到痛苦也能忍受，這樣福德深厚的人，才能授給此一法門。如若根性不到位，材量不夠格，即使想求此一法門，對於這種違反頓悟宗旨、不得其門而入的人，不可隨便傳授《壇經》給他。奉告所有同道的人，使大家都知道這密傳的心意。

【新繹】

此章呼應卷首，說明《壇經》係惠能大弟子法海彙集諸人所記而成，而且還交代了該書傳付的對象及經過。

從目前所見敦煌諸本的《壇經》來看，第四十二章「一時盡散」以前，是記錄惠能在大梵寺講經的內容以及與韋據等人的問答，這是第一大部分，也是全書的主幹，應該最近於《壇經》底本的原貌；從第四十三章到第五十二章，是記敘惠能在「往曹溪山，韶、廣二州行化四十餘年」間，比較傑出的幾位門人與比較有禪悟代表性的一些問題討論，所謂「弟子請益機緣」，這是第二大部分。這一部分是否後人增益，已難確考。但第五十二章所說的「已後傳法，遞相教授一卷

《壇經》，不失本宗。」等等的話，承上啟下，既可呼應第一章的「刺史遂令門人僧法海集記，流行後代，與學道者承此宗旨，遞相傳受」，又可領起第五十三章以下諸章描寫惠能的臨終告別訓誡之詞。至於這最後一章是全書結束語，總結上文，再次交代此書原為「法海上座集」。第一章稱法海為「門人僧」，此稱「上座」，可知應非同時所記，亦非出於法海一人之手。下文說法海死後，此書乃「付同學道際」，道際死後，又「付門人悟真」，並且還說悟真「見今傳受此法」。足證此必悟真時所作，出於悟真或其門徒筆下。

悟真生平不詳，但從法海傳給道際，再傳給他，其間不過兩代三數人，距離六祖惠能死於唐玄宗先天二年（七一三），至多三、五十年。如依第五十四章所記惠能「吾滅後二十餘年，邪法撩亂，惑我宗旨」之言，暗示神會於開元二十年（七三二）在滑臺大雲寺開無遮大會、定南北是非之事，由此來推算，可以推斷我們今天所見敦煌寫本的最原始底本，應該成書於唐玄宗先天二年至開元二十年之間。至遲約當唐玄宗開元至唐肅宗初年之間。

但是，這是依照敦煌諸本的說法來推算的，如果對照其他傳本，則結果不一樣。契嵩本、宗寶本都沒有這方面的記載，惠昕本則作：

> 洎乎法海上座無常，以此《壇經》付囑志道，志道付彼岸，彼岸付悟真，悟真付圓會。

顯然惠昕本的系統，比起敦煌寫本的系統，在「道際」和「悟真」之間，還有「志道」「彼岸」兩代，而且「悟真」之後，還有「圓會」一代。兩個系統中的「悟真」，是否同為一人，不得而知；如果是同一人，則悟真不應生當唐玄宗、肅宗之際，還要更延後才對。查惠昕本的經文末尾有云：唐憲宗元和十一年（八一六），追謚惠能為「大聖禪師」，「事具劉禹錫碑」，可知惠昕本應成書於西元八一六年之後，如此則敦煌寫本之底本，理當纂成於西元七三二至八一六年之間，即唐玄宗開元至唐憲宗元和年間。

敦煌寫本到惠昕本之間，文字已有改動，再核對成於北宋初年的契嵩本，和元世祖至元年間的宗寶本，增刪改訂的地方更多。這是研讀《壇經》的人都知道的事實。即以敦煌寫本相較，也可發現在傳抄的過程中，大同中有小異。有時候因為一二字句的差異和斷句的認知不同，都會造成解讀上的困難。例如這最後一章的下半段，從「和尚本是韶州曲江縣人也」以下，對照來看，文意多與前半段犯重，應該是後來才補加上去的。但何時何人補加，則無從考定。「如來入涅槃」以下八句，核其內容叶韻，以斷作兩首五言偈句為宜，但也有人不作偈句看，兼取敦煌本等不同傳抄本，而斷作：「如來入涅槃，法教流東土。共傳無住，即我心無住。此真菩薩，說真實（真示），行實喻。唯教大智人，是旨依（示旨於）」，然後把「凡度」二字屬下讀，與「誓修行」連句。這樣的讀法，比較奇怪。郭朋的《壇經校釋》就是如此斷句，然後又句句加注說是：「頗費解」、「意亦含糊」、「語意不清」、「文理不通」。可見這種讀法本身是有問題的。甚至還有人說後半段開頭的「和尚」，應指惠能而非法海。文章明明說「和尚本是韶州曲江縣人」，這和前半段開頭的「此《壇經》，法海上座集」，前後原是相呼應的。如果讀前人文章，沒有好好體會，自己斷句錯了，解釋錯了，反而怪罪原著者文理不通，水平低下，似乎不是讀書應有的態度。

【宏一偈曰】

壇經有密意，唯教大智人。此真菩薩說，還源解紛綸。

參考書目舉要

•《大正新脩大藏經》，台北：中華佛教文化館影印，民四十五年

•《六祖大師法寶壇經箋注》，丁福保，台北：天華出版社，民六十八年

•《胡適校敦煌寫本神會和尚遺集》，胡適，台北：中央研究院胡適紀念館，民五十七年

•《六祖壇經諸本集成》，柳田聖山，京都：中文出版社，一九七六年

•《敦煌壇經新書》，潘重規校著，台北：佛陀教育基金會，一九九四年

•《新譯六祖壇經》，李中華注譯，台北：三民書局，一九九七年

•《惠昕本六祖壇經之研究》，石井修道，日本駒澤大學佛教學部論集第十一、十二號，一九八〇～一九八一年

•《校注敦煌六祖壇經》，金知見，韓國民族社，一九八九年

•《敦煌本六祖壇經諸本之研究》，田中良昭，日本松ケ岡文庫研究年報第五號，一九九一年

•《壇經對勘》，郭朋，濟南：齊魯書社，一九八一年

•《壇經校釋》，郭朋，北京：中華書局，一九八三年

•《敦煌寫本六祖壇經原本》，周紹良編著，北京：文物出版社，一九九七年

•《敦煌壇經合校簡注》，李申合校、方廣錩簡注，太原：山西古籍出版社，一九九九年

•《敦博本禪籍錄校》，鄧文寬、榮新江編著，江蘇：古籍出版社，一九九八年

•《六祖壇經——敦煌壇經讀本》，鄧文寬校注，瀋陽：遼寧教育出版社，二〇〇五年

•《新版・敦煌新本六祖壇經》，楊曾文校寫，北京：宗教文化出版社，二〇〇一年

•《敦煌新本六祖壇經》，楊曾文校寫，上海：古籍出版社，一九九三年

•《敦煌本六祖壇經校釋》（修訂版），歐文樂，台北，一九九九年二月

•《敦博本六祖壇經校釋》，黃連忠，台北：萬卷樓圖書公司，二〇〇六年

•《禪學思想史》，忽滑谷快天著，朱謙之譯，上海：古籍出版社，二〇〇二年

•《中國禪宗史研究》，宇井伯壽，東京：岩波書店，昭和四十一（一九六六）年

•《中國禪學思想史》，關口真大，東京：山喜房佛書林，昭和三十九年

•《禪思想史研究》，鈴木大拙，東京：岩波書店

•《中國禪宗史》，印順，台北：慧日講堂，民六十年六月初版

•《惠能》，楊惠南，台北：東大圖書公司，民八十二年

•《六祖慧能的禪學思想》，許鶴齡，台北：雲龍出版社，民九十年八月

•《敦煌新本・六祖壇經》，楊曾文，北京：宗教文化出版社，二〇一一年五月

增訂版小記

在撰寫《六祖壇經新繹》期間，常常想起以前讀過一篇通俗性的佛教文獻，與《壇經》所說的「三歸依戒」有關，卻已忘記篇名與出處。只記得它彷彿是唐代俗講，仔細尋思，應該是民國五十八、九年間，我在臺大中文研究所博士班修讀臺靜農老師講授「中國古典小說研究專題」討論「敦煌變文」時讀到的。我曾特地找出當時的讀書筆記與若干參考資料，仍然遍尋不著；也曾到書店和圖書館查索，有的書已找不到，連當時世界書局所出版的《敦煌變文集》（向達、王重民等編）也絕版了，只好作罷。

想不到幾個月前，為了校對《漢字從頭說起》一書，到臺大總圖書館查對資料時，經過敦煌資料區，無意間看到《敦煌變文講經文因緣輯校》一書，心中一動，抽出一看，竟然發現其中的〈說三歸五戒文〉，就是我所要找而一直找不到的文章，真是「得來全不費工夫」！雖然題目改了，但猶如重逢久別的老友，我不禁看了又看，有滿懷的驚喜！讓我更驚喜的是輯校者的一段說明文字，說它：「是佛教說戒的真實記錄，內容包含俗講的儀軌，尤其研究慧能《壇經》者不可不讀。」

因此我請遠流出版公司的負責主編曾淑正女士，把這篇文章收進已經再版多次的《六祖壇經新繹》一書內，做為附錄，以供讀者參考。最後要補充說明的是，輯校者周紹良先生在該書〈前言〉中，說此文「當是李聖天主持大廻鶻國時期的作品」，是根據文中的敘述來推斷的，確而可信。廻鶻，即回紇，今維吾爾族的古稱。李聖天，是五代後晉後漢時期的于闐國王。于闐在今新疆和田，是西域古國之一。該國篤信佛教。

二〇二二年十二月

說三歸五戒文 擬

昇坐已了，先念偈，焚香，稱諸佛菩薩名。

一從大覺啟玄門，鹿苑靈山轉法論（輪），五部三乘諸海藏，流傳天下總沾恩。
僧尼四眾來金地，持花執蓋似奔雲，此日既能拋火宅，暫時莫鬧聽經文。
三乘聖教實堪聽，句句能教業鄣輕，不但當來成佛果，必應累劫罪山崩。
朝朝只是憂家業，何曾一日得聞經，大眾暫時合掌著，聽法齊心能不能？

但少（小）僧生逢濁世，濫處僧倫；全無學〔一〕解之能，虛受人天信施。東遊唐國華都，聖君賞紫，丞（承）恩特加師號。擬五臺山上，松攀（攀松）竹以經行；文殊殿前，獻香花而度日。欲思普化，爰別中華。負一錫以西來，途經數載；製三衣於沙磧（磧），遠達崑崗（崗）。親牛頭山，巡于闐國。更欲西登雪嶺，親詣靈山。自嗟業鄣尤深，身逢病疾，遂乃遠持微德，來達此方，覩我聖天可汗大迴鶻國，莫不地寬萬里，境廣千山，國大兵多，人強馬壯。天王乃名傳四海，得（德）布乾坤；三十餘年，國安人泰。早授（受）諸佛之記，賴蒙賢聖加持，權稱帝主人王，實乃化身菩薩。墍叶九〔五〕之寵，爰丞（承）聖主諸（之）恩。端正無雙諸天公主鄧林等，莫不貌奪群仙，顏如桃李，慈〔二〕人（仁）玉潤。諸天特勲，莫不赤心奉國，忠孝全身。掃戎虜於山川，但勞隻箭；靜（靖）妖紛（氛）於紫塞，不假絣紘。遂得葛祿藥摩、異貌達但，競來歸伏，爭獻珠金。獨西乃納駞馬，土蕃送寶送金。拔悉密則元是家生，黠戛私則本來奴婢。諸蕃部落，如雀怕鷹，責（側）近州城，如羊見虎。實稱本國，不是虛言。少（小）僧幸在釋門，敢〔口〕稱讚。更有諸宰相、達干、都督、敕使、薩溫、梅錄、莊使、地略，應是天王左右，助佐金門，官僚將相等，莫〔不〕外匡國界，內奉忠勲，為主為君，無詞（辭）曉夜。善男善女檀越，信心奉戒持齋，精修不倦。更有諸都統、毗尼、法師、三藏、法律、僧政（正）、寺主、禪師、頭陁、尼眾、阿姨師等，不及一一稱名，並乃戒珠朗耀，法水澄清，作人天師，為國中寶。更欲廣申讚歎，恐度時光，不及子細談楊（揚），以下聊陳懺悔。凡是聽法，必須求哀，發露懺悔。先受三歸，次請五戒，方可聞法，增長善根。然後唱經，必獲祐福。稱三五聲佛名　佛子

長嗟累劫沉生死，輪迴六道幾時休？三塗地獄受辛懃，只為多生造惡業。
煞生偷盜邪淫罪，妄語朝朝誑聖賢，綺語兩舌出惡言，不怕當來三惡道。
貪嗔邪見愚癡業，定作三塗惡道因；不逢善友為哀憐，牛頭夜叉諍（爭）肯放。
抛在鑊湯爐炭內，鐵叉攪轉問根由：「前生為什沒不修行？今日還來惱亂我。」
刀山劍樹驅令上，猛火爐炭急遣行，鐵鷹來啅眼精穿，鐵狗競來食心髓。
黑繩十字縱橫朾，如似碁盤十字絣，後教獄卒下鏨（鑿）冠，聚集嘷咷稱苫（苦）痛。
若說三塗諸苦惱，百千萬劫實難言，鐵人聞談也心悛（酸），善男善女豈不怕？
只為平生無善友，不教鐵（懺）悔悔前愆，凡夫十惡未能抛，努力今朝須懺悔。稱佛子

十條惡業最難言，百千萬劫出無緣，今日齊心須懺謝，刹般（那）命盡便生天。

門徒弟子，今日既來法會，大須努力，齊心合掌，與弟子懺悔十惡五逆之罪，洗除垢穢，起段（改）心㈢淨心。來世往生西方淨土，連（蓮）花化生，永拋三惡道，長得見彌陁。願不願？能不能？善哉善哉，稱可佛心，龍天歡喜，必當罪滅三世。諸佛国（因）地之日，總是凡夫，皆因善知識，發露懺悔，得成佛果。過去諸佛已成佛，現〔在〕諸佛今成佛，未來諸佛當成佛。門徒弟子，既解懺悔，改往修來，未來世中，必定成佛，更莫生疑。稱名。次〔下〕請十方佛為作證明。弟子某甲等合道場人，無始已來，造諸惡業：煞生、偷盜、邪淫、妄語、綺語、兩舌、惡口無度；造貪嗔癡，飲酒食肉，煞父害母，破塔壞寺，破和合僧，出佛身血；男起染心，污淨行尼；女起染心，污持淨戒僧；興身口意，毀罵僧尼；用三寶物，依官叶（挾）勢，驅逼僧尼，劫奪田水；或時驅便（使）僧伽奴婢，或因王法出兵抄劫，擄掠他人，奪他妻女，劫他財物，勞（撈）魚放火，焚燒山林；開決渠河，乾煞水族；行住坐臥，傷其含識；耕田伐木，誤傷蟲命；放鷹走狗，煞害生靈；夫背其妻，別永（求）美色；妻背其夫，別貪男子。已（以）此而言，身口意業，造一切罪。今日今時，對十方佛，對十方菩薩，對三乘經，對十方僧，對諸大眾，不敢覆藏，志心懺悔，願罪消滅。三說

凡夫造罪若須彌，從來不覺總不知，不懺定應沉惡道，若能懺悔便無疑。

如似積柴過北斗，車牛般載定應遲，當風只消一把火，當時柴堹（垜）便成灰。

弟子等多生作福，今生又得人身，朝朝聽法聞經，日日持齋受戒。縱有些些罪鄣，懺悔急遣消除。如斯清淨之心，必值龍花三會。

懺悔已了。此（次）受三歸，後持五戒。便得行願相扶（符），福智圓滿，將永（成）佛果，永曉（脫）輪廻。必受三歸，免沉邪道。歸依佛者，不墮地獄；歸依法者，不受鬼身；歸依僧者，不作畜生。門徒弟子，受此三歸，能不能？願不願？稱佛名　佛子

歸依三寶福難陳，免落三塗受苦辛，不但未來成佛果，定知累劫出沉淪。

那謨那耶，那謨捺摩耶[四]，那謨僧伽耶。三說

歸依佛，兩足尊；歸依法，離欲尊；歸依僧，眾中尊。三說　門徒弟子，言歸依佛者，歸依何佛？且不是磨（摩）尼佛，又不是波斯佛，亦不是火祆佛，乃是清淨法身，圓滿報身、千百億化身釋迦牟尼佛。歸依法者，乃〔是〕五千卷藏經，名之為法。歸依僧者[五]，乃是四果四向、剃髮染衣二部僧眾，真佛弟子，號出家人。且如西天有九十六種外道，此間則有波斯、摩尼、火祆、哭神之輩，皆言我已出家，永離生死，並是虛誑，欺謾人天。唯有釋迦弟子，是其（真）出家，堪受人天廣大供養。稱佛名

其嗟外道百千般，忍飢受渴曼（漫）枉（狂）顛，自誑誑他無利益，何曾死後得生天。生天先要調心地，持齋布施入深禪。每到日西獨喫飯，飢人遙望眼精穿。

念佛次下請十方佛作大燈（證）明，便受五戒。門徒弟子，能不能？願不願？善哉善哉！夫五戒者，是成佛之良因，為入聖之要路。三千威儀，八萬細行，比丘有二百五十戒，比丘尼五百戒，近事男、近是（事）女八戒十戒，並從五戒而生。〔在〕天名五星，在地名五岳，在道教為五行，在儒為五帝，在釋為五戒。

弟（第）一、不得煞。能持否？

佛在靈鷲山之日，有一長者婆羅門，向前合掌聞（問）如來：「相好端嚴何日德（得）？」

佛言長者聽吾語：「諸佛如來多劫修，未曾故煞一眾生，因此面輪如滿月。

三十二相同金色，八十種好悉圓明，一一相好進修時，先用身心持五戒。

含靈有識永（求）長命，豈忍將刀煞害他，或是菩薩化身來，或是諸佛慈悲性（生）。

或是父母為畜類，或是兄弟作牛羊，凡夫不識是親姻，肉眼何曾分聖眾！

利刀截割將來喫，養者凡夫惡業身，百千萬劫墮三塗，奉勸門徒不須煞。」

廣說煞生因果業，百劫宣揚無盡期，善男善女要思量，今日須聽法師語。

第二、不得偷盜。能持否？

佛在鹿野園中日，巍巍相好似金山，梵王帝釋散香花，八部龍神陳供養。

有一商人來獻供，請問如來往昔因：「毫光遠照若須彌，因地之中持何戒？」

佛言商人聽吾語：「我於過去百千生，下至寸草不曾偷，未記黃昏偷他物。

八十種好過人相，三十二相勝天尊，一一相好進修時，皆用身心持五戒。

若人故意偷他物，必感當來貧賤因；作驢作馬負償他，銜鐵戴鞍多飢渴。
蹄穿脊（腰）〔折〕蟲咀唼，口中橫骨不能言；重馱棒打遍身穿，只為前生偷他物。
或為奴婢償他力，衣飯何曾得具全，夜頭早去阿郎嗔，日午齋時娘子打。
露頭赤腳看羊馬，冬寒夏熱敢辭辛，年年轉買（賣）作良（賤）人，如似行錢無定住。
行偷現世遭枷鏁，世人眼見不虛言。」來生還債極為難，今日須聽法師語。

第三、不得邪淫。能持否？

佛在祇園精舍內，五百居士獻香花，人天大眾聽經文，善男善女聞妙法。
如來為（謂）有邪淫罪，能為生死作根由，百劫千万（生）受沉淪，莫不皆因含（貪）欲境。
妻若邪淫抛兒壻，來生還感沒丈夫，朝朝獨自守空房，日日孤單無倚托。
夫若邪淫抛妻子，來生妻子不忠良，兒夫出後便私行，只是街頭覓共事。
未容命斷沉三有，獄卒牛頭不放君，男抛（抱）銅柱為邪淫，女臥鐵牀為逃走。
自家夫婦須知限，莫抱（於）非處及非時，若在寺院及僧房，行非便得邪淫罪。
或時持齋受八戒，或時絜淨入壇場，夫妻相觸破威儀，應知亦犯邪淫罪。
非道〔不〕依男女相，不得餘處犯根門，莫同大石縱愚癡，不揀前頭及後面。
法師今朝分明說，只怨門徒不覺知，自今已後要分明，莫似往前行草草。

弟（第）四、不得妄語。能持否？

佛在王舍城中日，提婆達多共王親，敕教國內及州城，弟一不得供養佛。
如來乞食巡三匝，都來檀越不開門，有一老婢出來迎，布施如來一團飯。

如來及與諸賢聖，塗檀結淨便充齋，諸佛神力不思儀（議），變城（成）上味天甘路（露）。

如來親自與發願，願教善女早生天，外道尼乾自相驚，大家聚集呵呵笑：

「衢（瞿）曇深解虛誑語，忍飢不得出妄言，一團乾飯不將難，如何便得生天果？」

如來報言尼乾子：「我佛因果不思儀（議），如似良田用水澆，一㪷種時收千㪷。

不同外道愚癡輩，誑感（惑）人天養活身，如似種子鹹田中，種却一石收伍㪷。

佛如尼俱律陁樹，子小如似黑由（油）麻，垂條聳榇〔六〕百千尋，五百乘車蔭總遍。

如來應時舒舌相，上至諸天世界中，吾從累劫不虛言，因此得城（成）無上覺。」

故諸（知）端語便城（成）佛，虛誑能招惡業因，來生舌相不團圓，凡所出言人不信。

自誑誑他無利益，現世人聞不喜勸（歡），墮於地獄劎山中，拔出舌相利刀斬。

第五、不得飲酒食肉。能持否？

佛在拔提何（河）邊日，有一善女請僧齋，次當羅漢赴齋時，檀越好心教飲酒。

要諸（知）羅漢諸風疾，不興惡念醉僧人，齋了到來寺門前，鉢盂撲碎街頭臥。

袈裟到（倒）拽方裙破，錫杖梯（傍）拋帽子偏，醉臥如同死蝦蟆，來往人看拍手笑。

佛即常（當）時集僧眾，與拽將來入寺中，三番結羯磨立條章，從此僧尼遺斷酒。

煞父害母皆因酒，破塔壞寺為甜將（漿），三巡呷了便顛狂，不怕閻羅兼獄卒。

食肉從來佛不開，為徒（圖）香美煞將來，爛搗椒薑滿椀著，更添好酒唱《三臺》。

不怕未來地獄生，如今且要肚羸垂，自家身上割些喫，有罪無罪便應知。

或是諸佛為畜類，或是菩薩化身來，若能不食眾生肉，賢聖同聲讚善哉！

上來已與門徒弟子，受（授）三歸五戒了。更欲廣說，法門無邊，窮劫不盡。次下便與門徒弟子唱經。能不能？願不願？念佛三五聲

《佛說彌阿陀經》

將釋此經，且分三段：初乃序分，次則正宗，後乃流通。一句一偈，價直百千兩金，〔為〕我門徒弟子細解說。即將已（以）此開讚《大乘阿彌陁經》所生功得（德），先用莊嚴可汗天王，伏願壽同日月，命等乾坤；四方之戎虜來庭，八表之華夷啟（稽）伏。奉為可汗天王。念一切佛　諸天公主，伏願雲仙化（比）態，鶴質恒芳；長丞（承）聖主之恩，永沐皇王之寵。念佛　諸天特懃，奉願命同松竹，不逢彫（凋）謝之災；福等山河，永在聖天諸（之）後。諸僧統大師，伏願瑠璃殿內，高然般若諸（之）燈；阿耨池邊，永讚無生之偈。諸宰相，伏願福齊海岳，壽對松椿；永佐金門，長光聖代。諸都督、梅錄、達干、敕使、莊使、薩溫、地〔略〕，應是在衙諸官人等，總願人人增祿位，各各保延年；官職漸高遷，居家長安泰。諸寺毗尼、法律、僧政（正）、法師、律師、諸僧眾、尼眾、阿姨師，總願龍花三會，同登解脫之牀；賢劫數中，早證無為之果。諸憂婆塞、憂婆夷，伏願善根日進，皆逢千佛之光；不退信心，亦值龍花三會。更三塗息苦，地獄停悛（酸）；在牀病人，早得痊差；懷胎難月，母子平安；獄內囚人，速蒙放赦；殊鄉遠客，早達家山；路上行人，不逢災難；為奴為婢，願〔得〕憍憐；負債負財，恩寬平取；聾者能聽，啞者能言，跋（跛）者能行，盲者能見。已（以）此而言，四百四病，總願消除；一切願心，早得圓滿；兵戈不起，疫癘休生；五穀豐登，一人一（四人）（七）樂業，總持十善，十惡休行；同梧（悟）真乘，斷除邪見。普共未來，同城（成）佛果。為此因緣，念一切佛。佛子

大乘功得（德）最難量，先將因果奉天王，壽命延長千萬歲，福同日月放神光。
四遠總來朝寶座，七州安泰賀時康，現世且登天子位，未來定作法中王。
鄧林公主似神仙，不但凡夫佛也憐，欲識從前生長處，應知總在率陁天。
雖居欲界超凡位，晨昏每向聖王前，願生正見除邪見，來生早坐紫金連（蓮）。

更欲廣談名相，又恐虛度時光，不如講說經文，早得菩提佛果。但綠（緣）總愛聲色，所以污出言詞，莫怪偈頌重重，切要門徒勸（歡）喜。至如娑婆世界，須將聲色化身，上方香積如來，聞香便成佛果。或有因味悟道，或有因解發心，五大乘者五境總成佛事，一切物並是真如；蓮花出在污泥中，煩惱變城（成）〔道〕果。不同大乘執見，每生別分之心。不知五境本空，便言障人道果。聲香味觸本來空，空與不空總是空，法界元來本清淨，都不關他空不空。

此娑婆世界，以音聲為佛事，如來所以現三十二相。但文（聞）聲教，便成道果。《維磨（摩）經》說：香積佛國，人但聞香，便成佛果。《法花經》說：法喜禪悅，食了即是味，故知以味為佛事。《花嚴經》說：善哉（財）童子參善諸（知）識，逢一淫女，淫女告童子曰：「我有一法，能度眾生。一切男子煩惱輕者，手觸我身，便成佛果；煩惱稍重者，來抱我身，共我口子，便成佛果；煩惱極重者，共我宿臥，便成道果。」故知以觸為佛事。此聲香味觸，悟其空性，即與真如不別，迷其空里（理），即是六塵煩惱。法師即將少許偈讚化人無罪過。已下便即講經。大眾聽不聽？能不能？願不願？

《佛說阿彌陁經》。梵語母那，唐言名佛。佛者覺也，有三覺：一者自覺，勝諸凡人。凡夫之人，不自覺悟。二者覺他，勝諸獨覺。〔獨覺〕雖自覺悟，不能覺他眾。三者覺滿，勝諸菩薩。所以者何？菩薩雖修三覺，覺未圓滿。云何得知？經說：十地菩薩，隔如（如隔）輕羅而觀日月，如隔蟬紗而觀佛性。故知覺行未圓。福智由（猶）少。唯佛大覺，三覺圓明，出過三乘，故名為佛。且如釋迦如來於三無數劫修持萬行六波羅密。弟一僧祇劫中，供養七萬五千佛，最後如來名曰寶髻；第二僧祇劫中，供養七萬六千佛，最後如來名曰然燈；第三僧祇劫中，供養七萬七千佛，最後如來名曰勝觀。三無數劫外，於一百劫中修相好業。《金剛經》云：我於然燈佛前，得值八百四千萬億那由他佛，悉皆供養，無空過者。《花嚴經》云：

剎塵心念數可知，大海中水可飲盡，虛空可量風可計，無能說〔盡〕佛功德。

梵云阿彌陁，〔唐〕言無量壽。且知應言阿波囉米多。阿之〔一〕字，唐言是無。波囉二字，唐言是量。米多二字，唐言是壽。梵云索怛囉，唐言是經，或言是線。前言「佛說」，乃是釋迦如來金口所說。說者，言說屬其聲，故知此界，因聲悟道。無量壽者，乃是佛名。問此如來，在於何處？

西方去此十恒沙，有佛如來似釋迦，城（成）佛已（以）來經十劫，長於彼國坐連（蓮）花，

十方雖有諸賢聖，就中此國最堪誇，不同此界多煩惱，莊嚴爰是法王家。

地是黃金山是玉，林是瑠璃水是茶，三春早喫頻婆果，此間四月咬生瓜。

他家淨土人端正，釋迦世界瘦〔八〕吒嘏，頻伽共命生西國，此處由是足老鴟。

大體彌陀佛國，不同別處天堂，一切煩惱全無，只是聞經念佛。不逢生老病死，又無恩愛別離，有情雖是化生，不同此間業力。既無秋冬春夏，豈逢冷熱交煎？朝朝合掌花間，日日彌陀授記。

上來所唱《阿彌陀經》。唐言無量壽，即是無量壽佛國中行萬行，六波羅密，及至果位，遂得壽命無量，即是從果為名。次言無量壽國，乃從化主為名；如言漢國，漢是其人，國是其境，亦乃從人為名。今言無量壽國，或言淨土，或稱極樂世界，或稱常樂之鄉，或稱安養之方。差別眾名，不可具說。且初言淨方言〔九〕淨土者，有兩般淨：弟一有情淨，第二無〔情淨〕。言有情淨者，無三惡道，無十善不（不善），無四百四病，無黃門二刑（形），無蚖蛇蝮蝎及諸毒蟲、毒鳥、毒獸等。無有女人，純是男子。無百八煩惱，皆共三十七菩提分法。無有聲聞，純是菩薩。無有胎生、卵生、濕生，皆是化生。非異熟業之招感，並一生補處，十地菩薩連（蓮）花生，不同諸處受異熟業。蟲蛆金翅鳥等，受化生身。無有刀兵，無有奴婢，無有欺屈，無有飢饉，無有王官，即是無量壽佛為國王，觀音勢志（至）為宰相。藥上藥王作梅錄，化生童子是百姓。不是納穀納麥，納酒納布，唯是朝獻花香，暮陳梵讚，更無別役。已（以）此如（而）言，無有十悲、八苦，無有一切不可意事，唯有共命、頻伽之鳥。非是業力受此鳥身，皆是無量壽佛宣流變，欲令發音念佛念僧之聲。或言極樂世界者，無有眾苦，但受法樂。非是五欲不淨之樂也。或稱常樂，常受法樂，無有苦隔，故稱常樂。不同此土，早朝唱歌，日午苦來，發聲便哭。或稱安養之鄉，乃是安樂養神之地，更欲廣說，恐廢時光。上來總說有情淨。次下說無情淨。言無情者，為地、水、火、風、色、聲、香、味、觸、法六塵等。言地淨者，金銀等七寶，為地所〔覆〕，草不（木）並是香花，或是眾寶，無有荊棘沙礫鹹鹵之地，無有高下坑坎埠（土），無有山石溪澗溝洫，無有毒草、毒木、苦參等物。已（以）此如（而）言，無有一切不可意物，唯有可意花香珍寶等物。言水淨者，所有泉池具八功德，皆生眾寶，雜色連（蓮）花，大如車輪；池底金沙，四邊寶樹，波動作聲，皆念三寶名也。無有清泥臭穢、魚鼈蝦蟆水族之類。亦無增無減、冷熱混濁。澄清如鏡，照耀諸天。一切聖賢，皆共讚歎。言火清（淨）者，此乃有情、無情內外火也。言有情內火者，四大調適，無熱病瘡腫煩惱之火，及以淫慾熱惱之火。有情雖具四大，不同此國有增有減，咸惱亂眾生也。言無情外火者，此無量壽國，既是淨土，故無三災，亦無憂熱。不同此土，三災起時，七（十）日並出，焚燒欲界及二禪等，兼諸地獄。日夜火起，焚燒有情，已（以）此而言，無有憂熱之火也。言風淨者，亦具有情、無情內外之風者。有情內風者，無三十六般風黃之疾。言無情外風者，無團風、黑風、黃風等吹山拔樹之風也。及三災起時，壞三禪等。淨土雖有內外之風，內風滋潤眾生，外風乃開花結子。或吹林木，雅韻清和，念三寶名，說八正道也。前言六塵淨者，弟一色清（淨）者，二十種色者，聊申揀（鑒）別，青、莫（黃）、赤、白四種色，經中具說有四般連（蓮）花也；影、光、明三種色赤（亦）有，故經說有樹林，故有影也。光者：一則佛光，二乃聖者身光，三者日月光。雖言淨土亦有日月，不同諸天身光自照，故無日月。何以得知淨土有日月？經云：長於晨旦，持眾妙花供養十方無億佛，即以食時，還到本國。經言晨旦食時，故知有日月也。無有日月，即便有闇，所以者何？一日一月，照四天下，故有晝夜。不可一日一月，長在淨土之上而不運行，無此道理。或言佛神力，故光照無闇，即便有理也。煙、雲、塵、霧，此四種色，淨土應無，何以得知？□不食，改食〔十〕（下缺）

【說明】

本卷為斯六五五一號。原卷前部完整，尾缺，為法師自用底本，無前題，當是為門徒說三歸五戒之用。《敦煌變文集》卷五收之，擬題作《佛說阿彌陀經經文》，誤，茲改題。

這是一卷很重要的文獻，是佛教說戒的真實記錄，內容包含俗講的儀軌，尤其研究慧能《壇經》者不可不讀。

【校記】

〔一〕「但少僧生逢濁世濫處僧倫全無學」十四字原卷作偈文兩句（各七字）鈔列，誤，今改正。

〔二〕「慈」原在「李」字上，茲據文義乙正。

〔三〕「起」下二字原卷分別在行末、行端，皆殘去半字。待校。

〔四〕「那謨那耶那謨捺摩耶」二句當校作「那謨佛陁耶，那謨達磨耶」，即歸依佛、歸依法之梵語音譯。

〔五〕「歸依僧者」句下，原卷有「號出家」三字，當是誤抄下句「號出家人」而未寫完者，今刪。

〔六〕原形如此，待校。

〔七〕「一人一」當為「四民」之誤書。唐諱「民」字，因作「人」。「四民」指士、農、工、商。

〔八〕瘻，原形作「瘦」，俗寫。

〔九〕「淨方言」三字疑為衍文當刪。

〔十〕此句疑有衍脫。

〔十一〕上四字在末行行端，前一行末約有五字空缺，不知是否破損所致。

參考資料：周紹良、張涌泉、黃徵輯校：《敦煌變文講經文因緣輯校（下）》，南京：江蘇古籍出版社，一九九八年十二月

人生三書3

六祖壇經新繹

圓融淡定的生命智慧 增訂版

作者：吳宏一
主編：曾淑正
企劃：叢昌瑜
內頁設計：Zero
封面設計：丘銳致

發行人：王榮文
出版發行：遠流出版事業股份有限公司
地址：台北市中山區中山北路一段11號13樓
郵撥：0189456-1
電話：（02）2571-0297
傳真：（02）2571-0197
著作權顧問：蕭雄淋律師

二〇一七年七月一日 二版一刷（印數：二〇〇〇冊）
二〇二三年二月一日 三版一刷（印數：一一〇〇冊）
售價：新台幣四二〇元

ISBN 978-957-32-9962-2（平裝）

遠流博識網 http://www.ylib.com
E-mail: ylib@ylib.com

國家圖書館出版品預行編目（CIP）資料

六祖壇經新繹：圓融淡定的生命智慧／吳宏一著. -- 三版. -- 臺北市：遠流出版事業股份有限公司，2023.02
面； 公分
ISBN 978-957-32-9962-2（平裝）

1. CST: 六祖壇經 2. CST: 注釋

226.62 112000231